Contribuições de Intervenção no Domínio Econômico (CIDE)

Contribuições de Intervenção no Domínio Econômico (CIDE)

PRESSUPOSTOS APLICADOS À CIDE
DOS SERVIÇOS DE TELECOMUNICAÇÕES

2019

Daniela Silveira Lara

ALMEDINA

CONTRIBUIÇÕES DE INTERVENÇÃO NO DOMÍNIO ECONÔMICO (CIDE)
PRESSUPOSTOS APLICADOS À CIDE DOS SERVIÇOS DE TELECOMUNICAÇÕES

AUTOR: Daniela Silveira Lara
DIAGRAMAÇÃO: Almedina
DESIGN DE CAPA: Roberta Bassanetto
PREPARAÇÃO E REVISÃO DE TEXTO: Tereza Gouveia e Lyvia Felix
ISBN: 978-85-8493-530-7

Dados Internacionais de Catalogação na Publicação (CIP)
(Câmara Brasileira do Livro, SP, Brasil)

Lara, Daniela Silveira
Contribuições de Intervenção no Domínio Econômico (CIDE) : pressupostos aplicados à CIDE dos serviços de telecomunicações / Daniela Silveira Lara. -- São Paulo : Almedina, 2019.

Bibliografia.
ISBN 978-85-8493-530-7

1. Direito econômico 2. Direito econômico - Brasil 3. Política de telecomunicações - Brasil 4. Política econômica 5. Telecomunicações - Brasil 6. Telecomunicações - Leis e legislação - Brasil I. Título.

19-29744 CDU-34:336.2:338(81)

Índices para catálogo sistemático:

1. Brasil : Telecomunicações : Contribuições de Intervenção no Domínio Econômico : Direito 34:336.2:338(81)

Maria Alice Ferreira - Bibliotecária - CRB-8/7964

Este livro segue as regras do novo Acordo Ortográfico da Língua Portuguesa (1990).

Setembro, 2019

EDITORA: Almedina Brasil
Rua José Maria Lisboa, 860, Conj.131 e 132, Jardim Paulista | 01423-001 São Paulo | Brasil
editora@almedina.com.br
www.almedina.com.br

Dedico esta obra ao meu marido Alexandre, meu amor,
meu companheiro de vida, meu exemplo de esforço e dedicação,
pelo apoio incondicional desde o início dessa jornada.

AGRADECIMENTOS

Conceber uma obra como essa não é fácil, mas o resultado é muito gratificante. Por isso, tenho muito a agradecer.

Agradeço à minha família, meu suporte de toda vida, pelo carinho e incentivo, sem os quais não teria sido possível chegar tão longe.

Em especial, agradeço à querida professora Tathiane Piscitelli, que admiro pela força e pelo profundo conhecimento técnico e comprometimento. Sua dedicada orientação acadêmica foi fundamental para minha evolução e para o resultado desta obra.

Agradeço à equipe do escritório Rolim, Viotti e Leite Campos Advogados, da qual tenho muito orgulho em fazer parte. Sem o apoio de vocês, nada disso seria possível.

Meus agradecimentos também à direção e aos professores da Escola de Direito da Fundação Getúlio Vargas (FGV DIREITO SP) que proporcionaram um ambiente muito rico de debates acadêmicos e profissionais.

PREFÁCIO

O livro que os leitores têm mãos é fruto da dissertação de mestrado de Daniela Silveira Lara, que, com excelência e técnica, defendeu-a no programa de Mestrado Profissional da Escola de Direito de São Paulo da Fundação Getulio Vargas (FGV DIREITO SP).

O tema não é trivial: a análise e a construção dos pressupostos de validade das contribuições de intervenção no domínio econômico (Cides) para, após, aplicá-los a uma contribuição específica, que onera o setor de telecomunicações. Isso tudo foi fundamentado em densa pesquisa doutrinária e jurisprudencial que se apresenta como o ponto de partida para as considerações críticas quanto à invalidade da Cide eleita.

A construção doutrinária em torno da figura das contribuições intensificou-se nos últimos anos. A despeito da existência dessa modalidade tributária antes mesmo da Constituição de 1988, foi apenas com o detalhamento do Sistema Tributário Nacional no texto constitucional de 1988 que seu *status* como modalidade tributária autônoma foi consolidado – mas não sem esforço retórico considerável.

Ato contínuo à promulgação da Constituição, travaram-se inúmeros debates doutrinários acerca das eventuais dificuldades de coadunar dispositivos do Código Tributário Nacional com a figura das contribuições como espécie tributária independente. Como é sabido, o traço distintivo das contribuições é a previsão normativa expressa quanto à destinação das receitas arrecadadas: em linhas gerais, trata-se de tributo cuja função, na ampla maioria dos casos, é assegurar a atuação da União em determinada área, pelo aporte de recursos que a tributação irá proporcionar. Tomando-se apenas essa característica, o conflito com o artigo 4º, inciso II, do Código Tributário Nacional parecia gritante.

Nos termos de tal dispositivo, a destinação legal do produto da arrecadação dos tributos é irrelevante para fins de determinação da natureza jurídica da exação tributária. Some-se essa leitura com o artigo 5º do mesmo Código, que elenca as espécies tributárias existentes, quais sejam, "impostos, taxas e contribuições de melhoria", e teremos a impossibilidade de considerá-las como modalidade tributária verdadeiramente autônoma.

Há duas consequências resultantes desse raciocínio. A primeira é conferir um olhar demasiado restrito às disposições expressas do Sistema Tributário Nacional, que situam as contribuições no aparato constitucional tributário e as reconhecem como espécie tributária autônoma. A segunda, mais grave, está na desconsideração da destinação como nota peculiar das contribuições. Essa interpretação impede o controle efetivo da aplicação dos recursos arrecadados e, assim, a avaliação da validade material das contribuições à luz dessa aplicação.

Como resposta a essa última crítica, é comum que se argumente no sentido da irrelevância do tema para o direito tributário, já que a destinação dos valores arrecadados é matéria reservada ao âmbito das finanças públicas, cuja disciplina normativa e prática se dá no direito financeiro. A afirmação seria correta se não por um detalhe: a vinculação entre a figura das contribuições e a aplicação das receitas às finalidades que justificam a criação do tributo é exigência constitucional.

Disso decorre que a instituição de contribuição que vise ao financiamento de despesas gerais ou, ainda, que não preveja com clareza a área que é objeto de autuação e como, do ponto de vista financeiro, tal atuação se dará, é flagrantemente inconstitucional.

Essa afirmação é ainda mais evidente quando se trata de contribuições de intervenção no domínio econômico. Como a própria denominação deixa claro, tais tributos têm por finalidade concreta e específica possibilitar que a União altere a ordem econômica, pela cobrança de tributos. Tal intervenção pode se dar negativamente, por meio de desestímulo de comportamentos, ou positivamente, pela atuação do Estado no setor objeto de intervenção.

Em um ou outro caso, o controle da eficácia da intervenção deve ser realizado à luz dos resultados financeiros obtidos. Ou seja: a Cide criada melhorou o ambiente institucional da área que sofreu a intervenção? A União tem se utilizado dos recursos para promover tal área? Essas respostas dependem, como se vê, do relevo necessário à destinação das receitas arrecadadas.

A ausência de análises jurídico-tributárias críticas quanto à destinação efetiva dos recursos de contribuições é resultado, em grande parte, do isolamento conceitual do direito tributário em relação ao direito financeiro. Com a aprovação do Código Tributário Nacional em 1966 e a crescente complexidade das relações jurídicas tributárias, o estudo e a produção em torno das finanças públicas decresceram progressivamente em importância. Não raro, o dever de pagar tributos é visto como uma obrigação patrimonial em si, sem vínculo concreto com a atividade financeira do Estado.[1]

Contudo, é inegável que o financiamento das atividades públicas é o fim primeiro dos tributos. A existência material de Estados modernos e democráticos, que asseguram direitos e garantias individuais aos cidadãos, somente é possível em razão da cobrança eficaz dessas receitas. Essa perspectiva é ainda mais necessária na análise das contribuições: a efetividade e validade de tais tributos dependem do cumprimento da destinação prevista em lei; a avaliação em nível orçamentário somente é possível se considerarmos que o destino das receitas públicas importa para a disciplina tributária.

Portanto, sem negar a autonomia didática do direito tributário em relação ao direito financeiro, parece evidente que a conexão conceitual entre ambas as disciplinas traz ganhos para a avaliação crítica do direito tributário, além de beneficiar a argumentação jurídica nessa área, de um ponto de vista geral.

A autora deste livro parte dessa premissa da conexão conceitual entre direito tributário e direito financeiro para avaliar a pertinência e eficácia das Cides cobradas sobre o setor de telecomunicações com maestria. Após apresentar, nos primeiros capítulos, o referencial que irá adotar ao longo do trabalho, relativo aos pressupostos de validade e características centrais das Cides, realiza o detalhamento do setor de telecomunicações, seguido da apresentação e crítica da contribuição ao Fundo de Universalização dos Serviços de Telecomunicações (Fust). As inferências teóricas são, sempre, confrontadas com dados concretos, que enriquecem a análise.

Como se vê da leitura da presente obra, a tributação do setor de telecomunicações sofreu aumento progressivo ao longo da vigência da Cons-

[1] Nesse sentido, aliás, é a redação do artigo 3º do Código Tributário Nacional, que define tributo como uma "obrigação pecuniária compulsória", sem qualquer detalhamento quanto à sua finalidade pública.

tituição da República de 1988. Ao Imposto sobre Operações Relativas à Circulação de Mercadorias e sobre Prestação de Serviços de Transporte Interestadual e Intermunicipal e de Comunicação (ICMS), tributo que passou a incidir sobre a prestação de serviços de comunicação, somam-se taxas e contribuições de intervenção no domínio econômico, cujas receitas são majoritariamente destinadas ao financiamento de três fundos: o Fust, objeto da pesquisa que os leitores têm em mãos, além do Fundo para o Desenvolvimento Tecnológico das Telecomunicações (Funttel) e Fundo de Fiscalização das Telecomunicações (Fistel).

Segundo a Agência Nacional de Telecomunicações (Anatel), a arrecadação desses fundos, entre 2011 a 2017, alcançou mais de R$ 115 bilhões.[2] Contudo, a despeito da alta arrecadação, como mostra a pesquisa da autora, acórdão recente do Tribunal de Contas da União (TCU) revela a ausência de aplicação dos recursos nas finalidades específicas dos fundos: entre 1997 e 2016, 81,32% das receitas do Fistel foram destinadas ao Tesouro Nacional, sem identificação precisa da despesa; em relação ao Fust, entre 2011 e 2016, 87,20% das receitas foram desvinculadas da finalidade original, via medida provisória, e apenas 0,002% das receitas foram destinadas à universalização dos serviços de telecomunicações. Todos esses dados são apresentados e aprofundados na presente obra.

A ausência de cumprimento da destinação legal respectiva, além de revelar mau emprego das receitas públicas, é desvio grave à Lei de Responsabilidade Fiscal. Nos termos de seu artigo 8º, parágrafo único, "os recursos legalmente vinculados a finalidade específica serão utilizados exclusivamente para atender ao objeto de sua vinculação, ainda que em exercício diverso daquele em que ocorrer o ingresso". Como a autora atesta, para além da não utilização, há desvinculações realizadas por medida provisória, colocando em dúvida a existência de motivação na manutenção desses tributos.

Ao lado da análise e da apresentação de dados financeiros, a autora realiza primorosa descrição e crítica jurídica da Cide em referência. Detalha, com precisão, as estruturas normativas vigentes, sem olvidar de realizar apontamentos críticos necessários que denotam a impropriedade da manutenção de cobranças sem a destinação respectiva dos recursos. O resultado,

[2] Disponível em: http://www.anatel.gov.br/Portal/verificaDocumentos/documento.asp?numeroPublicacao=348421&pub=original&filtro=1&documentoPath=348421.pdf. Acesso em: 15 abr. 2019.

para o leitor, é um guia seguro e consistente das Cides, com destaque para o setor de telecomunicações. A partir desta obra, os atores desse mercado poderão direcionar suas condutas e alimentar debates públicos acerca da pertinência da manutenção desses tributos.

Por fim, não posso deixar de reiterar que a qualidade deste trabalho é fruto dos muitos atributos positivos que a autora carrega. Daniela Silveira Lara é profissional dedicada e exigente, cujas qualidades fizeram-se presentes logo nos primeiros créditos do programa de Mestrado Profissional da FGV DIREITO SP. A fluidez do período de orientação da dissertação, que tive o prazer de acompanhar de perto, e a brilhante banca de defesa, que contou com autoridades no tema das contribuições, como a professora Maria Leonor Leite Vieira, da Pontifícia Universidade Católica de São Paulo (PUC-SP), o professor Paulo Ayres Barreto, da Universidade de São Paulo (USP), e o professor Flávio Rubinstein, da FGV DIREITO SP, apenas reforçam tais características.

Some-se a isso o fato de Daniela ser advogada brilhante, com anos de prática na carreira privada, que conta agora com o reforço da atuação acadêmica de início recente, mas já destacado. A dissertação de mestrado que originou este livro foi premiada no I Encontro Anual do Mestrado Profissional da FGV DIREITO SP, dada a evidente qualidade científica que carrega. Além disso, mesmo após o término do mestrado, a autora seguiu vinculada às atividades de pesquisa do Núcleo de Direito Tributário do Mestrado Profissional da FGV DIREITO SP, com intensa e relevante contribuição nos projetos em andamento. Trata-se, como fica claro, da consolidação de uma carreira de inevitável sucesso.

Estou certa de que as linhas a seguir contribuirão para o debate sobre a figura das Cides que oneram o setor de telecomunicações e rapidamente se tornarão referência no tema. Os benefícios que esta obra trará para a comunidade jurídico-tributária são evidentes: pesquisa séria, com críticas bem postas e direcionadas. Parabenizo a editora Almedina pelo acerto na publicação do livro, e a autora, com todas as honras que lhe são merecidas.

Tathiane Piscitelli
Professora de Direito Tributário e Finanças Públicas da Escola de Direito de São Paulo da Fundação Getulio Vargas (FGV DIREITO SP). Coordenadora do Núcleo de Direito Tributário da FGV DIREITO SP. Doutora e Mestre em Direito pela Faculdade de Direito da Universidade de São Paulo (USP).

APRESENTAÇÃO

Com o advento da Constituição da República de 1988, observou-se uma maior necessidade do governo federal em aumentar sua arrecadação fiscal, principalmente para cumprimento das obrigações trazidas pela implementação do Estado Democrático de Direito no Brasil, após um longo período de regime militar.

Como consequência, houve um incremento na criação das contribuições sociais e de intervenção no domínio econômico, que devem ser vinculadas a finalidades constitucionalmente estabelecidas e não comportam repartição com Estados e Municípios. O crescimento da instituição e arrecadação dessas contribuições trouxe também um maior questionamento doutrinário e judicial sobre seus requisitos de validade e constitucionalidade.

Esta obra, fruto do trabalho acadêmico no âmbito do Mestrado Profissional em "Direito e Empreendimento", linha de Direito Tributário, da Escola de Direito de São Paulo da Fundação Getulio Vargas (FGV DIREITO SP), tem como objetivo analisar as principais decisões do Supremo Tribunal Federal (STF) contrapostas ao entendimento da doutrina brasileira acerca das contribuições de intervenção no domínio econômico para extrair os principais pressupostos de validade deste tributo, quais sejam: necessidade de intervenção, referibilidade e destinação à sua finalidade e aplicá-los a uma contribuição de intervenção no domínio econômico (Cide) pré-selecionada.

Elegeu-se o setor de telecomunicações para este estudo, com um breve relato histórico de sua evolução, principalmente após a privatização na década de 1990. Em seguida, os requisitos de validade extraídos da doutrina e jurisprudência do STF são aplicados à contribuição ao Fundo de

Universalização dos Serviços de Telecomunicações (Fust), sendo verificados problemas em sua validade.

Ao final, são apresentadas propostas para que essa Cide setorial e seu respectivo fundo de destinação sejam devidamente corrigidos e corretamente aplicados.

LISTA DE ABREVIATURAS E SIGLAS

ADCT	– Ato das Disposições Constitucionais Transitórias
ADI	– Ação Direta de Inconstitucionalidade
ADO	– Ação Direta de Inconstitucionalidade por Omissão
AFRMM	– Adicional de Frete da Marinha Mercante
Ag. Reg.	– Agravo Regimental
Anatel	– Agência Nacional de Telecomunicações
Ancine	– Agência Nacional do Cinema
ARE	– Agravo no Recurso Extraordinário
Art.	– Artigo
ATP	– Adicional de Tarifa Portuária
BNDES	– Banco Nacional de Desenvolvimento Econômico e Social
CAF	– Connect America Fund
CBT	– Código Brasileiro de Telecomunicações
Cide	– Contribuição de Intervenção no Domínio Econômico
CF	– Constituição Federal
Cofins	– Contribuição para o Financiamento da Seguridade Social
Condecine	– Contribuição para o Desenvolvimento da Indústria Cinematográfica Nacional
Contel	– Conselho Nacional de Telecomunicações
CPMF	– Contribuição Provisória sobre Movimentação Financeira
CR/1988	– Constituição da República Federativa do Brasil de 1988
CSLL	– Contribuição Social sobre o Lucro Líquido
CTN	– Código Tributário Nacional
Des.	– Desembargador ou Desembargadora
DRU	– Desvinculação das Receitas da União
EC	– Emenda Constitucional
Embratel	– Empresa Brasileira de Telecomunicações
FCC	– Federal Communications Commission
FEF	– Fundo de Estabilização Fiscal
FGTS	– Fundo de Garantia por Tempo de Serviço

Fistel – Fundo de Fiscalização das Telecomunicações
FMI – Fundo Monetário Internacional
FNC – Fundo Nacional da Cultura
FNT – Fundo Nacional de Telecomunicações
FSA – Fundo Setorial do Audiovisual
FSE – Fundo Social de Emergência
Funttel – Fundo para o Desenvolvimento Tecnológico das Telecomunicações
Fust – Fundo de Universalização dos Serviços de Telecomunicações
GT – Grupo de Trabalho
IAA – Instituto do Açúcar e do Álcool
ICMS – Imposto sobre Operações relativas à Circulação de Mercadorias e sobre Prestações de Serviços de Transporte Interestadual e Intermunicipal e de Comunicação
Incra – Instituto Nacional de Colonização e Reforma Agrária
IoT – Internet das Coisas
IPI – Imposto sobre Produtos Industrializados
IPVA – Imposto sobre Propriedade de Veículos Automotores
ISSQN – Imposto sobre Serviços de Qualquer Natureza
ITR – Imposto sobre a Propriedade Territorial Rural
LC – Lei Complementar
LRF – Lei de Responsabilidade Fiscal
LGT – Lei Geral das Telecomunicações
LOA – Lei Orçamentária Anual
MCTIC – Ministério da Ciência, Tecnologia, Inovações e Comunicações
Min. – Ministro ou Ministra
MP – Medida Provisória
MS – Mandado de Segurança
OAB – Ordem dos Advogados do Brasil
OMC – Organização Mundial do Comércio
ONU – Organizações das Nações Unidas
PCCs – Public Utilities Commissions
PGO – Plano Geral de Outorgas
PGMU – Plano Geral de Metas de Universalização
PIS – Programa Integração Social
PL – Projeto de Lei
PLC – Projeto de Lei da Câmara
PLS – Projeto de Lei do Senado
PMU – Plano de Metas de Universalização
PNBL – Plano Nacional de Banda Larga
PNC – Plano Nacional de Conectividade
PPA – Plano Plurianual
RE – Recurso Extraordinário
REPNBL – Regime Especial de Tributação do Programa Nacional de Banda Larga
RG – Repercussão Geral

RFB – Receita Federal do Brasil
SCD – Serviço de Comunicações Digitais
SCM – Serviço de Comunicação Multimídia
Sebrae – Serviço Brasileiro de Apoio às Micro e Pequenas Empresas
Sinditelebrasil – Sindicato das Empresas de Telefonia e de Serviço Móvel Celular e Pessoal
SMC – Serviço Móvel Celular
SMP – Serviço Móvel Pessoal
STF – Supremo Tribunal Federal
STFC – Serviço Telefônico Fixo Comutado
STJ – Superior Tribunal de Justiça
STN – Secretaria do Tesouro Nacional
TCU – Tribunal de Contas da União
Telebrasil – Associação Brasileira de Telecomunicações
TIC – Tecnologia da Informação e Comunicação
TRF – Tribunal Regional Federal
UIT – União Internacional de Telecomunicações
USAC – Universal Service Administrative Company
USF – Universal Service Fund
V.U. – Votação unânime

SUMÁRIO

INTRODUÇÃO

Desde a promulgação da Constituição da República Federativa do Brasil de 1988 (BRASIL, Constituição da República, 1988), as contribuições sociais e de intervenção no domínio econômico ganharam maior relevância e protagonismo na arrecadação tributária conforme se comprova pelos dados da arrecadação da Receita Federal do Brasil (BRASIL, Receita Federal do Brasil, 2017). Isso se deve à introdução do Estado Democrático de Direito após um longo período de regime militar em que as garantias sociais tinham menor destaque e importância. Com a redemocratização, o Brasil passou a privilegiar garantias sociais constitucionais que, para sua efetividade, necessitaram de novas fontes de arrecadação.

Assim, a partir da Constituição de 1988 (CR/1988) houve um crescimento da instituição de contribuições sociais e de intervenção no domínio econômico que, se por um lado, garantem maior arrecadação para a União que não precisa reparti-las com Estados e Municípios, por outro, são tributos finalísticos, ou seja, sua regra matriz de competência está vinculada a uma finalidade constitucionalmente prevista.

Do mesmo modo, o setor de telecomunicações passou por uma grande transformação nas duas últimas décadas, principalmente após a privatização, que permitiu a sua massificação e o desenvolvimento de novas tecnologias. Apesar de ser um serviço essencial para a população, sua carga tributária é das mais altas do mundo e chega a 43% sobre sua receita líquida, o que faz o setor perder a atratividade para investimentos, conforme comprova estudo do Sindicato das Empresas de Telefonia e de Serviço Móvel Celular e Pessoal (Sinditelebrasil), apresentado em Audiência Pública na Câmara dos Deputados, em 17 de setembro de 2015 (SINDITELEBRASIL, 2015).

Para fazer frente a investimentos necessários no setor de telecomunicações que necessitavam de recursos públicos, foram criados alguns fundos contábeis com destinação específica e suas correspondentes fontes tributárias. Assim, em 1997, foi alterado o Fundo de Fiscalização das Telecomunicações (Fistel) e, em 2000, foram instituídos o Fundo de Universalização dos Serviços de Telecomunicações (Fust) e o Fundo para o Desenvolvimento Tecnológico das Telecomunicações (Funttel). O primeiro tem duas taxas como fontes de recursos e os dois últimos possuem, entre suas fontes de recursos, contribuições de intervenção no domínio econômico (Cide) cobradas das prestadoras de serviços de telecomunicação. O Fust, e consequentemente sua Cide correlata, foi selecionado para este estudo, por ter, atualmente, uma grande importância no contexto de desenvolvimento social e econômico do país, sendo seu maior problema a efetiva destinação de suas receitas às suas finalidades, visto que têm sido reiteradamente utilizadas como reserva de contingência para pagamento da dívida pública, como será demonstrado nesta obra.

Por outro lado, mesmo antes da CR/1988, o Supremo Tribunal Federal (STF) vem analisando a estrutura das contribuições de intervenção no domínio econômico e seus requisitos de validade. Dessa maneira, para este trabalho, inicialmente foi feita uma pesquisa minuciosa da doutrina e de 132 julgados da Suprema Corte referentes à constitucionalidade das contribuições de intervenção no domínio econômico.

Para esta seleção foram utilizadas palavras-chave relacionadas a "contribuição" e, especificamente, às contribuições de intervenção já criadas pela União. A partir dessa análise, foram selecionadas as 44 principais decisões do STF que efetivamente discutiram a constitucionalidade dessas Cides e de onde puderam ser construídos os principais requisitos de validade debatidos nesta obra. Essas decisões serão adiante utilizadas explicitamente, sobretudo no Capítulo 2. As demais, apesar de analisadas detidamente, ou são repetições das decisões principais, ou não trouxeram novos elementos capazes de contribuir com este trabalho e, por isso, não serão explicitamente mencionadas.

Na análise conjunta desses julgados do STF e da doutrina especializada, foi possível concluir que três pressupostos são importantes instrumentos de validação da constitucionalidade dessas contribuições, quais sejam: (i) necessidade de intervenção; (ii) referibilidade; e (iii) destinação à sua finalidade, conforme será detalhado no Capítulo 2. Para tanto, foram descartados os argumentos já pacificados ou que não sejam relacionados diretamente à validade de uma Cide ou que não possam ser aplicados às demais contribuições, por exemplo: necessidade de lei complementar e utilização de base de cálculo de outra contribuição.

Desse modo, esta obra pretende analisar a contribuição ao Fust à luz do entendimento da doutrina e do STF acerca desses três pressupostos de constitucionalidade. A partir dessa análise, serão apontados os problemas de validade dessa contribuição e de seu respectivo fundo, identificando suas causas e, por fim, sendo propostas as soluções, para que seja validada ou corretamente questionada judicialmente, sobretudo perante o STF.

Vale ressaltar que, para entender a importância da análise de constitucionalidade dessa contribuição selecionada e cumprir a finalidade deste trabalho, é relevante a contextualização histórica sobre as contribuições sociais e de intervenção no domínio econômico e o aumento de sua arrecadação desde a CR/1988, bem como dos motivos que levaram o governo federal a privatizar o setor de telecomunicações e a instituir o fundo a que é destinada a referida Cide.

Assim, no Capítulo 1 desta obra, são feitas breves considerações sobre o incremento das contribuições sociais e de intervenção no domínio econômico e seu consequente impacto na carga tributária brasileira. O Capítulo 2 é dedicado a analisar os requisitos constitucionais construídos à luz do entendimento da doutrina e dos julgamentos do STF. No Capítulo 3 é feita a aplicação desses pressupostos de validade à contribuição de intervenção do setor de telecomunicações selecionada para este trabalho com a demonstração de seus eventuais impasses. O Capítulo 4 presta-se, ao final, a concluir e sugerir algumas propostas para solucionar os problemas existentes na instituição dessa contribuição, sempre considerando o cenário de desenvolvimento econômico e social do Brasil.

1
Breves Considerações sobre o Incremento das Contribuições no Brasil após a Constituição da República de 1988

Após a Constituição da República de 1988 (CR/1988), as contribuições sociais e de intervenção no domínio econômico ganharam protagonismo no cenário da carga tributária brasileira. A análise do tema proposto neste estudo, sem a contextualização histórica sob a ótica constitucional que demonstra a evolução do Estado brasileiro e a consequente importância, após a Constituição de 1988, da Ordem Econômica e Social custeada por essas contribuições, bem como o comportamento de sua arrecadação neste período, tornaria o trabalho superficial.

Com efeito, este capítulo não tem por objetivo aprofundar essas questões, até mesmo pela limitação de escopo, mas apenas apresentar algumas premissas acerca desse fenômeno político e social do Brasil para entender como e por que as contribuições passaram a ter, atualmente, a crucial importância arrecadatória para a União, bem como para que seja possível analisar de forma ampla a sua constitucionalidade.[1]

1.1. A Evolução do Brasil para o Estado Democrático de Direito e a Constituição da República de 1988

A partir do final do século XIX, mais especificamente desde sua primeira Constituição republicana, em 1891, ao início do século XX, o Estado brasi-

[1] Não é nossa pretensão explorar todos os posicionamentos doutrinários acerca do tema, uma vez que o objetivo deste tópico do trabalho é apenas contextualizar as contribuições dentro da nova ordem constitucional. Caso seja do interesse do leitor aprofundar o estudo, ao longo do capítulo serão indicadas algumas obras específicas.

leiro tinha clara inspiração política e doutrinária liberal do modelo norte-americano. Conforme explica Paulo Bonavides (2016, p. 373):

> Converteu-se com a Constituição de 24 de fevereiro de 1891 num Estado que possuía a plenitude formal das instituições liberais, em alguns aspectos deveras relevantes, trasladadas literalmente da Constituição americana, debaixo da influência de Rui Barbosa, um jurista confessadamente admirador da organização política dos Estados Unidos. [...] Durante cerca de 40 anos o Brasil republicano e constitucional perfilhou, exterior e formalmente, na doutrina um constitucionalismo de raízes norte-americanas com a fachada teórica quase perfeita do chamado Estado Liberal de Direito.

Essa fase perdurou até 1930, seguida de um período ditatorial de quatro anos até a chegada da Constituição de 1934, quando o país passou a se inspirar no modelo do Estado de Direito baseado em um constitucionalismo social com influência das Constituições do México de 1917 e da Alemanha de 1919. Reportando-se às Constituições de 1934, 1946 e 1988, Paulo Bonavides assim explica essa influência das Constituições sociais, especialmente a alemã (a de Weimar):

> Nestes textos colhe-se um profundo influxo do constitucionalismo alemão do século XX nas Constituições brasileiras; influxo que parte tanto da Constituição de Weimar como da Lei Fundamental [...]
>
> Em 1934, 1946 e 1988, em todas esses três Constituições domina o ânimo do constituinte uma vocação política, típica de todo esse período constitucional, de disciplinar no texto fundamental aquela categoria de direitos que assinalam o primado da Sociedade sobre o Estado e o indivíduo ou que fazem do homem o destinatário da norma constitucional. [...]
>
> O constitucionalismo dessa terceira época fez brotar no Brasil desde 1934 o modelo fascinante de um Estado social de inspiração alemã, atado politicamente a formas democráticas, em que a Sociedade e o homem-pessoa – não o homem-indivíduo – são os valores supremos. (Bonavides, 2016, p. 376)

Em um interregno de vinte anos entre as Constituições de 1946 e 1988, a Constituição da República de 1967, e sua Emenda n. 01 de 1969, introduziu um período autoritário e ditatorial, tendo como elemento norteador o Estado de Direito, garantidor dos direitos individuais, chamados de primeira dimensão, como liberdade, propriedade e segurança.[2] Conforme bem aponta Marco Aurélio Greco (2005, p. 170), essa Carta Magna priorizou o aparato do Estado em detrimento dos direitos da sociedade.

Isso pode ser observado na própria estrutura do texto da Constituição de 1967/1969, que, em seus primeiros capítulos, tratou do ordenamento do Estado e apenas a partir de seu art. 140 havia a previsão sobre os direitos e a organização da sociedade civil.

Para José Afonso da Silva (2011, p. 79-80), a Constituição de 1967 "reduziu a autonomia individual, permitindo a suspensão de direitos e garantias constitucionais, sendo um instrumento do sistema autoritário implantado com o Golpe". Mais adiante, ao comentar sobre a Emenda Constitucional n. 01/1969, explicou que esta teria incorporado *os fundamentos do Golpe de 1964 como*: "anticomunismo exacerbado, conservadorismo à direita sem contemplação para os direitos humanos mais elementares, política econômica fundada nas teses monetaristas, etc." (Silva, 2011, p. 79-80).

Para Paulo Bonavides (1995, p. 211), durante vinte anos, a vontade do executivo tecnocrático se sobrepôs à vontade da sociedade alargando-se "o hiato entre a Sociedade e o Estado". Todavia, após esse intenso período ditatorial, o Estado de Direito se tornou insuficiente para atender aos anseios da população e mergulhou o país em uma crise institucional profunda. José Afonso da Silva explicou esse cenário:

> A crise profunda em que se debatia o Estado Brasileiro tinha sua origem na ruptura das tendências populares para um regime democrático de conteúdo social, que se delineava fortemente sob a Constituição de 1946. Ao opor-se a essa tendência, o regime instaurado em 1964 provocou grave crise de legitimidade, ao impor um sistema constitucional desvinculado da fonte originária de poder, que é o povo. A Constituição daí resultante e suas alterações (como vimos), por consubstanciarem uma ordenação autoritária, aprofundaram os conflitos entre a sociedade civil e o Estado e, assim, romperam o sistema de equilíbrio, que tradicionalmente se reconhece como sendo primordial objetivo de um regime constitucional democrático. (Silva, 2011, p. 81)

Diante da insatisfação popular com o papel pouco participativo do Estado brasileiro na vida social houve a consequente e gradual abertura

[2] Para aprofundar-se no conceito e fundamentos do Estado de Direito, ver: Canotilho, 2003, p. 243-254.

política do período ditatorial, culminando na eleição indireta de um presidente da República civil em 1985. Para José Afonso da Silva (2011, p. 83), isso ocorreu "por força da conscientização política do povo, que não mais aceitava ficar de fora do processo do poder", o que, por sua vez, dependia de uma nova Constituição democrática e social convocada pelo governo assumido por José Sarney.

Fernando Rezende e outros (2007, p. 83) assim esclareceram o cenário político da época:

> Não foi essa a intenção dos constituintes que, reunidos nos anos de 1987/88, elaboraram a nova Carta Magna do país. Movidos pelas pressões por mais autonomia federativa e por demandas pela universalização dos direitos de cidadania, eles reconstruíram mecanismos e instrumentos para reerguer a federação e resgatar a dívida social, em reação aos mais de 20 anos de regime militar e de autoritarismo, marcados por forte centralização da política tributária e fiscal e pelo primado do econômico sobre o social.

Durante a Assembleia Constituinte, foram convocadas audiências públicas com intensa participação da sociedade. Como afirmou José Afonso da Silva (2011, p. 87), "o povo procurou estar presente e discutir seus interesses e direitos – o que certamente influiu sobre os constituintes na construção de uma Democracia de conteúdo social". No entanto, houve embates na Constituinte que era formada por forças ideológicas diferentes. De acordo com José Afonso da Silva (2011, p. 90), "o pacto se formou mediante amplas negociações no seio da Constituinte entre as forças conservadoras e as forças progressistas da mudança".

Assim, em 1988, foi promulgada a nova Constituição, concebida para abranger os dois posicionamentos, protetivo e intervencionista, e por isso constituiu o Brasil como um Estado Democrático (social) de Direito (protetivo).[3]

Para Canotilho, o Estado de Direito Democrático é o que identifica o constitucionalismo moderno:

> Eis aqui as duas grandes qualidades do Estado constitucional: Estado de direito e Estado democrático. Estas duas qualidades surgem muitas vezes

[3] Para aprofundar-se no estudo da convergência dessas ideologias na CR/1988, *vide*: Reale, 1999.

separadas. Fala-se em Estado de direito, omitindo-se a dimensão democrática, e alude-se a Estado democrático silenciando a dimensão de Estado de direito. Esta dissociação corresponde, por vezes, à realidade das coisas: existem formas de domínio político onde este domínio não está domesticado em termos de Estado de direito e existem Estados de direito sem qualquer legitimação em termos democráticos. O Estado constitucional democrático de direito procura estabelecer uma conexão interna entre democracia e Estado de direito. (Canotilho, 2003, p. 92-93)

Nesse sentido, o art. 1º da Constituição de 1988 definiu o Brasil como um *Estado Democrático de Direito* e, em seu artigo 3º,[4] previu como um de seus objetivos fundamentais a criação de uma sociedade "livre, justa e solidária". A liberdade, base do Estado de Direito, convive, portanto, com a solidariedade, base do Estado Democrático e, juntos, buscam a justiça. Essa é a nova concepção do Estado Brasileiro a partir de 1988.

Para José Afonso da Silva (2009, p. 46), o art. 3º correlaciona-se com o Preâmbulo da Constituição servindo como orientação para a interpretação e aplicação das normas constitucionais, pois, enquanto Estado Constitucional, está comprometido com a realização de seus objetivos fundamentais.

Com efeito, no Estado Democrático de Direito, há a conjugação do Estado Social, que busca a justiça social, com o Estado de Direito, garantidor dos direitos individuais. Assim, com a Constituição de 1988, conforme se extrai de seu próprio texto, há a convivência dos princípios da solidariedade e da justiça social com os princípios da legalidade e da segurança jurídica, de cunho mais liberal, que já estavam consolidados no Estado de Direito anterior à nova carta constitucional.

Nesse contexto, a introdução de novos elementos sociais na Constituição de 1988 e a mudança de *status* do Estado brasileiro, trouxe consigo novas obrigações impostas ao governo federal para atingir seus objetivos fundamentais, também previstos em seu art. 3º, como: redução das desigualdades, erradicação da pobreza, além dos direitos e das garantias fun-

[4] "Art. 3º Constituem objetivos fundamentais da República Federativa do Brasil:
I – construir uma sociedade livre, justa e solidária;
II – garantir o desenvolvimento nacional;
III – erradicar a pobreza e a marginalização e reduzir as desigualdades sociais e regionais;
IV – promover o bem de todos, sem preconceitos de origem, raça, sexo, cor, idade e quaisquer outras formas de discriminação".

damentais[5] – sejam eles individuais, políticos e, principalmente, sociais, previstos em seu texto, como: seguridade social, educação, cultura, dentre outros.

Canotilho (2003, p. 335-342), ao discorrer sobre o Estado Democrático de Direito, assinalou que é baseado no princípio da democracia econômica, social e cultural, sendo uma autorização, e até mesmo uma imposição constitucional para o legislador, adotar medidas para a "evolução da ordem constitucional" sob a ótica de uma justiça social.

Tudo isso, justificaria, portanto, a maior participação do Estado baseada na solidariedade para a concretização de direitos sociais, o que alterou, de certa forma, o papel dos tributos na sociedade brasileira pós Constituição de 1988.

O período em que se discutiu a codificação da legislação tributária nacional, por outro lado, é marcado pelo auge da doutrina positivista do Direito Tributário,[6] culminada com a edição do Código Tributário Nacional (CTN) em 1966, de caráter formalista, objetivo e baseado na materialidade da hipótese de incidência,[7] mas sem a preocupação em seu texto com questões substanciais como justiça social ou solidariedade tributária.

Tathiane Piscitelli e Rafael Mafei Queiroz (2017, 573-576) demonstraram a dicotomia existente entre os tributaristas da época da edição do CTN, principalmente Aliomar Baleeiro, que entendia possível o controle do judiciário sobre as normas tributárias à luz do princípio da capacidade contributiva de forma a buscar a justiça tributária, e Rubens Gomes de Sousa, "redator maior do código" (Piscitelli; Queiroz, p. 575) para quem "a política fiscal e a justiça fiscal separavam-se com clareza do direito tributário" (Piscitelli; Queiroz, p. 576). Os autores explicaram que o CTN foi o "principal troféu da visão do Direito Tributário fechado à justiça fiscal" (Piscitelli; Queiroz, p. 573).

[5] Para aprofundar-se nos conceitos e nas diferenças de Direitos e Garantias Fundamentais e Constitucionais ver: Bonavides, 2016, p. 537-681.

[6] Cf. Alfredo Augusto Becker (1963), Geraldo Ataliba (1973), Rubens Gomes de Sousa (1960) entre outros. Vale lembrar que o Direito Tributário foi primeiramente estruturado em regras positivadas na Alemanha, no início do século XX, época em que vigiam as ideias de Estado liberal, positivista e garantidor dos direitos individuais contra o Estado. Cf. também, Greco, 2011, p. 57.

[7] Tese desenvolvida por Geraldo Ataliba em sua obra: *Hipótese de incidência tributária*, publicada em 1973.

O tributo servia, nessa época, principalmente para custear a estrutura do Estado, como explicou Marco A. Greco (2005, p. 176-177):

> No âmbito da CF/67, em que o foco principal era a disciplina dos poderes do Estado brasileiro, a Constituição via a tributação como instrumento de geração de recursos para o funcionamento do Poder Público [...]. Com isto, atendia-se aos anseios da concepção clássica do Estado de Direito.

Neste diapasão, o CTN surgiu muito mais como um instrumento de defesa do contribuinte contra esse Estado arrecadador, sendo suas regras mais de limitação ao poder de tributar, com a prevalência dos princípios da legalidade, irretroatividade, taxatividade dos tributos, dentre outros, do que de busca de justiça fiscal. Ademais, mesmo antes da CF/1967, a Emenda Constitucional n. 18/1965 excluiu o princípio da capacidade contributiva do texto constitucional de 1946, demonstrando a maior importância dada à época a outros princípios como a legalidade e a segurança jurídica, bases do Estado de Direito vigente à época.

Como se demonstrou, com a Constituição de 1988, essa realidade se modificou, pois há a introdução de um novo componente no Estado de Direito que é o Estado Social, criador de deveres positivos para o Estado. Tércio Sampaio Ferraz assim esclareceu:

> Essa mudança corresponde, no Brasil de hoje, a uma transformação do Estado constitucional enquanto Estado de Direito formal, que, no Império e na Primeira República, ostensivamente, e nas demais, até 1988, de forma ideologicamente encoberta, pressupunha uma distinção entre Estado e Sociedade como entidades autônomas. Na Constituição de 1988, as tarefas que são postas ao Estado, o que não só leva à multiplicação das normas, mas também à sua modificação estrutural, põem a descoberto as suas limitações. Exige-se do Estado a responsabilidade pela transformação social adequada da sociedade, ou seja, colocam-se para ele outras funções que não se casam plenamente com a função de bloqueio dos velhos modelos constitucionais. (Ferraz, 2005, p. 213)

Esse novo Estado Social baseado na solidariedade justificou o princípio da capacidade contributiva, no sentido de que o tributo passou a ser fundamental para o cumprimento desses novos objetivos constitucionais. Para Marciano Seabra de Godoi (2005, p. 160), a capacidade econômica é o elo fundamental que une o tributo e a solidariedade social, o que ocorre por seu caráter informador do conjunto do sistema tributário. Segundo o autor:

> O mínimo que se pode esperar de um Direito Tributário positivo em termos de solidariedade é que o conjunto de impostos ou o sistema tributário globalmente considerado responda às exigências da capacidade econômica (a qual, como visto, está fundamentada na solidariedade social).

Vale lembrar que o princípio da capacidade contributiva, previsto na Constituição de 1946, de caráter mais social, foi desconsiderado pelo CTN editado em 1966, como já explicado, e expurgado da Constituição de 1967. Com efeito, com a CR/1988, o tributo deixou de ser cobrado meramente para custear as despesas do Estado e passou a também ser responsável pelo cumprimento dos direitos fundamentais sociais.[8] Marco A. Greco bem assinala essa passagem da finalidade do tributo pós CR/1988:

> A CR/88, ao instituir um efetivo Estado Democrático de Direito – vale dizer, ao consagrar concomitantemente valores e finalidades sociais a alcançar –, faz com que a tributação passe a ser um poder juridicizado pela Constituição, que deve ser exercido em função e sintonia com os objetivos que a própria sociedade elevou à dignidade constitucional. [...]
>
> Isto significa – a partir de uma perspectiva do Estado Social – que não podemos ver a tributação apenas como técnica arrecadatória ou de proteção ao patrimônio; devemos vê-la também da perspectiva da viabilização da dimensão social do ser humano. (Greco, 2005, p. 177-179)

Assim, com o advento da CR/1988, há uma clara relação conflituosa entre o CTN e os ditames da nova Ordem Constitucional onde o tributo passa a ter relevante papel na busca da justiça social e distributiva, objetivos rechaçados quando da edição do CTN. Tathiane Piscitelli e Rafael Mafei Queiroz demonstraram essa dicotomia, com a prevalência dos princípios constitucionais que alteraram os próprios objetivos do direito tributário:

> A Constituição de 1988 incorporou um papel ao direito tributário que não estava originalmente previsto e contemplado no CTN. Se, de um lado, a publicação do Código teve por objetivo realizar o ideal de Rubens Gomes de Sousa quanto à existência de um corpo de normas fechado e resistente a

[8] Para aprofundar-se sobre a importância e a finalidade da tributação, confira Nabais, 2009.

ponderações políticas e de justiça fiscal, a promulgação da Constituição de 1988 parece resgatar o ideal de Baleeiro e trazer para o centro da disciplina não apenas a importância da destinação das receitas, mas, principalmente, a função distributiva da tributação. [...]

A aplicação direta do texto constitucional de 1988 impõe uma nova concepção de direito tributário que contempla o CTN, mas a ele não se limita. (Piscitelli; Queiroz, 2017, p. 584-585)

Ademais, após a Constituição de 1988, em um processo de redemocratização e com o propósito de preservar a federação, houve a devolução da autonomia financeira aos Estados e Municípios via arrecadação tributária, em um movimento claro de descentralização do poder político após um longo período autoritário de poder concentrado na União.[9]

Além do incremento do Imposto de Circulação de Mercadorias para os Estados com os serviços de telecomunicações, transportes, energia elétrica e combustíveis (que passou a ser denominado de ICMS) e do Imposto sobre Serviços de Qualquer Natureza (ISSQN) para os Municípios, a CR/1988 também determinou a partilha das receitas do Imposto sobre Produtos Industrializados (IPI) e do Imposto de Renda (IR) para os Estados, Distrito Federal e Municípios, além da partilha do Imposto Territorial Rural (ITR) para os Municípios que também passaram a receber parte do Imposto sobre a Propriedade de Veículos Automotores (IPVA) e do Imposto sobre Operações relativas à Circulação de Mercadorias e sobre Prestações de Serviços de Transporte Interestadual e Intermunicipal e de Comunicação (ICMS) arrecadados pelos Estados. Além disso, em caso de a União criar impostos residuais, a CR/1988 também garantiu a sua distribuição a Estados e Municípios. Em função dessas determinações constitucionais, Hugo de Brito Machado Segundo concluiu que:

Em outras palavras, o ente central não tem, em princípio, como avançar na competência dos entes periféricos, nem pode aumentar seus principais impostos, nem criar outros, sem dividir a arrecadação com os entes periféricos. A finalidade dessa sistemática foi a de preservar o equilíbrio da federação, com a concessão, a cada ente, de parcela equivalente de receitas e, por conseguinte, de autonomia. Em face do mecanismo em questão, o ente central não

[9] Para aprofundamento do tema acerca das consequências da tributação pós CR/1988 no Federalismo, ver: Machado Segundo, 2005.

> pode aumentar suas receitas sem, com isso, aumentar também as receitas dos entes periféricos. (MACHADO SEGUNDO, 2005, p. 79)

Assim, como esclareceu Hugo de Brito Machado Segundo (2005, p. 65), se por um lado a CR/1988 criou novas obrigações para a União, por outro, no intuito de privilegiar o equilíbrio da Federação e descentralizar o poder, reduziu a sua força arrecadatória com a repartição de receitas com Estados e Municípios.

Com efeito, para cumprir os deveres positivos impostos pela CR/1988 e considerando a menor arrecadação de impostos que são repartidos com os demais entes federativos, a União passou a se valer das contribuições como instrumento para concretizar os princípios de solidariedade e igualdade, ou seja, como forma de financiar a implementação dos direitos sociais de segunda e terceira dimensões, previstos na própria Constituição.[10]

Justifica-se essa utilização das contribuições[11] como forma de custeio de despesas federais criadas pela novel Constituição o fato de sua arrecadação ser concentrada apenas na União, por não serem repartidas entre Estados e Municípios. Todavia, como regra, a instituição de uma contribuição deve ser atrelada à finalidade ou atuação estatal que custeia, como: seguridade social, intervenção na economia, categorias profissionais, conforme determina o art. 149 da Constituição de 1988:

> Art. 149. Compete exclusivamente à União instituir contribuições sociais, de intervenção no domínio econômico e de interesse das categorias profissionais ou econômicas, como instrumento de sua atuação nas respectivas áreas, observado o disposto nos arts. 146, III, e 150, I e III, e sem prejuízo do previsto no art. 195, § 6º, relativamente às contribuições a que alude o dispositivo.

Como exemplo, foram criadas as seguintes contribuições sociais: Contribuição Social sobre o Lucro Líquido (CSLL); Contribuição para o Financiamento da Seguridade Social (Cofins); Contribuição ao PIS e à Cofins na importação de bens e serviços. As contribuições de intervenção no domínio

[10] Esse é o entendimento da doutrina dominante sobre o tema, ver: Marco A. Greco (2005) e Hugo de Brito Machado Segundo (2005).

[11] À exceção da Cide-Combustíveis, conforme art. 159, III das CR/1988, introduzido pela Emenda Constitucional n. 44/2004.

econômico, criadas após a CR/1988, têm como exemplo: Cide-Royalties e Cide-Combustíveis; além de outras Cide setoriais, como as criadas após a privatização dos serviços de telecomunicações, contribuições ao Fundo de Universalização dos Serviços de Telecomunicações (Fust) e ao Fundo para o Desenvolvimento Tecnológico das Telecomunicações (Funttel) e a Contribuição para o Desenvolvimento da Indústria Cinematográfica Nacional (Condecine-Telecomunicação). Nesta obra será tratada especificamente a contribuição ao Fust.

Diante desse cenário, verifica-se, a partir da CR/1988, um incremento na instituição de contribuições sociais e de intervenção no domínio econômico como forma de garantir maior arrecadação tributária para a União, o que, por consequência, não raras vezes, pode desvirtuar suas características essenciais.

No próximo item, serão examinadas as características das contribuições em conjunto com dados financeiros das últimas décadas, que demonstram como serviram para o aumento da carga tributária e da arrecadação da União, demonstrando sua importância para o contexto financeiro, para então ser possível adentrar ao tema central desse trabalho, que é a análise dos requisitos de validade das contribuições de intervenção no domínio econômico aplicados mais especificamente à Cide do setor de telecomunicações, denominada contribuição ao Fust.

1.2. A Alteração da Carga Tributária Brasileira com o Aumento das Contribuições

Este item pretende contextualizar o crescimento da carga tributária com o incremento das contribuições pela União nas últimas décadas. Da mesma forma que o anterior, essa análise pretende demonstrar, na medida suficiente, a importância das contribuições no contexto econômico e financeiro para basear as análises desta obra.

Conforme demonstrado no item anterior, com a transformação do Estado de Direito da Constituição da República de 1967 para o Estado Democrático de Direito da Constituição de 1988, a União passou a ter deveres positivos para com a sociedade. Para o cumprimento das finalidades sociais impostas pela CR/1988, e considerando a repartição tributária dos impostos como forma de preservar a Federação, a União se valeu da criação de contribuições sociais e de intervenção na economia. No entanto, conforme será abordado neste trabalho, um dos requisitos para a instituição de uma contribuição é que esteja atrelada ou que seja destinada a uma finalidade constitucionalmente prevista.

Do ponto de vista financeiro, conforme explicaram Fábio Giambiagi e Ana Cláudia Além (2011, p. 260), a CR/1988 contribuiu para uma "deterioração da qualidade da tributação" federal e dos serviços públicos pela falta de conexão entre os recursos arrecadados e as despesas correlatas.

Nesse contexto, a União, por um lado, viu reduzir suas receitas e, por outro, aumentar seus gastos sociais. Isso, porque não houve uma descentralização dos encargos na mesma proporção entre União, Estados e Municípios, sendo que o governo federal ficou com a maior parte das responsabilidades sociais. Veja que a CR/1988, em seu art. 194, previu o conceito de Seguridade Social, não existente na Constituição anterior, que abarca a Previdência Social, a Saúde e a Assistência Social, sendo de responsabilidade da União grande parte do custeio dessas despesas sociais.

Assim, após a CR/1988, para incrementar suas receitas, houve uma tendência da União pela escolha de tributos sem repartição com os demais entes federativos, como a CSLL, que poderia ser interpretada como um adicional do Imposto de Renda sem repartição, mas vinculada à sua finalidade de financiamento da Seguridade Social, e a Cofins.

Ainda de acordo com Giambiagi e Além (2011, p. 118, 126),[12] no período pós Constituição de 1988, os sucessivos governos federais buscaram atacar a alta inflação com planos econômicos, em sua maioria fracassados, até a estabilização inflacionária com o Plano Real em 1994. Por outro lado, o fim da inflação incrementou o déficit público, pois não foi mais possível o governo se financiar por meio da inflação. Segundo os autores, era necessário, portanto, um ajuste das contas públicas com lastro fiscal.

Para essa finalidade, como explicam Fernando Rezende, Fabrício Oliveira e Erika Araújo (2007, p. 43), a opção do governo federal à época foi pelo aumento de carga tributária, priorizando a criação das contribuições sociais.

No entanto, as contribuições criadas após a Constituição, por sua natureza, e pela própria previsão constitucional do art. 149, são vinculadas às suas finalidades, não podendo ser destinadas para custear outras despesas, sob pena de declaração de sua inconstitucionalidade. Assim, a União

[12] Para aprofundar-se nos detalhes dos sucessivos planos econômicos e política fiscal dos governos pós CR/1988, ver: GIAMBIAGI e ALÉM, 2011, p. 105-216.

via um aumento crescente de suas despesas em paralelo a uma redução de suas receitas em função do controle inflacionário, tendo, de um lado, as contribuições como uma enorme fonte de renda sem repartição com os demais entes federativos e, por outro, o engessamento de sua utilização para outras despesas que não as relacionadas às suas finalidades.

Nesse contexto, como forma de garantir o necessário equilíbrio das contas públicas, foi criada, via Emenda Constitucional (EC), a desvinculação de receitas da União, como forma de desvincular parte da arrecadação das contribuições sociais de suas finalidades. Primeiro, pela Emenda Constitucional n. 01/1994 foram desvinculados 20% da arrecadação das contribuições sociais, sendo destinados para o Fundo Social de Emergência (FSE). As Emendas Constitucionais n. 10/1996 e n. 17/1997 destinaram esse valor para o Fundo de Estabilização Fiscal (FEF). Já a EC n. 27/2000[13] criou, efetivamente, a Desvinculação das Receitas da União (DRU), ficando o governo livre para utilizar esses recursos em quaisquer despesas necessárias.

A partir da EC n. 42/2003, a desvinculação de 20% da receita atingiu também as contribuições de intervenção no domínio econômico. Em 2016, foi editada a Emenda Constitucional n. 93, que aumentou a desvinculação para 30% de toda a arrecadação da União com contribuições, adicionando também as taxas. Além disso, essa Emenda Constitucional desvinculou também 30% das receitas dos Estados e Municípios de impostos, taxas e multas até 2023.

A União adotou ainda outros elementos temporários de contenção fiscal, como em 1996, com a criação da Contribuição Provisória sobre Movimentação Financeira (CPMF), reformas parciais da Previdência e a privatização de empresas na década de 1990, como as do setor de telecomunicações, que será abordada em outro capítulo. Mais recentemente, em 15 de dezembro de 2016, foi editada a Emenda Constitucional n. 95, que limita o aumento dos gastos da União à inflação do ano anterior.

[13] Veja que a Mensagem n. 1.262/1999 do Poder Executivo para o Congresso Nacional, que trata da exposição de motivos que culminou na EC n. 27/2000, justificou a desvinculação de 20% das contribuições, inclusive dos Fundos anteriormente criados no seguinte sentido: "O objetivo da iniciativa é a desvinculação de receitas da União e a consequente redução da rigidez da execução orçamentária e financeira, o que permitirá a realocação de recursos para financiamento de despesas incomprimíveis sem endividamento adicional da União" (BRASIL. CÂMARA DOS DEPUTADOS, 1999).

Como explicou Fernando Rezende e outros (2007, p. 20), ao longo das décadas de 1990 e 2000, a necessidade de adoção de equilíbrio fiscal significava, portanto, redução de gastos públicos ou aumento de receita. A adoção de metas fiscais em 1999, a partir de um acordo com o Fundo Monetário Internacional (FMI), deixou ainda mais transparente a necessidade de austeridade fiscal. No entanto, como visto, para atingir esse equilíbrio, o governo federal sempre optou pelo aumento da receita tributária, mais especificamente, das contribuições, o que acabou gerando o próprio aumento das despesas vinculadas e, consequentemente, a necessidade da criação de mais contribuições, independentemente da desvinculação de 20% da receita.

Ou seja, o excesso de contribuições sociais passou a ser uma armadilha para a União em função da vinculação de suas receitas e, consequentemente, aumento das despesas e necessidade de novo aumento da carga tributária para cumprir as metas fiscais (Rezende; Oliveira; Araújo, 2007, p. 19). Dessa maneira, além do aumento dos gastos com a introdução do sistema de Seguridade Social, após a Constituição de 1988, a União optou pelo aumento da carga tributária via contribuições, conforme já descrito, de forma que a sua arrecadação passou a superar a dos impostos federais.

Para corroborar com as afirmativas acima, conforme dados da Receita Federal do Brasil (RFB), em 1995 (BRASIL. Receita Federal do Brasil, 1996), o total da arrecadação tributária bruta do governo federal foi de R$ 115,7 bilhões, sendo R$ 47,5 bilhões ou 41,5% do total referente a impostos; R$ 554 milhões ou 0,5% de taxas; R$ 35 bilhões ou 30% referente à previdência social; e R$ 32,8 bilhões ou 28% das outras contribuições.

Por sua vez, em 2017 (BRASIL. Receita Federal do Brasil, 2017), a arrecadação total tributária do governo federal foi de R$ 1,4 trilhão, sendo que deste valor R$ 502,9 bilhões ou 36% corresponderam aos impostos; R$ 7,3 bilhões ou 0,5% a taxas federais; R$ 354 bilhões ou 25% de contribuição previdenciária; e R$ 535,7 bilhões ou 38,5% do total arrecadado corresponderam às demais contribuições. Assim, em 20 anos, a arrecadação das contribuições passou de 28% para 38,5% do total arrecadado de tributos federais. Se considerar a contribuição previdenciária, a arrecadação total de contribuições passou de 58% para 63,5% do total arrecadado pelo governo federal em tributos.

As contribuições de intervenção no domínio econômico, embora representem um menor percentual na arrecadação total da União, foram também bastante utilizadas após a Constituição de 1988, seja para cumprir finalidades setoriais (combustíveis, tecnologia, telecomunicações), seja como instrumento arrecadatório, assim como as contribuições sociais, para o cumprimento de metas fiscais. Foram criadas após a CR/1988, como exemplo de Cides: Cide-Royalties, Cide-Combustíveis, contribuição ao Fundo de Universalização dos Serviços de Telecomunicações (Fust), contribuição ao Funttel e Condecine.

Ficou demonstrada, portanto, a importância das contribuições sociais e das contribuições de intervenção no domínio econômico no contexto tributário nacional, por serem relevantes instrumentos de alcance dos objetivos de justiça social e distributiva da Constituição de 1988, o que justifica seu aumento de arrecadação e a escolha desse tema para estudo. No próximo capítulo serão analisados os requisitos de validade para a instituição de uma contribuição de intervenção no domínio econômico selecionados para esse estudo, com o confronto entre a doutrina e a jurisprudência do Supremo Tribunal Federal (STF) para, depois, aplicá-los à contribuição ao Fust, uma das Cides específicas do setor de telecomunicações.

2
Os Pressupostos de Validade das Contribuições de Intervenção no Domínio Econômico pós Constituição da República de 1988

Após a análise histórica constitucional para contextualizar a importância das contribuições após a Constituição da República de 1988, passamos a explicitar suas características gerais e, mais especificamente, o aprofundamento das contribuições de intervenção no domínio econômico contrapondo a doutrina com uma análise crítica da jurisprudência do Supremo Tribunal Federal (STF).

Essa análise terá como enfoque os três requisitos de validade de uma contribuição de intervenção no domínio econômico (Cide) construídos a partir da análise da doutrina mais abalizada e da jurisprudência do STF sobre a constitucionalidade dessas contribuições, a saber: (i) necessidade de intervenção no domínio econômico; (ii) referibilidade; e (iii) destinação do produto arrecadado à sua finalidade. Será, portanto, analisado o comportamento do STF quando instado a enfrentar esses requisitos em julgamentos sobre a constitucionalidade de uma Cide.

2.1. Aspectos Básicos das Contribuições após a Constituição da República de 1988

O art. 149[14] da Constituição, situado no Capítulo do "Sistema Tributário Nacional", determina que cabe exclusivamente à União a criação de

[14] O § 1º do art. 149 e o art. 149-A permitiram aos Estados e Municípios instituírem contribuição cobrada de seus servidores para o regime previdenciário próprio e contribuição para o custeio do serviço de iluminação pública.

> [...] contribuições sociais, de intervenção no domínio econômico e de interesse das categorias profissionais ou econômicas, como instrumento de sua atuação nas respectivas áreas, observado o disposto nos arts. 146, III, e 150, I e III, e sem prejuízo do previsto no art. 195, § 6º, relativamente às contribuições a que alude o dispositivo.

Muitas discussões doutrinárias[15] e jurisprudenciais foram travadas para definir se as contribuições teriam natureza tributária, podendo ser classificadas como uma das espécies constitucionais tributárias. O STF dirimiu a questão no julgamento do Recurso Extraordinário (RE) nº 146.733,[16] de relatoria do Min. Moreira Alves, onde se discutia a constitucionalidade da Contribuição Social sobre o Lucro Líquido, sendo definida a natureza tributária das contribuições.

Ademais, no julgamento do Recurso Extraordinário n. 138.284, em julho de 1992, o STF se manifestou sobre a classificação das espécies tributárias, tendo o Ministro Relator Carlos Velloso a definido em: impostos, taxas, empréstimo compulsório e contribuições de melhoria, parafiscais, sociais, de seguridade social, sociais gerais, especiais e de intervenção no domínio econômico.

No caso das contribuições, o que autoriza o exercício da competência tributária da União para legislar a sua criação é a existência de uma finalidade[17] específica e preestabelecida constitucionalmente que a ampare. Apenas se existir essa finalidade, prevista no art. 149 da Constituição

[15] A favor da natureza tributária das contribuições: Misabel Derzi (Baleeiro, 2010), Paulo de Barros Carvalho (2013, p. 63-65), Estevão Horvath (2009), Hugo de Brito Machado (2004), Roque Carrazza (2015) – que se convenceu da natureza tributária após mudar de entendimento –, dentre outros. Pela não caracterização da natureza tributária das contribuições, tem-se, principalmente, Marco A. Greco (2000), que entende possuírem natureza *sui generis*.

[16] O caso foi submetido a julgamento em 29 junho 1992. Outros julgados do STF, no mesmo sentido de confirmar a natureza tributária das contribuições: RE 218.061-5; RE 209.363-3; RE 166.772-9; RE 159.036-8 e RE 159.187-8.

[17] Alguns autores como Aliomar Baleeiro (2010) utilizam a expressão "destinação", outros, como Marco A. Greco (2000) preferem a expressão "finalidade", mas ambos dizem respeito à legitimação para a instituição de uma contribuição. Preferimos o termo "finalidade", pois entendemos que a "destinação" nos remete à figura da efetiva utilização dos recursos arrecadados pela contribuição, sendo uma consequência ou um evento posterior à sua criação e a "finalidade" é anterior, o que justifica a sua criação. Mas isso é terminologia e ampara a divergência de entendimento entre os autores citados quanto à inconstitucionalidade da contribuição que tem seus recursos tredestinados ou contingenciados.

(social, interventiva ou para categorias profissionais), a União poderá criar uma contribuição. Para Misabel Derzi, em nota à obra de Aliomar Baleeiro (2010, p. 943), essa "destinação assume relevância não só tributária como constitucional e legitimadora do exercício da competência federal".

É nesse ponto que as contribuições se diferenciam dos impostos, por terem destinação ou finalidade vinculada, delimitada pela própria Constituição, mas isso não lhe retira, como explicado, a sua natureza tributária. Roque Carrazza (2015, p. 687) acertadamente afirmou que "a finalidade é o caminho mais seguro para a identificação do regime jurídico das contribuições, o que equivale a dizer que qualquer desvio, neste ponto, acarretará a injuridicidade da própria cobrança dessas exações".

E não é qualquer finalidade, mas, sim, as elencadas para o cumprimento dos compromissos assumidos pelo Estado quando da introdução do Estado Democrático de Direito pela Constituição de 1988,[18] conforme já mencionado no Capítulo 1. Marco Aurélio Greco, apesar de concluir que as contribuições teriam uma natureza *sui generis*, assim explicou essas finalidades amparadas pelas contribuições:

> No caso das contribuições, a Constituição da República qualifica diversos fins a serem buscados, ao invés de enumerar fatos geradores (determinadas materialidades). Além disso, no seu conjunto, a Constituição introduz outro ingrediente, igualmente importante, porém muito delicado, qual seja o de prever compromissos assumidos pela e perante a sociedade, os quais implicam a necessidade de realizar condutas em função deles.
>
> Assim, por exemplo, tratando-se de contribuições de seguridade social o artigo 194 da CF-88 prevê a equidade da participação no respectivo custeio. Este é, propriamente, um compromisso, mais do que um conceito previsto. [...] no campo das contribuições, há compromissos positivos de busca a equidade, a justiça, a igualdade, etc. [...]. É, em última análise, assumir plenamente o que está previsto no artigo 3º, I, da Constituição, ao prever que o Brasil é um Estado Democrático de Direito.

[18] Vale mencionar que a análise interpretativa constitucional das contribuições deve levar em consideração também os capítulos que interagem com o art. 149, sob pena de incorrer em vício de interpretação. Nas palavras de Aliomar Baleeiro (2010, p. 937): "O segundo equívoco resulta de um vício de interpretação na prática constitucional brasileira, segundo o qual se extrai sentido da norma constitucional de forma isolada através de compartimentos estanques, de modo que aquilo que se insere no Capítulo do Sistema Constitucional Tributário não guarde relação alguma com outros títulos e outros capítulos inseridos na Carta Constitucional".

> É um Estado de Direito – visão causal, protetiva dos valores liberdade, propriedade e segurança – mas é também um Estado Democrático – visão finalística, interventiva, modificadora que prestigia os valores solidariedade, justiça, igualdade. (GRECO, 2000, p. 46-47)

Com efeito, o próprio art. 149 da CR/1988 definiu que a criação de uma das contribuições nele previstas deve pressupor seu uso "como instrumento de sua atuação nas respectivas áreas". E essas áreas são exatamente as definidas como as *finalidades* das contribuições. Desse modo, uma contribuição pode ser criada para assegurar um direito social previsto na Constituição e que esteja em consonância com seus objetivos primordiais de solidariedade e justiça social, ou pode ser instituída contribuição para intervenção da União em determinado setor econômico na forma do artigo 170 e seguintes da CR/1988, ou mesmo em interesse de categorias profissionais.

Desse modo, para Roque Carrazza (2015, p. 683) não é o fato gerador ou a hipótese de incidência que define a natureza de contribuição, como é no caso dos impostos (ex. renda, propriedade, etc.), mas, sim, a sua finalidade constitucionalmente prevista. Para Misabel Derzi, em nota ao livro de Aliomar Baleeiro (2010, p. 942), um pouco diferente, mas com a mesma conclusão, essa destinação que baseia a criação da contribuição *converte-se* no próprio "fato gerador ou hipótese de incidência da regra matriz constitucional".

Concordamos com Estevão Horvath (2009, p. 16-17), no sentido de que, no caso das contribuições do art. 149, não basta a edição de lei com a previsão de sua hipótese de incidência para que seja instituída, como nos impostos e nas taxas, pois sua existência está vinculada ao cumprimento de uma *finalidade*.

Para tanto, a União deverá disciplinar, para a instituição da contribuição, a forma de intervenção no domínio econômico em determinado setor, a criação da entidade de categoria profissional ou o direito social a ser assegurado, como, por exemplo, a estruturação da seguridade social. Assim, a norma que irá outorgar a competência para a União criar uma contribuição deve servir para *obter, gerir e aplicar* os recursos que serão utilizados para a realização das finalidades previamente instituídas e previstas na Constituição.

Ou seja, para que as contribuições possam ser instituídas, deve haver uma finalidade, prevista na Constituição, que baseie sua criação, não bastando a simples necessidade de arrecadação para composição orçamentária, como no caso dos impostos. Paulo Ayres Barreto sobre esse ponto explicou que:

> A necessidade geral de arrecadação não autoriza a instituição de contribuição. O pressuposto constitucional para sua exigência é a atuação do Estado (*lato sensu*) em área constitucionalmente demarcada. Trata-se de regra de estrutura, delimitadora da competência impositiva, de um lado, e que enseja, de outro, o necessário controle do destino do produto da arrecadação. (Barreto, 2011, p. 67)

Marco Aurélio Greco (2000, p. 83), seguindo a linha de que a criação das contribuições pela nova Constituição seria amparada pelos ideais do Estado Social que se implantava após 1988, explicou que o *conceito básico* das contribuições é a *solidariedade* em relação aos demais integrantes de um grupo social ou econômico, ou seja, esse seria o seu *vetor axiológico* e o que também a diferencia dos impostos e das taxas.

Desse modo, consideram-se as finalidades estatuídas na Constituição da República, aptas à instituição de uma contribuição: a intervenção no domínio econômico; o atendimento a interesse de categorias profissionais ou econômicas, como instrumento de atuação nas respectivas áreas; e o custeio de direitos sociais e da seguridade social.[19] Em nosso estudo vamos nos ater à finalidade para instituição de uma contribuição para que a União possa intervir no domínio econômico. Deixamos, então, de lado, a análise das demais contribuições que podem ser instituídas com base nas demais finalidades constitucionais.

2.2. As Contribuições de Intervenção no Domínio Econômico (Cides)

Reconhecendo, portanto, que a criação das contribuições tem como pressuposto a existência de uma finalidade constitucionalmente prevista, pode-se inferir que esta deve estar intrinsecamente conectada com outros artigos

[19] Não vamos nos ater nesse ponto a discutir se basta que a finalidade para a qual será instituída a contribuição esteja prevista na Constituição ou se é necessário que, além disso, a Constituição tenha autorizado a sua criação. Essa discussão, de cunho doutrinário, gera algumas controvérsias que não contribuirão para o nosso estudo. Vale apenas mencionar que Marco A. Greco (2000) defendeu a linha da necessidade dessas duas condições para a instituição de uma contribuição e Ricardo Conceição Souza (2002) defendeu, por outro lado, que basta a primeira condição.

da Constituição, tendo em vista, como lembra Marco A. Greco (2006, p. 319), "os motivos e os fins que justificam as contribuições estão fora do capítulo tributário da Constituição". Lembramos, também, que o art. 149 da Constituição, que dispõe sobre as contribuições, faz referência à sua utilização como "instrumento de atuação na respectiva área".

No caso das contribuições de intervenção no domínio econômico, sua criação está, portanto, intimamente ligada aos valores que a Constituição erige para que o Estado possa intervir na atividade econômica. Assim, é no capítulo da Constituição que trata dos "Princípios Gerais da Atividade Econômica", inserido no Título VII, "Da Ordem Econômica e Financeira" que encontraremos as respostas para a análise de validade de uma contribuição, criada com a finalidade de intervenção no domínio econômico.

Para a instituição de uma Cide, ou de qualquer contribuição, portanto, há que se atentar para seus diversos pressupostos de validade, de forma a não ser considerada inconstitucional ou criada apenas com finalidade arrecadatória, o que desvirtuaria sua própria natureza. Dessa forma, é muito árdua a tarefa de eleger os principais pressupostos de controle para a criação de uma contribuição de intervenção no domínio econômico. Para Marco Aurélio Greco:

> a insuficiência de critérios de controle para a criação de uma CIDE causa perplexidade, pois, em suas palavras, a rigor, não sabemos com muita precisão o que pode ser feito, até onde o legislador e os atos de aplicação da CIDE podem ir, até onde os objetivos definidos pelo Constituinte ou pelo legislador estão sendo ou não atendidos e assim por diante. (Greco, 2006, p. 313)

Em outro trabalho, o próprio Marco Aurélio Greco (2001, p. 11-31), em sua tentativa de definir os contornos constitucionais das Cides, construiu um modelo de controle baseado em vinte e um parâmetros.

Considerando que a proposta desta obra é elencar os principais pressupostos de validade para criação de uma Cide e confrontá-los com a contribuição do setor de telecomunicação selecionada, foram analisados os pressupostos de controle que geraram debates mais controversos na doutrina e no STF para validar ou não a criação de contribuições de intervenção no domínio econômico desde a Constituição de 1988.

Para este estudo, conforme demonstrado na Introdução, foram selecionados 132 julgados da Suprema Corte referentes à constitucionalidade das contribuições de intervenção no domínio econômico. Para a seleção dos acórdãos analisados foi efetuada a pesquisa no *site* do STF com as seguintes palavras-chave: "contribuição", "intervenção", "Cide", além das referências explícitas às Cides já criadas ou de seus respectivos fundos: "AFRMM", "ATP", "cota café", "Condecine", "Ancine e contribuição", "contribuição e Incra", "Sebrae", "Contribuição IAA", "Cide Combustíveis" e "Cide Remessas", sendo encontrados e analisados mais de quinhentos acórdãos e decisões monocráticas, inclusive anteriores à CR/1988. Desses julgados, foram selecionados os acórdãos que dizem respeito, especificamente, à constitucionalidade dessas contribuições, chegando a 131 decisões separadas da seguinte forma: 28 do Adicional de Frete da Marinha Mercante (AFRMM); 20 do Adicional de Tarifa Portuária (ATP); 09 da Cide-Royalties; 04 da Cide Combustíveis; 05 da Condecine; 13 da Contribuição ao Incra; 19 da contribuição ao Instituto do Açúcar e do Álcool (IAA); 06 da Contribuição Cota Café e 27 da Contribuição ao Sebrae.

Não foi delimitado um período específico, pois a intenção era realmente entender quais os requisitos mais debatidos no STF para definir a natureza jurídica de uma Cide. Contudo, é possível verificar que as principais decisões foram localizadas em período posterior à Constituição de 1988, mesmo que referentes a contribuições criadas antes desta Carta Constitucional.

Assim, foram destacadas as 44 principais decisões do STF que efetivamente discutiram a constitucionalidade das contribuições de intervenção de onde foi possível determinar o que, em nosso entendimento, seriam os três principais requisitos de validade de uma Cide. Foram excluídos os pressupostos que, ou já estão pacificados na jurisprudência, como a necessidade ou não de Lei Complementar, ou que são específicos da natureza de determinada contribuição, mas que não podem ser aplicados a toda e qualquer Cide, como a utilização de base de cálculo de outro tributo.

Com efeito, os três requisitos gerais de validade de uma Cide, que foram extraídos a partir principalmente da análise da jurisprudência do STF e da doutrina especializada e que serão aplicados neste trabalho à contribuição ao Fust, são: (i) necessidade de intervenção na economia – existência da finalidade; (ii) referibilidade; e (iii) destinação do produto arrecadado para sua finalidade.

Vale esclarecer que os acórdãos do STF selecionados serão analisados em cada tópico dessa seção de acordo com o requisito selecionado. Assim, se um acórdão analisou mais de um requisito, certamente será mencionado em mais de um tópico. Foram descartados os acórdãos que, embora também analisados, não contribuiriam para o trabalho ou por serem repetições do acórdão principal, ou mesmo por não adentrarem nos requisitos selecionados.

Por isso, em cada tópico será apresentada a posição doutrinária confrontada com os julgados do STF para cada requisito, com a consequente aplicação, no Capítulo 3, para a Cide selecionada.

2.3. Necessidade de Intervenção do Estado no Domínio Econômico – Finalidade

Neste tópico será avaliado o primeiro requisito de validade extraído da análise proposta neste trabalho para a instituição de uma contribuição de intervenção no domínio econômico. Trata-se da necessidade do Estado em intervir em um setor da economia na forma de cobrança de uma Cide para cumprimento de sua finalidade. Para tanto, foram selecionados 10 acórdãos onde o STF analisou a constitucionalidade da Cide sob esse aspecto. Assim, será avaliada a importância deste pressuposto de validade para este Tribunal Superior quando da validação ou não de uma Cide, contrapondo com o entendimento da doutrina.

Neste contexto, foram analisados também outros julgados deste Tribunal que trataram, de forma mais genérica, sobre a intervenção do Estado na economia. Para este último ponto, foram analisados 51 acórdãos, conforme pesquisa no *site* do STF com as palavras-chave: "intervenção", "Estado", "economia". Destes, foram excluídos 37 que não tratavam da matéria pertinente a este estudo, sendo analisados, portanto, 14 acórdãos.

Dos 14 acórdãos analisados, foram destacadas quatro decisões que, em nossa visão, melhor podem explicar as formas de intervenção do Estado em algum setor da economia, de modo suficiente para a interpretação do contexto deste requisito para esta obra.

Assim, serão mencionados, expressamente, os seguintes acórdãos para este requisito: (i) Acórdãos que tratam de intervenção do Estado na Economia de forma genérica: ADI n. 319; Ag. Reg. no RE n. 597.165, Ag. Reg. no RE n. 648.622 e ARE n. 884.325 RG; (ii) Acórdãos que tratam do requisito de necessidade de intervenção aplicados às Cides: RE n. 209.365 (ATP), RE n. 218.061 (ATP), RE n. 75.972 (AFRMM), RE n. 177.137 (AFRMM), RE n. 165.939 (AFRMM), RE n. 396.266 (Sebrae), RE n. 635.682 (Sebrae), Ag. Reg. no RE n. 451.915 (Cide-Royalties), Ag. Reg. no RE n. 449.233 (Cide-Royalties) e RE n. 928.943 (Cide-Royalties).

Para tanto, antes de adentrar no requisito escolhido, é necessário descrever, rápida e suficientemente, as formas de intervenção do Estado na economia, para ser possível avaliar quais os critérios necessários para uma correta avaliação da constitucionalidade de uma contribuição criada com esse objetivo.

2.3.1. Formas de Intervenção do Estado na Economia: Evolução Histórica e a Constituição de 1988

As formas de intervenção do Estado na economia se transformaram ao longo do tempo e das ideologias econômicas e políticas de cada contexto histórico. Maria João Rolim (2002, p. 63) assim explicou: "A evolução da atuação do Estado no domínio econômico revela três períodos distintos e interligados: um Estado garantidor da ordem liberal, um Estado intervencionista e um Estado marcado pela atuação direta paralela à regulamentação do domínio econômico".

Essa evolução histórica das ideologias influenciou as Constituições brasileiras, conforme já demonstrado Capítulo 1, e também teve consequência no papel do Estado brasileiro na ordem econômica e social, conforme será explicitado neste capítulo.[20]

As Constituições de 1824 e 1891 foram fortemente influenciadas pelo liberalismo que se opunha à concentração de poder absolutista do Estado. Nesse contexto, havia forte defesa do direito de propriedade *em sua plenitude*, conforme destacado em ambos os textos constitucionais. Assim, o Estado deveria ser garantidor da liberdade de mercado e defensor dos direitos individuais com pouca atuação para sua intervenção na livre economia de mercado. Luís Eduardo Schoueri, em obra que aprofundou o estudo das normas tributárias indutoras e intervenção na economia, assim explica os efeitos dessa ideologia na tributação:

> No liberalismo, a Europa (e o resto do mundo) estava sob a influência da crença na "mão invisível", o que implicaria a desnecessidade de intervenção estatal na economia, surgindo a doutrina de que a tributação deveria ter natureza puramente arrecadatória, com efeito neutro: sendo o Estado improdutivo,

[20] O resumido contexto histórico aplicado às Constituições brasileiras foi baseado nos textos das Constituições e nas obras de: Luis Eduardo Schoueri, 2005; Maria João Rolim, 2002; Manoel Gonçalves Ferreira Filho, 2011, p. 83-99; João Bosco Leopoldino da Fonseca, 1999 e Alberto Venâncio Filho, 1998, p. 21-39.

> também a tributação seria mínima, visando a deixar a maior quantidade de recursos nas mãos do setor produtivo da economia. (Schoueri, 2005, p. 112)[21]

A Constituição de 1934, já sob a influência das ideias sociais do período entreguerras, teve nas Constituições mexicana de 1917 e alemã de Weimar de 1919 sua inspiração, sendo instaurada uma nova Ordem Social e Econômica, onde a liberdade econômica deveria ser conjugada com os princípios de justiça e de existência digna a todos. O Estado brasileiro passou a poder atuar diretamente no mercado, via monopólio, desde que sob a justificativa de interesse público, devendo ainda, indiretamente, intervir para promover o fomento da economia popular. Alberto Venâncio Filho destacou que a

> Constituição de 1934 já se enquadra nesse novo espírito das Constituições europeias do pós-guerra refletindo o desenvolvimento de uma ordem econômica e social mais consentânea com as aspirações das classes trabalhadoras e com as novas atividades do Estado. (Venâncio Filho, 1998, p. 34)

Schoueri explicou que surgiu o conceito de "Constituição Econômica" quando:

> Os textos constitucionais passavam a[,] explícita ou implicitamente, assinalar alguns objetivos ou metas para as comunidades às quais se dirigiam, ou a prever que tais metas se fixassem periodicamente, por planos tendentes a materializar valores prestigiados constitucionalmente, tais como o bem-estar, o desenvolvimento, a justiça social, etc. (Schoueri, 2005, p. 80)

Em 1937, em um período ditatorial, a Constituição privilegiou uma maior intervenção estatal na economia para controle, estímulo ou gestão direta (CF/1937, art. 135). A Constituição de 1946, consequência do movimento de redemocratização do país e novamente com influências sociais, permitiu a intervenção estatal na economia sob os princípios da liberdade de iniciativa e valorização do trabalho humano (CF/1946, art. 145). A intervenção direta, nessa época, era possível, desde que por interesse

[21] Nesta obra, Schoueri (2005) relatou historicamente como se deu, em diversos países europeus, no direito norte-americano e no Brasil, a intervenção do Estado na economia e a utilização do tributo como norma indutora de comportamento além de sua natureza meramente arrecadatória.

público e com limite nos direitos fundamentais individuais (CF/1946, art. 146). Maria João Rolim assim explicou esse período e a relação da CF/1946 com a CR/1988:

> A Constituição de 1946 renovou os anseios democráticos, o que significava uma revisão das garantias liberais, com a inclusão dos direitos sociais. A Carta é particularmente interessante, dada a estreita relação que mantém com a atual, a Constituição da República de 1988.
>
> A democracia passou a ser vista como uma necessária harmonização dos direitos e deveres políticos, sociais e democráticos. Confirmou-se a ideia de liberdade de iniciativa ponderada pela valorização do trabalho humano, aspecto repetido em nossa atual Carta constitucional. Limites mais claros foram impostos à intervenção do Estado no domínio econômico, que deveria ater-se à consecução do interesse público e respeitar os direitos fundamentais, também garantidos. Paralelamente, admitiu-se a monopolização de atividades econômicas específicas, em favor do Estado. (Rolim, 2002, p. 67)

No período ditatorial, após o golpe militar de 1964, a Constituição de 1967 baseou a intervenção do Estado na economia com o objetivo de desenvolvimento econômico (CF/1967, art. 157, § 8º), e, posteriormente, com a Emenda n. 1, de 1969, de desenvolvimento nacional (EC n. 1, art. 160, *caput*).

Nessa época, o Estado passou a ter um papel de mais empreendedor, concorrendo diretamente com a iniciativa privada, desde que a atividade fosse indispensável para a segurança nacional ou houvesse ineficiência do setor privado. Porém, essa intervenção, segundo a Constituição de 1967/1969, seria em caráter suplementar à iniciativa privada. Todavia, verificou-se um período de forte intervenção do Estado na economia, com a intervenção direta em alguns setores como petróleo, serviços públicos (como telecomunicações e energia) e serviços de base, como siderurgia e mineração.

A Constituição de 1988, conforme explicitado no Capítulo 1, se inseriu em um contexto de insatisfação popular com o regime ditatorial, com forte apelo social para maior participação do Estado, de modo que os direitos sociais fossem verdadeiramente alcançados pela sociedade.

João Bosco Leopoldino da Fonseca (1999, p. 229-233) lembrou que a CR/1988, ao mesmo tempo que sofreu a influência das Constituições sociais de Portugal e Espanha, em que o Estado deveria perseguir a eliminação das diferenças econômicas e sociais, também se erigiu em um contexto mundial de crise do próprio papel do Estado em um movimento dos países ocidentais de *reprivatização* da atividade econômica, deixando o Estado de ser empreendedor para ser regulador do mercado. Assim, ele concluiu:

> A Constituição de 1988 surgiu sob o influxo de tais direcionamentos modernos, rompendo assim com a tendência francamente intervencionista da Constituição de 1967-1969, mas deixando-se ainda impregnar de ideias protecionistas originadas de um tradicionalismo incoerente com a moderna tendência da atuação estatal. (Leopoldino da Fonseca, 1999, p. 233)

Dessa maneira, como lembrou Manoel Gonçalves Ferreira Filho (2011, p. 93), a nova Ordem Econômica da Constituição de 1988 é fundada na valorização do trabalho e na livre iniciativa, tendo por objetivo assegurar a todos existência digna conforme os ditames da justiça social.

Para Eros Grau (2015, p. 67-70), o conceito de *Ordem Econômica* é ambíguo, podendo assumir o caráter do *mundo do ser*, como conjunto das relações econômicas, ou o *mundo do dever-ser*, como parte da ordem jurídica, sendo o conjunto ou sistema de normas jurídicas que regulam o comportamento das atividades econômicas. E continuou:

> a descrevo agora, como o conjunto de normas que define, institucionalmente, um determinado modo de produção econômica. Assim, ordem econômica, parcela da ordem jurídica (mundo do dever-ser), não é senão o conjunto de normas que institucionaliza uma determinada ordem econômica (mundo do ser). (Grau, 2015, p. 67-70)

Desse modo, o art. 170 tratou dos princípios da nova Ordem Econômica ("mundo do ser") da Constituição de 1988, devendo conjugar livre iniciativa, valorização do trabalho e justiça social:

> Art. 170. A ordem econômica, fundada na valorização do trabalho humano e na livre iniciativa, tem por fim assegurar a todos existência digna, conforme os ditames da justiça social, observados os seguintes princípios:
> I – soberania nacional;
> II – propriedade privada;
> III – função social da propriedade;
> IV – livre concorrência;
> V – defesa do consumidor;

> VI – defesa do meio ambiente, inclusive mediante tratamento diferenciado conforme o impacto ambiental dos produtos e serviços e de seus processos de elaboração e prestação;
>
> VII – redução das desigualdades regionais e sociais;
>
> VIII – busca do pleno emprego;
>
> IX – tratamento favorecido para as empresas de pequeno porte constituídas sob as leis brasileiras e que tenham sua sede e administração no País.
>
> Parágrafo único. É assegurado a todos o livre exercício de qualquer atividade econômica, independentemente de autorização de órgãos públicos, salvo nos casos previstos em lei.

Ou seja, a ordem econômica ("mundo do dever-ser") deve respeitar esses princípios determinados pela Constituição para organizar a Ordem Econômica ("mundo do ser").

É importante observar que a propriedade deve conviver com a função social da propriedade; a livre concorrência e a livre iniciativa com a defesa do consumidor e do meio ambiente. Além disso, a redução das desigualdades sociais e regionais também é um dos princípios norteadores desse novo Estado em que a Ordem Econômica ("mundo do ser") convive e se agrega com a solidariedade e a justiça social. Roque Carrazza (2015, p. 694) explicou que são "esses princípios que balizam a intervenção estatal no domínio econômico".

Essa é a nova configuração do modelo de Estado brasileiro que tolera a intervenção estatal na economia, mas com vistas à concretização da justiça social, no que Canotilho (1991, p. 479) bem descreveu como função de Estado de "terceira ordem":

> Pode-se afirmar que a Constituição, ao impor aos órgãos do Estado a criação de pressupostos materiais para a realização da democracia social e econômica, lhe prescreveu *funções de Estado de terceira ordem*. Isto significa que o quadro das funções do Estado não se reduz à manutenção da segurança interna e externa do Estado, à manutenção de uma ordem-quadro para o exercício de liberdade política e econômica (funções de Estado de primeira ordem). Também as funções de Estado não se reconduzem a uma política de "intervenção" e "estímulo" com o fim de criar instrumentos de "integração" necessários à organização capitalista da economia (funções de Estado de segunda ordem). Avançou-se para *funções de Estado de terceira ordem que pressupõem intervenções qualitativas na ordem econômica existente.* Estas intervenções

não se limitam a uma função de direção (*Steuerung durch Recht, Lenkungsrecht*) ou de "coordenação" de uma "economia de mercado", *são instrumentos de transformação e modernização das estruturas econômicas e sociais* (art. 9º, d). Mais problemática é já a questão de saber se a Constituição impõe um "*productive State*" – que se tem mostrado ineficiente e burocratizado – ou se a democratização econômica, social e cultural pode ser conseguida por instrumentos distributivos e redistributivos mas flexíveis e dinâmicos. Com a eliminação da "decisão socialista" a resposta orienta-se no segundo sentido.

Neste ponto, vale esclarecer alguns conceitos importantes para a análise da intervenção do Estado no domínio econômico e sua aplicação nos termos da Constituição da República de 1988.

Para Eros Grau (2015, p. 100), conceito que adotaremos neste trabalho, a *atividade econômica* envolve a utilização de bens e serviços, que pode ser entendida em dois sentidos: gênero e espécie. Como gênero, abrange as espécies do *serviço público* e da *atividade econômica em sentido estrito*. Como espécie, a *atividade econômica em sentido estrito* é a atividade econômica desenvolvida preferencialmente pela atuação privada como agente econômico, considerando que o setor público pode, em determinadas circunstâncias, desenvolver atividade privada. O *serviço público* (espécie) é a *atividade econômica* (gênero) desenvolvida preferencialmente pelo setor público, tendo em vista que o setor privado pode prestar serviço público por concessão ou permissão.[22]

Eros Grau nos explicou que a *intervenção* do Estado denota a *atuação estatal* na esfera do privado ou em área de titularidade do setor privado. Assim, *atuação estatal* pode ser a atuação do Estado na esfera privada, que configura *intervenção*; ou na esfera pública, área de sua titularidade:

> Daí se verifica que o Estado não pratica intervenção quando presta serviço público ou regula a prestação de serviço público. Atua, no caso, em área de sua própria titularidade, na esfera pública. (GRAU, 2015, p. 90-91)

[22] Ocorre que esse conceito de serviço público não é claramente definido na doutrina administrativista, haja vista que se altera com o tempo e o interesse do Estado. Dinorá Grotti (2003, p. 87), em obra sobre o tema, lembra que "Cada povo diz o que é serviço público em seu sistema jurídico. A qualificação de uma dada atividade como serviço público remete ao plano da concepção do Estado sobre seu papel. É o plano da escolha política, que pode estar fixada na Constituição do país, na lei, na jurisprudência e nos costumes vigentes em um dado tempo histórico".

É importante observar que, conjugando os conceitos acima, podemos concluir que a intervenção do Estado no domínio econômico, na visão de Eros Grau, se dá apenas na atividade econômica em sentido estrito, ou seja, quando desenvolvida pela iniciativa privada. Diz o autor que "intervenção conota atuação estatal no campo da atividade econômica em sentido estrito; atuação estatal, ação do Estado no campo da atividade econômica em sentido amplo" (GRAU, 2015, p. 90).[23]

Essa concepção justifica a expressão utilizada no art. 170 da CR/1988 de *atividade econômica* entendida em sua acepção ampla, como gênero e não como espécie, sendo aplicados todos os princípios tanto para a *atividade econômica em sentido estrito*, quanto para o *serviço público*, como também explicou Eros Grau:

> O que afirma o preceito é que toda atividade econômica, inclusive a desenvolvida pelo Estado, no campo dos serviços públicos, deve ser fundada na valorização do trabalho humano e na livre iniciativa, tendo por fim (fim dela, atividade econômica, repita-se) assegurar a todos existência digna, conforme os ditames da justiça social, etc. (GRAU, 2015, p. 106)

Ainda nesse contexto, o art. 173 da CR/1988 definiu que o Estado somente pode intervir diretamente na economia, explorando *atividade econômica*, em caráter excepcional, quando necessária à segurança nacional ou relevante interesse público:

> Art. 173. Ressalvados os casos previstos nesta Constituição, a exploração direta de atividade econômica pelo Estado só será permitida quando necessária aos imperativos da segurança nacional ou a relevante interesse coletivo, conforme definidos em lei.

E o art. 177 da CR/1988 definiu as áreas em que há o monopólio da atividade econômica pela União, resumidamente petróleo e minerais nucleares:

[23] Para demonstrar como esses conceitos não são unânimes na doutrina, para José Afonso da Silva (2016, p. 818) a *atuação estatal na economia* pode ser dar de duas formas: a *participação*, quando o Estado explora diretamente a atividade econômica e a *intervenção*, quando o Estado atua como agente normativo ou regulador da atividade econômica. Portanto, para esse autor, a *intervenção* se operaria apenas no sentido estrito, quando o Estado regula a atividade econômica. Veremos mais adiante que esses conceitos e classificações de intervenção estatal no domínio econômico já foram flexibilizados pela jurisprudência do STF.

> Art. 177. Constituem monopólio da União:
>
> I – a pesquisa e a lavra das jazidas de petróleo e gás natural e outros hidrocarbonetos fluidos;
>
> II – a refinação do petróleo nacional ou estrangeiro;
>
> III – a importação e exportação dos produtos e derivados básicos resultantes das atividades previstas nos incisos anteriores;
>
> IV – o transporte marítimo do petróleo bruto de origem nacional ou de derivados básicos de petróleo produzidos no País, bem assim o transporte, por meio de conduto, de petróleo bruto, seus derivados e gás natural de qualquer origem;
>
> V – a pesquisa, a lavra, o enriquecimento, o reprocessamento, a industrialização e o comércio de minérios e minerais nucleares e seus derivados, com exceção dos radioisótopos cuja produção, comercialização e utilização poderão ser autorizadas sob regime de permissão, conforme as alíneas b e c do inciso XXIII do caput do art. 21 desta Constituição da República.

Nestes casos, a conotação de atividade econômica é no sentido *estrito*, de espécie, dado que a Constituição permitiu ao Estado empreender e desenvolver atividades econômicas que seriam da esfera privada. Ou seja, não se trata do dever do Estado, como o serviço público. No caso do art. 177, a exploração da atividade econômica em sentido estrito é na forma de monopólio, mas, ainda assim, não se trata de serviço público, visto que só é exclusivo da União por se tratar de imperativo de segurança nacional ou interesse público, que não se confunde com interesse social ou com necessidade essencial para a sociedade, características fundamentais para caracterizar o serviço público, como entende Eros Grau (2015, p. 129), para quem o

> interesse social exige a prestação do serviço público; o relevante interesse coletivo e o imperativo de segurança nacional, o empreendimento de atividade econômica em sentido estrito pelo Estado.

Para Eros Grau (2015, p. 126), portanto, serviço público

> é a atividade indispensável à consecução da coesão social. Mais: o que determina a caracterização de determinada parcela da atividade econômica em sentido amplo como serviço público é a sua vinculação ao interesse social.

Utilizando os conceitos de Duguit e Cirne Lima, Eros Grau (2015, p. 131) entendeu que para ser considerado serviço público, sua prestação deve ser "indispensável à realização e ao desenvolvimento da coesão e da interdependência social" ou "qualquer atividade que consubstancie serviço existencial relativamente à sociedade". Eros Grau (2015, p. 120; 126-132) ainda classificou os serviços públicos em *privativos*, que podem ser prestados pela administração pública ou pela iniciativa privada via concessão ou permissão; e *não privativos*, aqueles que podem ser prestados também pelo particular independente de delegação, como serviços de educação e saúde.

Em uma das classificações de Hely Lopes Meirelles (2016, p. 418-421), a que leva em conta a essencialidade, os serviços públicos são divididos em: *serviços públicos propriamente ditos*, prestados exclusivamente pela Administração Pública, e *serviços de utilidade pública*, que podem ser prestados diretamente pela Administração Pública ou podem ser delegados para prestação por terceiros via concessão ou permissão. Conforme explica Meirelles (2016, p. 421), o primeiro "visa satisfazer necessidades gerais e essenciais da sociedade" como defesa nacional, polícia, saúde pública; e o segundo objetiva "facilitar a vida do indivíduo na coletividade", como os serviços de energia, telecomunicações, transporte, dentre outros.[24]

Por outro lado, para Hely Lopes Meirelles (2016, p. 418), "serviço público é todo aquele prestado pela Administração ou por seus delegados, sob normas e controles estatais, para satisfazer necessidades essenciais ou secundárias da coletividade ou simples conveniências do Estado". Para Eros Grau (2015, p. 114), com o que concordamos, é incorreta a classificação de serviço público como aquele sujeito ao regime de serviço público, pois é exatamente o contrário: "determinada atividade fica sujeita ao regime de serviço público porque é serviço público".[25]

[24] O conceito e a classificação de serviço público são tão ambíguos que o próprio STF já se manifestou em algumas oportunidades, como no caso da ADIN 447-DF, em que o Min. Carlos Velloso utilizou a classificação de serviço público de Roque Carrazza: serviços públicos *gerais* e serviços públicos *específicos*, sendo o primeiro prestado a todos os cidadãos e o segundo podendo ser individualizado. No mesmo voto, o Ministro mencionou o julgamento do RE n. 89.876-RJ, em que o Min. Moreira Alves classificou os serviços públicos em: (i) propriamente estatais; (ii) essenciais ao interesse público; e (iii) não essenciais.

[25] Apesar deste trabalho ter o enfoque de direito tributário e não administrativo, vale mencionar, pois haverá implicações posteriores quando da análise da finalidade da contribuição ao Fust, que o conceito de serviço público é ambíguo e não definido nem na doutrina internacional, nem na doutrina nacional, haja vista que esse conceito se altera ao longo do tempo e das

Considerando que a CR/1988 consagrou o princípio da *livre iniciativa*, já previsto em seu art. 1º, como um dos fundamentos do Estado brasileiro, faz sentido que a atuação direta da União na atividade econômica deva ser subsidiária e excepcional, conforme os artigos 173 e 177 da CR/1988.

A União poderá atuar ainda como agente normativo (fiscalização) e regulador (incentivo e planejamento) da atividade econômica, conforme determina seu art. 174:

> Art. 174. Como agente normativo e regulador da atividade econômica, o Estado exercerá, na forma da lei, as funções de fiscalização, incentivo e planejamento, sendo este determinante para o setor público e indicativo para o setor privado.

Assim, o Estado pode *intervir* indiretamente como agente regulador ou normativo sendo determinante para o setor público e indicativo para o setor privado, ou seja, englobando *atividade econômica em sentido amplo.*[26]

Dessa maneira, entendemos ser possível o Estado intervir indiretamente no serviço público, prestado diretamente ou delegado, de forma a fiscalizá-lo, incentivá-lo ou planejá-lo, nos termos do art. 174 da CR/1988. Isso vale, principalmente, para as atividades delegadas por concessão ou

ideologias dominantes em cada país. Pode-se entender que o conceito se iniciou na França, com Léon Duguit e a "Escola do Serviço Público", mas foi se moldando e se estruturando em cada país, ao sabor das alterações ideológicas e de necessidade administrativa. Além da corrente assumida neste trabalho para a definição do serviço público de Eros Grau e Hely Lopes Meirelles, que levam em conta a essencialidade, há autores respeitados como Maria Sylvia Di Pietro (2015) e Celso Antônio Bandeira de Mello (2016, p. 719) que seguem pela corrente legalista, ou seja, o conceito de serviço público depende também de previsão na Constituição ou na lei. Celso Antônio Bandeira de Mello (2016, p. 699-704) também entende que o serviço público deve ter duas características essenciais: (i) ter como objetivo alcançar necessidades da sociedade em geral e (ii) estar submetido ao regime jurídico de direito público. Esse ponto será melhor explorado quando, no terceiro capítulo, for abordada a privatização do setor de telecomunicações e a dicotomia existente entre a possibilidade de autorização, concessão ou permissão do serviço de telecomunicação prevista no art. 21 da CR/1988 e apenas a concessão ou permissão para o serviço público do art. 175 da Constituição.

[26] Neste caso, apesar de não concordarmos com esse posicionamento, como será demonstrado ao assumirmos o entendimento de João Bosco Leopoldino, para Eros Grau (2015, p. 105), o conceito de *atividade econômica* é o amplo, gênero, que inclui tanto a *atividade econômica em sentido estrito*, quanto o *serviço público*. Ou seja, para Eros Grau, a atuação estatal de fiscalizar, planejar ou incentivar é no sentido de *agente normativo e regulador* e não como *intervenção*, já que essa só se daria na *atividade econômica em sentido estrito* e não para o *serviço público*.

permissão. Entendemos, portanto, que é possível a intervenção estatal indireta nos setores público ou privado.

Os artigos 175[27] e 176[28] da CR/1988 definem em quais setores a União poderá prestar serviços, sendo que os serviços públicos (telecomunicações, energia, transportes, dentre outros) e a exploração das jazidas e demais recursos minerais e potenciais de energia hidráulica podem ser concedidos ou permitidos aos particulares.[29] Nesses dois casos, a atividade econômica tratada é como *serviço público* (espécie), que é preferencialmente exercida pelo setor público, mas que pode ser concedida aos particulares. Na classificação de Eros Grau (2015, p. 120), seria um "serviço público privativo";[30] para Hely Lopes Meirelles (2016, p. 420), seria um "serviço de utilidade pública", pois pode ser prestado pelo particular mediante concessão ou permissão.

Concluindo e assumindo a classificação de João Bosco Leopoldino da Fonseca (1999, p. 244-245), por entendermos ser a que melhor representa a determinação constitucional para este trabalho, a União pode intervir na atividade econômica, portanto, de duas formas distintas:[31]

27 "Art. 175. Incumbe ao Poder Público, na forma da lei, diretamente ou sob regime de concessão ou permissão, sempre através de licitação, a prestação de serviços públicos".

28 "Art. 176. As jazidas, em lavra ou não, e demais recursos minerais e os potenciais de energia hidráulica constituem propriedade distinta da do solo, para efeito de exploração ou aproveitamento, e pertencem à União, garantida ao concessionário a propriedade do produto da lavra".

29 No Capítulo 3 será abordada a dicotomia do art. 175 com o art. 21, XI, ambos da CR/1988, que também permite que o serviço de telecomunicação seja delegado ao particular por autorização.

30 O serviço público não privativo, segundo sua classificação, seria aquele que pode ser prestado pelo particular, independente de concessão ou permissão, como educação e saúde.

31 Essa é a classificação assumida por João Bosco Leopoldino da Fonseca (1999, p. 244-245) e que adotaremos nesse trabalho por entender ser a que melhor representa a determinação constitucional. Nota-se que há uma grande discrepância de opiniões doutrinárias acerca das formas de classificar a intervenção estatal na economia. Como exemplo, Eros Grau entendeu (2015, p. 168) que seriam três modalidades: a) intervenção por absorção ou participação, b) intervenção por direção, ou c) intervenção por indução, mas sempre na esfera privada e não no serviço público, mesmo delegado. Por sua vez, José Afonso da Silva (2016, p. 818) entendeu que a intervenção estatal no domínio econômico se dá apenas quando o Estado atua como agente regulador ou normatizador, conforme art. 174 da CR/1988. Já Alberto Venâncio Filho (1999, p. 77, 383) adotou a classificação de Chenot, que dividiu o Direito Público Econômico em *Direito Regulamentar*, Estado como norma, e *Direito Institucional*, Estado como agente, para definir as formas de intervenção do Estado na economia.

i. *diretamente*, como agente de exploração direta da atividade econômica, sob a forma de empresa pública ou sociedade de economia mista; em regime concorrencial ou sob a forma de monopólio, conforme previsto nos artigos 173 e 177 da CR/1988; **ou**

ii. *indiretamente*, como agente normativo e regulador em uma área, implementando políticas econômicas, diretivas ou indutoras, conforme definido no art. 174 da CR/1988. Neste caso, a intervenção poderá ocorrer no setor privado ou público, sempre que for exercida em regime de atividade econômica. Essa intervenção deve servir para o propósito de propiciar um equilíbrio quando há alguma distorção em algum setor da atividade econômica, sendo, portanto, supletiva e limitada por um período de tempo.

Veja que tendo o princípio da livre iniciativa como fundamental do Estado brasileiro na CR/1988, a atuação principal do Estado pela Constituição é na forma *indireta*, como indutor de condutas, para fiscalização, incentivo e planejamento que são meramente indicativos para o setor privado. Por isso, a intervenção estatal direta na economia é excepcional e condicionada.

Para Maria João Rolim (2002, p. 84), à atuação direta excepcional do Estado na economia soma-se "o fortalecimento da função normativa e reguladora da atuação do Estado (art. 174) efetuada por meio de fiscalização, incentivo e planejamento". E continuou a autora no sentido da atuação conjunta do Estado e iniciativa privada no que chama de "planejamento democrático":

> A primeira questão são os limites da iniciativa privada. Não se trata de uma atuação desvinculada de preceitos sociais, ou seja, concretizar a ideologia da democracia social e econômica que permeia todo o nosso ordenamento jurídico não é um dever exclusivo do Estado, e sim da sociedade. Trata-se de uma opção de Economia Combinada (*concertée*), no sentido de cooperação entre a iniciativa privada e o Poder Público na consecução dos objetivos sociais e econômicos. Trata-se de uma iniciativa privada condicionada à observância dos princípios da ordem econômica, de acordo com a interpretação por nós já abordada.
>
> A atuação do Estado surge também nesse contexto, adstrita aos limites constitucionais e sujeita à fiscalização da sociedade (princípio da economicidade, do bom governo). Planejar, fiscalizar e incentivar passam a ser as prin-

cipais funções do Estado no âmbito econômico, próprias de realização de políticas econômicas. (ROLIM, 2002, p. 84-85)

Essa atuação conjunta de Estado e sociedade para o alcance objetivos do Estado Democrático de Direito da CR/1988 é primordial para esclarecer as funções dos fundos públicos custeados por contribuições da iniciativa privada, conforme será demonstrado neste trabalho.

Por enquanto, vale ressaltar novamente que, por certo, a escolha da Constituição de 1988 foi pelo Estado mais regulador e menos empreendedor. Assim explicou Isabel Vaz ao tratar da *atuação estatal*:

> Essa última citada expressão significaria uma redução do papel do Estado empresário, prevista como exceção pelo art. 173, caput, da Constituição vigente, cedendo lugar às inúmeras manifestações do Estado Regulador, fórmula prevista no art. 174 da Constituição da República de 1988.
>
> [...]
>
> O que deve chamar a atenção seja qual for a denominação que se adote para classificar a intervenção estatal, o que realmente importa é verificar se, na execução de suas políticas econômicas e nas subsequentes formas de ação do Estado, ele cumpre os princípios e as regras constitucionais; se respeita os direitos e as garantias individuais e coletivas que regem o desempenho das atividades econômicas, definindo as atribuições de cada um dos partícipes do mercado, quer se trate de agentes econômicos públicos ou privados. (VAZ, 2011, p. 46)

Desse modo, seja qual for a forma de intervenção do Estado na economia, direta ou indireta, deve ser sempre em busca dos objetivos primordiais da Constituição de 1988 e do Estado Democrático de Direito, ou seja, a Ordem Econômica deve coexistir e ser compatível com a Ordem Social. Nas palavras de José Afonso da Silva (2016, p. 815):

> A participação do Estado na economia será uma necessidade, enquanto, no sistema capitalista, se busque condicionar a ordem econômica ao cumprimento de seu fim de assegurar existência digna a todos, conforme os ditames da justiça social e por imperativo de segurança nacional.

Observa-se que o STF, ao analisar a Ação Direta de Inconstitucionalidade (ADI) n. 319 – de relatoria do Min. Moreira Alves e julgada em março de 1993 –, entendeu ser possível a intervenção estatal na economia para regular atividade econômica para que seja compatível com os interesses da justiça social. Neste caso, a discussão era sobre a possibilidade de o Estado intervir no setor privado de educação para dispor sobre critérios de reajuste de mensalidades escolares. Esse acórdão é paradigma para o entendimento da correta ponderação dos princípios constitucionais de forma a alcançar os fins do Estado Democrático de Direito em sua Ordem Econômica e Social.[32]

Nesse julgamento, o Min. Moreira Alves, relator do acórdão, explicou que os princípios da livre iniciativa e da livre concorrência devem ser sopesados pela possibilidade de intervenção do Estado na atividade econômica "*a priori*" de forma normativa, para regulá-la, e não apenas "*a posteriori*", como sanção, por ser a educação de interesse público e para que se possa assegurar a todos existência digna em conformidade com os ditames da justiça social, como prevê o art. 170 da CR/1988. Veja que parte da ementa elucidou o julgado:

> Em face da atual Constituição, para conciliar o fundamento da livre iniciativa e do princípio da livre concorrência com os da defesa do consumidor e da redução das desigualdades sociais, em conformidade com os ditames da justiça social, pode o Estado, por via legislativa, regular a política de preços de bens e de serviços, abusivo que é o poder econômico que visa ao aumento arbitrário dos lucros (BRASIL. SUPREMO TRIBUNAL FEDERAL. ADI n. 319. Rel. Min. Moreira Alves, j. 3/3/1993, p. 1).

Outro julgado nesse sentido, mais recente do STF, é o Ag. Reg. no Recurso Extraordinário n. 597.165 (Rel. Min. Celso de Mello, j. 28/10/2014), em que ficou consignado que:

> LEGITIMIDADE CONSTITUCIONAL DA ATUAÇÃO REGULATÓRIA DO ESTADO NO DOMÍNIO ECONÔMICO. O estatuto constitucional das franquias individuais e liberdades públicas, ao delinear o regime jurídico a que estas estão sujeitas – e considerado o substrato ético que as informa –, permite que sobre elas incidam limitações de ordem jurídica (RTJ 173/807-

[32] Ver também: STF, ARE n. 884.325 Repercussão Geral, Relator(a): Min. Teori Zavascki, Relator(a) p/ Acórdão: Min. Edson Fachin, julgado em 26/6/2015, e Ag. Reg. no Recurso Extraordinário n. 648.622, Rel. Min. Celso de Mello, julgado em 28/10/2014.

808), destinadas, de um lado, a proteger a integridade do interesse social e, de outro, a assegurar a coexistência harmoniosa das liberdades, pois nenhum direito ou garantia pode ser exercido em detrimento da ordem pública ou com desrespeito aos direitos e garantias de terceiros. – A regulação estatal no domínio econômico, por isso mesmo, seja no plano normativo, seja no âmbito administrativo, traduz competência constitucionalmente assegurada ao Poder Público, cuja atuação – destinada a fazer prevalecer os vetores condicionantes da atividade econômica (CF, art. 170) – é justificada e ditada por razões de interesse público, especialmente aquelas que visam a preservar a segurança da coletividade.

Dito isso, passamos a analisar a utilização da contribuição como forma de intervenção do Estado no domínio econômico, seus limites e o entendimento da jurisprudência do Supremo Tribunal Federal que flexibilizou, de certa forma, a interpretação doutrinária da matéria, para aplicar as conclusões à contribuição de intervenção no domínio econômico selecionada para esta obra.

2.3.2. A Contribuição como Forma de Intervenção no Domínio Econômico

Antes de adentrar no estudo da utilização da contribuição como forma de o Estado intervir na economia ou como fonte de custeio de sua intervenção, é importante delimitar a finalidade e o conceito de "domínio econômico", expressão utilizada pela CR/1988, em seu art. 149, para qualificar a referida exação.

2.3.2.1. Finalidade e Conceito de "Domínio Econômico"

Sendo as contribuições, conforme explicitado no capítulo anterior, uma forma de atuação da União em suas respectivas áreas, vê-se que pode ser criada uma contribuição para ser um instrumento de *intervenção no domínio econômico*, como previsto no art. 149 da CR/1988.

Assim, a competência tributária para a criação de uma contribuição de intervenção no domínio econômico, ou seja, a sua finalidade, ou *o objeto de sua* "norma de competência" (GAMA, 2003, p. 228), deverá ser a própria intervenção do Estado no domínio econômico, na forma permitida pela Constituição da República. Schoueri (2005, p. 69) lembrou-nos que a norma tributária utilizada como forma de intervenção no domínio econômico está sujeita aos mesmos objetivos de qualquer outra forma de atuação estatal interventiva, ou seja, deve ter como fim a busca da concretização dos objetivos sociais e da Ordem Econômica do Estado Democrático de Direito, insculpidos na Constituição de 1988.

Por isso, antes de analisar a constitucionalidade de uma contribuição de intervenção, deve-se primeiro verificar se a intervenção estatal no domínio econômico está em conformidade com os ditames constitucionais. Se a intervenção for inconstitucional, a contribuição criada com esse fim também deverá ser inconstitucional.

Veja que o art. 149 da CR/1988 é o que definiu a possibilidade de criação de uma contribuição de intervenção, mas trata do "domínio econômico" e não de outros conceitos encontrados nos artigos da Constituição que tratam da *Ordem Econômica* e que foram analisados no item anterior. Assim, importante delimitar o conceito de "domínio econômico" para melhor compreender qual o tipo de intervenção é possível para a instituição de uma contribuição interventiva.

Após toda a análise desenvolvida no item anterior, entendemos adequado definir "domínio econômico" como o ambiente em que são desenvolvidas as atividades econômicas em sentido amplo (gênero) ou onde são desenvolvidas as relações econômicas, como sinônimo de Ordem Econômica ("mundo do ser"). Dessa maneira, sempre que se criar uma contribuição de intervenção no domínio econômico, deverá ter como finalidade a intervenção em algum setor da atividade econômica ampla que tenha substrato econômico.

2.3.2.2. A Intervenção do Estado no Domínio Econômico por meio de uma Cide

Como visto, de acordo com a Constituição de 1988, é possível, portanto, o Estado intervir no domínio econômico de duas formas: *diretamente*, como nos artigos 173 e 177; e *indiretamente*, como no art. 174, de modo a fiscalizar, incentivar ou planejar a atividade econômica no sentido amplo, para os setores público e privado.

Veja que na forma de intervenção direta, quando o Estado é o próprio agente econômico, não caberá a instituição de uma Cide, pois a intervenção será custeada pela própria atividade econômica exercida. Na forma indireta, a indução ou incentivo, o planejamento e a fiscalização podem justificar a instituição de uma Cide.

Assim, uma contribuição pode ser criada como o próprio instrumento da intervenção, como a Cide-Combustíveis, criada pela Lei n. 10.336/2001, com base no § 4º do art. 177[33] da CR/1988, incluído pela Emenda Constitucional n. 33/2001, uma vez que, além de estar inserida em um artigo da Constituição que trata da intervenção direta do Estado no domínio econômico, via monopólio, tem como uma de suas finalidades, em consonância com os princípios da Ordem Econômica, a correção de desequilíbrio do próprio setor.

Por outro lado, Schoueri (2005, p. 201) questionou se uma Cide deveria ter, necessariamente, uma norma tributária indutora que seria o instrumento da própria intervenção. Citando Helenilson Cunha Pontes, o autor explicou que apesar de desejável, esse comando não é mandatório, no que concordamos, conforme bem explicitado nessa passagem:

> Pode-se entender válida e até desejável hipótese de incidência da contribuição especial que contenha norma tributária indutora, servindo, ela mesma, para impulsionar os contribuintes no sentido almejado pela intervenção ou atuação da União; aceitável também uma hipótese neutra com relação àquela atividade estatal; inconstitucional, outrossim, aquela que contradiga a finalidade proposta.[34] (Schoueri, 2005, p. 201)

É válido também ponderar os posicionamentos contrários de Marco A. Greco (2001) e Schoueri (2005) quanto à possibilidade e a forma da conformação extrafiscal de uma contribuição.

Para Marco A. Greco (2001, p. 18-26), como as contribuições existem em função de sua finalidade e não de sua arrecadação, não lhes comporta pertinência a aplicação do conceito da extrafiscalidade. Mas mesmo se considerar aplicável, entendeu o autor que a extrafiscalidade somente poderia assumir uma função positiva, em conformidade com o art. 174 da CR/1988, no sentido de incentivo de determinada atividade econômica.

Schoueri (2005, p. 52) não concordou com esse posicionamento, pois entendeu que a omissão da expressão "desincentivo" no art. 174 da

[33] "§ 4º A lei que instituir contribuição de intervenção no domínio econômico relativa às atividades de importação ou comercialização de petróleo e seus derivados, gás natural e seus derivados e álcool combustível deverá atender aos seguintes requisitos (...)".

[34] Schoueri (2005) citou também entendimento contrário, defendido por Luis Fernando Schuartz, no sentido de ser mandatória a presença de uma norma tributária indutora na hipótese de incidência da Cide.

CR/1988 não significaria a sua não aplicação, porquanto ao incentivar certa atividade, o Estado poderia estar "desincentivando" outra e há atividades que não são lícitas, mas que devem ser "desincentivadas", como venda de cigarros e externalidades negativas na "ordem ambiental", por exemplo.

Tendemos a concordar com Greco, no sentido de que, se houver extrafiscalidade, será no sentido positivo, uma vez que a intervenção no domínio econômico permitida pela Constituição e que poderá servir de finalidade para uma Cide tem como escopo, no art. 174, principalmente o *incentivo*, como já explicitado acima. Não comportaria, portanto, em caso de extrafiscalidade, uma consequência fora desse parâmetro ou uma intervenção negativa.

Veja que a intervenção, via criação de uma contribuição, deve ocorrer para custear as atividades do Estado, no sentido de fomentar um determinado setor na economia e não como forma de sanção por algum ato ilícito, podendo assumir, mas não sendo obrigatório, um papel de extrafiscalidade, visto que pode acabar por induzir um comportamento do contribuinte. Paulo Ayres Barreto (2011, p. 108) lembrou-nos que:

> a instituição de contribuição de intervenção no domínio econômico haverá, assim, de ter como pressuposto uma situação de desequilíbrio de mercado, que não decorra de práticas ilícitas, em que a sua criação seja condição para que, no tempo, haja o regular funcionamento do mercado.

Nossa análise se situa exatamente na intervenção indireta do art. 174 da CR/1988, uma vez que a criação da contribuição de intervenção no domínio econômico que iremos analisar se baseia na geração de recursos para a atuação da União no setor a que se destina, como forma de *planejamento* ou *incentivo* direto ou indireto de suas atividades.

2.3.2.3. Intervenção na Atividade Econômica em Sentido Amplo

Marco A. Greco entendeu que a intervenção do Estado no domínio econômico pode ocorrer em relação ao serviço público explorado apenas em regime próprio da atividade econômica:

> Há[,] pelo menos, um campo de atividade em que não há espaço para intervenção. Trata-se da prestação de serviços públicos que estejam submetidos a regime de direito público. [...] Não é todo campo abrangido pelo que se costuma denominar de 'serviço público' que impede a existência de intervenção. Há

> partes desse amplo campo que, se forem exploradas em regime jurídico próprio da atividade econômica, podem admitir intervenção. (GRECO, 2001, p. 14)

Todavia, se o art. 174 da CR/1988 previu uma forma constitucional de intervenção indireta no domínio econômico, sendo determinante para o setor público e indicativa para o setor privado, deve ser verificado apenas se a atividade possui característica de atividade econômica em sentido amplo. Tendo essa característica, entendemos ser viável a intervenção, independentemente do regime jurídico a que está submetida, se público ou privado.

Assim, um serviço público concedido a um particular pode estar sujeito à intervenção indireta via cobrança de uma Cide para custear uma atuação estatal em seu setor econômico, na forma do art. 174 da CR/1988, caso tenha característica de atividade econômica em sentido amplo, mesmo estando sujeito ao regime público.

Este foi, inclusive, o entendimento do STF quando do julgamento dos Recursos Extraordinários n. 209.365 e n. 218.061 – ambos de relatoria do Min. Carlos Velloso e julgados em 4/3/1999 –, que foram submetidos ao Pleno do Tribunal e que julgou constitucional a cobrança do ATP. De acordo com os Ministros Ilmar Galvão e Nelson Jobim, que relataram os votos vencedores, o ATP, instituído com a finalidade de arrecadar recursos para investimento no reaparelhamento, reforma, expansão e melhoria das instalações portuárias, tem natureza de contribuição de intervenção no domínio econômico.

Os ministros consideraram que a prestação de serviço portuário é serviço público, conforme determinado pelo art. 21, XII, "f"[35] da CR/1988, que pode ser explorado diretamente pela União ou ser concedido aos particulares, mas que possui natureza de atividade econômica (sentido amplo). Ou seja, concluíram que, apesar de a Constituição ter determinado o interesse público desses serviços, não perderam a essência de atividade econômica. O Min. Nelson Jobim assim decidiu em seu voto: "É a Constituição que entendeu que uma atividade econômica – exploração dos portos – se constitui em serviço de interesse público". E o Min. Ilmar Galvão, por sua vez, argumentou:

[35] Art. 21. Compete à União: [...]
XII – explorar, diretamente ou mediante autorização, concessão ou permissão: [...]
f) os portos marítimos, fluviais e lacustres.

> É certo que a exploração dos portos, no Brasil, constitui atividade afeta à União, que a pode realizar diretamente ou mediante autorização, concessão ou permissão. (BRASIL, Constituição Federal, art. 21, XII, f).
>
> Estaria aí, configurada uma intervenção no domínio econômico, para fim de instituição da contribuição correspondente?
>
> Parece evidente que sim, visto não se estar diante de serviço público 'ínsito à soberania do Estado', ou prestado 'no interesse da comunidade' (RE 89876-RJ, Min, Moreira Alves). Aliás, nenhum dos serviços relacionados no inc. XII possui tais características. Não passam de atividades de natureza econômica que, por revestidas, isso sim, de interesse público, a Carta de 88 incumbiu à União, autorizando-a a explorá-las (e não prestá-las) diretamente ou por via de empresa privada. (BRASIL. SUPREMO TRIBUNAL FEDERAL. RE 209.365, trecho do voto do Min. Ilmar Galvão, j. 4/3/1999, p. 953-954)

Assim, para o STF, um serviço público concedido ou autorizado ao particular, que tenha característica de atividade econômica, pode estar sujeito a uma Cide como forma de intervenção ou de custeio da intervenção no respectivo setor econômico.

O Pleno do STF também analisou sob a ótica da intervenção do Estado no domínio econômico a constitucionalidade do AFRMM.[36] Na sessão de julgamento dos Recursos Extraordinários n. 177.137 e n. 165.939, em 24 de maio de 1995, o Min. Carlos Velloso, relator dos dois acórdãos, assim explicou, após ressaltar a natureza tributária das contribuições, como o AFRMM, mesmo sob a égide da CF/1967-1969:

> Destarte, como contribuição – contribuição de intervenção no domínio econômico – foi o AFRMM recebido pela Constituição vigente, art. 149, dado que o Adicional ao Frete para a Renovação da Marinha Mercante – AFRMM – destina-se a atender aos encargos da intervenção no apoio ao desenvolvimento da Marinha Mercante Brasileira e da indústria de construção naval (D.L. 2.404/87, art. 1º, § único). Trata-se de um adicional ao frete cobrado pelas empresas brasileiras e estrangeiras de navegação que operem em porto

36 Ainda sob a égide da Constituição de 1967/1969, o STF já havia decidido que o AFRMM tem natureza de contribuição de intervenção no domínio econômico, no julgamento do RE n. 75.972, j. 15/5/1974, relator Min. Thompson Flores, o que culminou na edição da Súmula 553 do STF: "O Adicional ao Frete para a Renovação da Marinha Mercante (AFRMM) é contribuição parafiscal, não sendo abrangida pela imunidade prevista na letra 'd', inciso III, do art. 19 da Constituição da República".

> brasileiro, de acordo com o conhecimento de embarque e o manifesto de carga, pelo transporte de carga de qualquer natureza, certo que esse adicional é devido na entrada no porto de descarga (D.L. 2.404/87, art. 2º, § 1º), calculado o AFRMM sobre o frete, nos percentuais estabelecidos no art. 3º. (BRASIL. SUPREMO TRIBUNAL FEDERAL. RE 177.137, Rel. Min. Carlos Velloso, j. 24/5/1995, p. 938-939)

Em outros termos, o STF, apesar de não aprofundar a questão, entendeu que a Marinha Mercante é domínio econômico (atividade econômica em sentido amplo), apto a sofrer a intervenção estatal por meio da instituição de uma contribuição de intervenção no domínio econômico. Assim, o AFRMM é Cide instituída com a finalidade de arrecadar recursos para o desenvolvimento da Marinha Mercante e da indústria da construção naval brasileiras.

Vale analisar se essa finalidade é condizente com os princípios balizadores da Ordem Econômica insculpidos no art. 170 da CR/1988. Esse ponto não foi aprofundado no voto do Min. Carlos Velloso e será analisado a seguir.

2.3.2.4. Motivação Constitucional da Finalidade de Intervenção

Em consequência dos pontos acima analisados, verificou-se que outra questão essencial para a delimitação de uma contribuição de intervenção no domínio econômico é que a intervenção necessita ter uma motivação, ou seja, não basta que seja cobrada para fiscalizar, incentivar ou planejar certo setor da atividade econômica. É necessário que esse motivo esteja em consonância com os princípios da Ordem Econômica e que esta esteja em linha com os preceitos da Ordem Social do Estado Democrático de Direito. Nas palavras de Paulo Roberto Lyrio Pimenta (2002, p. 45), "o motivo é o interesse da coletividade na preservação de um Estado Democrático de Direito que protege determinados valores incorporados na ordem econômica normativa". Assim, segundo Pimenta (2002, p. 45), o motivo da intervenção deve sempre buscar a preservação dos princípios e das finalidades da Ordem Econômica constitucional.

Humberto Ávila (2003, p. 318) corroborou essa linha de interpretação ao explicar que:

> Pode-se afirmar que as contribuições servem de instrumento para promover finalidades, sem que se possa preconizar – como pode ocorrer no caso

dos outros tributos vinculados a fins – que as finalidades foram então atingidas. Diante dessas considerações, pode-se concluir que o que caracteriza as contribuições não é, exclusivamente, a sua vinculação a uma finalidade, o que é verdadeiro, mas não exclusivo. O que as diferencia é a sua vinculação a uma finalidade ideal, com grau de abstração maior, em determinada área (social, econômica ou profissional). Lembre-se que, apesar de as contribuições de intervenção no domínio econômico possuírem um fim mais concreto (a intervenção) esse mesmo fim serve de meio para a promoção de uma finalidade mais abstrata: promover os princípios gerais da atividade econômica.

Para esta obra, o que se pode extrair de relevante até o momento é que, nos julgados mencionados no item anterior, o STF entendeu que as atividades econômicas em sentido amplo, abarcando os serviços públicos explorados diretamente pela União ou delegados aos particulares, desde que com natureza de atividade econômica, podem estar sujeitos à intervenção estatal por meio da instituição de uma Cide. E ainda que, para o STF, a busca da motivação da intervenção, em consonância com os princípios da Ordem Econômica da Constituição de 1988, nem sempre será analisada detalhadamente para se considerar a constitucionalidade de uma Cide. Veja que há uma disparidade de entendimento entre a doutrina e o STF, visto que a doutrina considera de suma importância a existência da motivação da finalidade interventiva em linha com os princípios constitucionais que visam assegurar a todos a existência digna, conforme os ditames da justiça social.

Vale esclarecer que, nos julgados mencionados, o STF não chegou a ser instado a analisar a constitucionalidade das Cide (ATP e AFRMM), sob essa ótica interpretativa baseada na motivação da finalidade de intervenção. Isso, porque, no caso do ATP, por exemplo, o Recurso Extraordinário foi interposto pela Companhia Docas do Estado de São Paulo, que arrecada a contribuição, e em seus argumentos, com vistas à declaração de constitucionalidade da Lei n. 7.700/1988, tratou da necessidade de cumprimento da finalidade, qual seja, o investimento nos portos brasileiros, mas não tratou da motivação constitucional para a instituição da Cide com essa finalidade.

E o STF, nos votos dos Ministros que compunham o Pleno à época, analisou diversos aspectos para a sua conclusão, como: sua natureza tributária, a existência de destinação para os fins a que foi criada a Cide, o órgão a que foi destinada ao longo dos anos, o grupo que recolhe a contribuição relacionado com a finalidade, a possibilidade de criação de Cide para serviço público concedido desde que tenha natureza de atividade econômica.

Todavia, o STF não analisou se havia efetivamente uma motivação baseada nos princípios da Ordem Econômica para se criar uma contribuição de intervenção no domínio econômico (atividades portuárias) com vistas ao reaparelhamento e investimento em infraestrutura para melhoria das instalações portuárias.

Já no caso do AFRMM, o Recurso Extraordinário foi interposto pela empresa que é a contribuinte da Cide, tendo alegado que não teria sido recepcionada pela CR/1988 por falta de Lei Complementar, mas que mesmo se tivesse sido recepcionada teria natureza de imposto com invasão de competência e utilização da mesma base de cálculo e fato gerador do Imposto sobre Operações relativas à Circulação de Mercadorias e sobre Prestações de Serviços de Transporte Interestadual e Intermunicipal e de Comunicação (ICMS). Os Ministros do STF, seguindo o voto do relator Carlos Velloso, entenderam se tratar de uma contribuição de intervenção no domínio econômico, recepcionada pela CR/1988 que não veda que uma Cide tenha base de cálculo de outros tributos.

Além disso, para o STF, é irrelevante a extinção ou não do Fundo da Marinha Mercante, visto que não seria ele que definiria a necessária vinculação às finalidades da intervenção. Assim, essa Cide teria como finalidade arrecadar recursos para a intervenção da União no domínio econômico (atividades de navegação mercante) para destiná-la a apoiar o desenvolvimento da Marinha Mercante brasileira e a indústria naval brasileiras. Veja que, da mesma forma que no julgamento do ATP, o STF não foi instado e não aprofundou a análise da constitucionalidade do AFRMM sob a ótica da motivação constitucional da finalidade da intervenção.

Em outras palavras, não foi analisado pelo STF se o investimento e o reaparelhamento de portos brasileiros e o desenvolvimento da Marinha Mercante brasileira e da indústria naval cumpririam algum dos princípios da nova Ordem Econômica previstos no art. 170 da CR/1988 com o fim de *assegurar a todos existência digna, conforme os ditames da justiça social*. Poderia até se sustentar que em ambos os casos se busca reforçar a soberania nacional, mas como explicado, esse ponto não chegou a ser analisado pelo STF.

Todavia, o STF, em julgamento sobre a constitucionalidade da contribuição ao Serviço Brasileiro de Apoio às Micro e Pequenas Empresas

(Sebrae), analisou, mesmo que superficialmente, a natureza da Cide sob a ótica da motivação da intervenção na economia.

No julgamento, pelo Pleno do Tribunal, do Recurso Extraordinário n. 396.266, em novembro de 2003, o Ministro Relator Carlos Velloso entendeu que a contribuição ao Sebrae não seria um adicional às contribuições sociais, mas sim uma contribuição autônoma, de intervenção no domínio econômico, que deve respeitar os princípios gerais da atividade econômica previstos nos artigos 170 a 181 da Constituição da República.

Para tanto, o Ministro Relator considerou que a natureza jurídica de Cide da contribuição ao Sebrae é definida por suas finalidades previstas no art. 9º da Lei n. 8.029/1990 de:

> planejar, coordenar e orientar programas técnicos, projetos e atividades de apoio às micro e pequenas empresas, em conformidade com as políticas nacionais de desenvolvimento, particularmente as relativas às áreas industrial, comercial e tecnológica, que estariam de acordo com os princípios gerais da atividade econômica consagrados na Constituição. (BRASIL. SUPREMO TRIBUNAL FEDERAL. RE n. 396.266. Min. Relator Carlos Velloso, 2003, p. 1.432)

Ademais, o relator acatou os argumentos tecidos no acórdão do Tribunal Regional Federal (TRF) da 4ª Região, que melhor analisou a motivação da intervenção na economia por essa contribuição em função de suas finalidades previstas na Lei n. 8.029/1990, que estariam inseridas nos ditames do art. 179 da CR/1988:

> A leitura do artigo deixa claro que não possui o SEBRAE qualquer finalidade de fiscalização ou regulação das atividades de micro e pequenas empresas, mas de incentivo à sua criação e desenvolvimento, em conformidade com o disposto no art. 179 da Constituição da República, acreditando em seu potencial de influenciar positivamente as áreas industrial, comercial e tecnológica, estas também de interesse das empresas que contribuem ao SESC/SENAC, SESI/SENAI. (BRASIL. SUPREMO TRIBUNAL FEDERAL. RE n. 396.266. Min. Relator Carlos Velloso, 2003, p. 1.433)

Em 2013, o STF voltou a julgar a constitucionalidade da contribuição ao Sebrae, agora em repercussão geral, no RE n. 635.682, de relatoria do Min. Gilmar Mendes. Como em 2003, o Min. Relator entendeu que essa contribuição tem natureza de Cide por ser destinada a custear uma intervenção no domínio econômico, para a promoção e o desenvolvimento das pequenas e microempresas, e não ao financiamento da seguridade social. E repete o voto do Min. Carlos Velloso do julgamento do RE n. 396.266 quando descreve a finalidade da contribuição ao Sebrae que estaria em consonância com os princípios gerais da atividade econômica previstos nos arts. 170 a 181 da Constituição da República.[37]

Observa-se que, no caso da contribuição ao Sebrae, apesar de não adentrar totalmente na motivação da finalidade de intervenção da Cide, o STF entendeu pertinente para a caracterização de sua natureza jurídica e analisou, mesmo que não de forma aprofundada, o cumprimento, por sua Lei de instituição, dos princípios constitucionais da Ordem Econômica, bem como do objetivo de incentivo ao setor econômico em desequilíbrio, conforme determina o art. 174 da CR/1988.

Por outro lado, é importante ainda mencionar neste tópico os julgados do STF quanto à constitucionalidade da Cide-Royalties, criada pela Lei n. 10.168/2000. Desde 2006, o STF vinha negando seguimento aos Recursos Extraordinários e negando provimento aos Agravos Regimentais interpostos pelos contribuintes sob o argumento de que o Tribunal já teria pacificado a matéria quando do julgamento do RE n. 396.266, que analisou a contribuição ao Sebrae, como acima referido. Nestes casos, o Tribunal Superior simplificava a análise dos requisitos de validade para instituição de uma Cide sem analisar argumentos importantes levantados pelos contribuintes para discutir a constitucionalidade da Cide-Royalties.

Toma-se como exemplo o julgamento do Ag. Reg. no RE n. 451.915, de relatoria do Min. Gilmar Mendes, julgado em outubro de 2006. Em seu voto, para negar provimento ao Agravo do contribuinte, o Ministro simplesmente remeteu ao julgamento do STF no caso da contribuição ao Sebrae e simplificou a questão à desnecessidade de Lei Complementar para a instituição da Cide e de vinculação direta entre o contribuinte e o benefício proporcionado pela receita arrecadada. Assim, mesmo constando do relatório de seu voto, o Ministro deixou de apreciar o importante

[37] Vale mencionar que, em 31/3/2017, o STF rejeitou os Embargos de Declaração no RE n. 635.682 ED/RJ, mas esclareceu que a questão da receptividade da contribuição ao Sebrae pela Emenda Constitucional n. 33/2001 está pendente de julgamento no RE n. 603.624, em repercussão geral (Tema 325).

argumento levantado pelo Agravante, no sentido de que a necessidade de desenvolvimento tecnológico no Brasil não seria finalidade para a instituição de uma Cide por ser genérica, em detrimento de outras necessidades como educação e saúde.

Vale ressaltar que nesta decisão monocrática que negou seguimento ao Recurso Extraordinário, o Min. Gilmar Mendes considerou que a finalidade da intervenção é característica essencial para a instituição de um Cide que só pode ser limitada pelos direitos fundamentais e pelos objetivos do Estado de Direito, mas usou esse argumento apenas para determinar que não só os envolvidos nas atividades tributadas devem ser sujeitos passivos da exação. Ou seja, deixou de analisar se a Lei n. 10.168/2000 cumpriu a finalidade da intervenção em consonância com os princípios gerais da Ordem Econômica constitucional.

Em outros julgados sobre a matéria, o mesmo ocorreu. Veja, nesse sentido, o Ag. Reg. no RE n. 449.233 (Rel. Min. Ricardo Lewandowski, 1ª Turma, j. 8/2/2011) em que o Min. Relator, ao citar seu despacho de inadmissão do RE, até transcreve passagem do livro de Marcelo Guerra Martins que definiu os pressupostos de validade de uma Cide. No entanto, o Ministro, apesar de citá-lo, não analisou de forma clara se a Lei n. 10.168/2000 cumpriria tais requisitos, limitando-se a, mais uma vez, simplificar a questão ao citar o julgamento do RE n. 396.266 da contribuição ao Sebrae.

Contudo, em 2016, o Plenário do STF, por maioria, reviu seu entendimento quando da análise do Recurso Extraordinário n. 928.943, de relatoria do Min. Luiz Fux, que, em julgamento realizado em 2 de setembro de 2016, entendeu que a questão da discussão da constitucionalidade da Cide-Royalties, criada pela Lei n. 10.168/2000 e alterada pela Lei n. 10.332/2001, é constitucional e tem relevância social, afetando o caso à Repercussão Geral.[38]

Em seu voto, o Min. Luiz Fux, relator do processo, ressaltou que a questão posta em análise se refere à delimitação do perfil constitucional da Cide-Royalties, explicando que os argumentos trazidos pelo recorrente não se limitavam ao que foi analisado pelo Supremo no julgamento do RE

[38] Atualmente, o STF, em decisões monocráticas, tem determinado a suspensão dos Recursos até a apreciação do paradigma que será julgado em repercussão geral (RE n. 928.943), como nos casos: RE n. 1.1.02.195/SP, relator Min. Celso de Mello, j. 4/6/2018; RE n. 600.906/RJ, relator Min. Marco Aurélio, j. 18/4/2018; RE n. 1.116.923/RJ, relator Min. Edson Fachin, j. 11/4/2018.

n. 396.266 (Sebrae). O Ministro descreveu, ainda, quais os argumentos não foram ainda analisados pelo STF e que justificavam a afetação à Repercussão Geral (RG) deste RE: (i) real necessidade de intervenção do Estado no domínio econômico que justifique a criação dessa Cide; (ii) segmento econômico selecionado e sua relação com a finalidade da contribuição.

Fica clara, portanto, a importância, para este estudo, da análise da mudança de postura do STF que, inicialmente, em diversos casos, inadmitiu Recursos Extraordinários que tratavam da constitucionalidade da Cide-Royalties, sem aprofundar nos argumentos trazidos pelos recorrentes, mas que, posteriormente, restabeleceu a distinção desta discussão do julgamento do caso do Sebrae para afetar a questão à repercussão geral.

Isso demonstra que qualquer discussão acerca da constitucionalidade de uma contribuição de intervenção no domínio econômico, no Supremo Tribunal, deve ser bem preparada para se distinguir dos casos já julgados e evitar a simplificação do entendimento.

Finalmente, de forma sintética, para a aplicação à contribuição selecionada, neste ponto podemos concluir que, para a análise da constitucionalidade de uma Cide, considerando o entendimento da doutrina e da jurisprudência do STF, é necessário verificar: (i) se a finalidade da intervenção está prevista na Constituição; (ii) se é motivada pelos princípios da Ordem Econômica do Estado Democrático de Direito, previstos no art. 170 da CR/1988; e (iii) se ocorreu dentro dos parâmetros do art. 174 da CR/1988, como forma de fiscalizar, incentivar ou planejar determinado setor da atividade econômica que esteja em desequilíbrio.

Ademais, vale lembrar que pode ocorrer a intervenção em qualquer setor da atividade econômica em sentido amplo, abarcando a atividade econômica em sentido estrito e os serviços públicos delegados a particulares, em regime público ou privado, desde que com características de atividade econômica.

No próximo tópico será tratado o segundo requisito extraído dos julgados do STF como essencial para a definição da natureza jurídica de uma Cide, qual seja, o da referibilidade.

2.4. Referibilidade

Neste tópico será analisado o requisito de validade da referibilidade, ou da necessidade de vinculação entre o sujeito passivo da contribuição de intervenção no domínio econômico e a finalidade da intervenção. Nesta análise, 16 decisões do STF serão expressamente citadas por terem avaliado o requisito da referibilidade, mesmo que não devidamente aprofundado. Dessas decisões, seis acórdãos já foram mencionados no tópico anterior por terem tratado dos dois requisitos em sua fundamentação.

Assim, serão utilizados nessa análise os seguintes julgados: RE n. 396.266 (Sebrae); RE n. 635.682; Ag. Reg. no RE n. 595.670; RE n. 928.943 (Cide-Royalties); RE n. 218.061 (ATP); RE n. 640.385 (Condecine-Título); Ag. Reg. no RE n. 826.634 (Condecine-Título) e Ag. Reg. no RE n. 700.160 (Condecine-Título). Serão ainda mencionados os seguintes acórdãos: Ag. Reg. no RE n. 451.915; Ag. Reg. no RE n. 564.901; Ag. Reg. no RE n. 449.233; Ag. Reg. no RE n. 492.353; Ag. Reg. nos Embargos no Agravo de Instrumento n. 737.858; Ag. Reg. no RE n. 581.375; Ag. Reg. no RE n. 632.832 e Ag. Reg. no RE n. 934.095.

Pode-se afirmar que a doutrina brasileira é praticamente pacífica[39] no sentido de determinar que a referibilidade é pressuposto essencial à caracterização de uma contribuição.[40] E, mais ainda, de uma contribuição de intervenção no domínio econômico. Há certa divergência, que será demonstrada, no que tange à referibilidade direta ou indireta.

Todavia, conforme se verá, o STF não entende da mesma forma que a doutrina ou não se deteve a analisar de forma aprofundada esse aspecto de validade de uma Cide. A questão é interpretar o que o STF entendeu nos julgados em que analisou a necessidade da referibilidade para a validade de uma Cide.

Considerando que a finalidade de uma contribuição de intervenção no domínio econômico é a própria intervenção do Estado em algum setor econômico, com a motivação de alcançar os princípios da Ordem Econômica constitucional, preservando os objetivos do Estado Democrático de Direito, podemos concordar com Marco A. Greco (2000, p. 83), quando afirmou que sua "razão de ser não é a capacidade contributiva, mas sim, a solidariedade em relação aos demais integrantes de um grupo social ou econômico", em função de sua própria finalidade.

[39] Por exemplo, cf. Greco (2000, p. 243); Ataliba (2014, p. 205); Barreto (2011, p. 154); Gama (2003, p. 159); Ricardo Mariz de Oliveira (2001, p. 380-381), entre outros.

[40] Exceção a esse entendimento é de Luciano Amaro (1998, p. 83) para quem não é necessária qualquer referibilidade entre o sujeito passivo e a finalidade da contribuição. Para Horvath (2009, p. 79) não precisa haver um benefício individual para quem contribui com a contribuição, mas deve haver um benefício especial para um setor da economia, sendo mais importante o alcance da finalidade para qual foi criada.

Marco A. Greco (2001, p. 16) entendeu que para que haja a intervenção no domínio econômico deve haver "provimento pontual, circunscrito a uma determinada área, setor, segmento da atividade econômica que apresente característica que a justifiquem". Ou seja, não pode haver intervenção da União em atividade destinada a toda a coletividade, devendo ser instituída para o grupo a que pertencem os sujeitos aos quais a sua finalidade, no caso, a intervenção, se dirige (GRECO, 2001, p. 17). E completa o autor:

> Nas contribuições de intervenção no domínio econômico, o requisito é nítido, de modo que só cabe a exigência da contribuição de quem pertencer ao grupo formado pelo respectivo setor econômico. (GRECO, 2000, p. 242)

Da mesma forma entendeu Paulo Ayres Barreto (2001, p.154), para quem "só aquele a quem se volta a atividade estatal pode ser compelido a contribuir para a formação dos fundos necessários ao seu custeio".

Geraldo Ataliba (2014, p. 205) afirmou que "é preciso que haja uma correlação lógica entre os beneficiários dos recursos e os contribuintes". O autor defendeu uma extensão desse grupo que pode ser chamado a contribuir com uma Cide para os beneficiários indiretos de sua finalidade:

> Impõe-se, destarte, reconhecer a necessidade – constitucionalmente postulada – de que haja, ainda que indiretamente (embora clara e objetiva), correlação entre os beneficiários da ação do estado e as pessoas chamadas a contribuir; ou seja: correlação entre os efeitos ou causa da ação estatal custeada pela "contribuição" e seus contribuintes (sujeitos passivos). (Ataliba, 2014, p. 205)

Leandro Paulsen e Andrei Pitten Velloso (2013, p. 285-286) entenderam que não existindo a referibilidade direta, ou ao menos indireta, se impõe a inconstitucionalidade da lei instituidora da contribuição.

Entendemos no sentido de que não há necessidade da existência de uma relação direta de referibilidade para a validade de uma Cide. Basta que o sujeito passivo faça parte do mesmo grupo econômico que tenha um liame indireto com a sua finalidade, ou intervenção, para que possa ser chamado a contribuir com a Cide. Nessa relação indireta, a questão não é a existência ou não de um benefício, mesmo que indireto, mas, sim, o envolvimento do grupo na finalidade a que se destina a Cide, visto que sua motivação é a intervenção em um setor da economia para corrigir um desequilíbrio. Entendemos que essa foi a interpretação do STF nos julgados que serão a seguir analisados.

Em primeiro lugar, vale dizer que preferimos avaliar a interpretação do STF quanto a esse requisito de forma ampla, conjugando os entendimentos estabelecidos em diversos casos de determinação da constitucionalidade ou não de uma Cide em função da referibilidade.

Iniciamos a análise com o caso da contribuição ao Sebrae que é levantado sempre que se discute esse pressuposto de constitucionalidade da Cide. No julgamento do RE n. 396.266 do Pleno do Tribunal, em 2003, conforme já explicitado no tópico anterior, o Min. Relator Carlos Velloso entendeu que a contribuição ao Sebrae tem natureza de Cide e que cumpre a sua finalidade constitucional interventiva de apoio às micro e pequenas empresas. O contribuinte, por não ser nem micro ou pequena empresa, e, portanto, não se vincular ao Sebrae, entendeu que não estaria abrangido pelos benefícios dessa exação, ou seja, que não haveria esse liame direto com sua finalidade, ou não teria sido cumprido o requisito da referibilidade, devendo ser declarada inconstitucional a referida contribuição.

Neste ponto, vale transcrever o entendimento do Min. Relator:

> E se o SEBRAE tem por finalidade "planejar, coordenar e orientar programas técnicos, projetos e atividades de apoio às micro e pequenas empresas, em conformidade com as políticas nacionais de desenvolvimento, particularmente as relativas às áreas industrial, comercial e tecnológica" (Lei 8.029/90, art. 9º, incluído pela Lei 8.154/90) a contribuição instituída para a realização desse desiderato está conforme os princípios gerais da atividade econômica consagrados na Constituição. Observe-se, de outro lado, que a contribuição tem como sujeito passivo empresa comercial ou industrial, partícipes, pois, das atividades econômicas que a Constituição disciplina (C.F., art. 170 e seguintes). (BRASIL. SUPREMO TRIBUNAL FEDERAL. RE n. 396.266, Min. Relator Carlos Velloso, 2003, p. 1.432)

Veja que é possível questionar o entendimento do Ministro no sentido de considerar como setor econômico passível de intervenção, por meio de uma Cide, toda a atividade econômica que envolve as áreas industrial, comercial e tecnológica. Contudo, vamos partir do pressuposto de que esse entendimento é correto para que possamos analisar se, para o STF, neste julgamento, a referibilidade foi considerada como requisito necessário para a constitucionalidade da Cide.

Analisando a parte de seu voto acima transcrita, podemos afirmar que o Ministro, ao considerar, em conformidade com a Ordem Econômica constitucional, como setor econômico passível de intervenção toda a atividade econômica das empresas industriais, comerciais e de tecnologia, interpretou a legislação no sentido de que a finalidade da contribuição ao Sebrae terá relação com todo esse setor, mesmo tendo por finalidade incentivar apenas as micro e pequenas empresas.

Assim, entendeu o STF que as empresas de tecnologia, comerciais e industriais, por serem partícipes das atividades econômicas em geral, podem se sujeitar à essa exação. Nessa parte de seu voto já podemos inferir que o entendimento do Ministro Relator foi no sentido de que a referibilidade neste caso é indireta, ou seja, a política de incentivo ao setor de micro e pequenas empresas, na forma estipulada pela Lei instituidora da contribuição ao Sebrae, também abrangeria, mesmo que indiretamente, todas as demais empresas. Ou seja, o grupo atingido pela cobrança da Cide seria maior do que o setor atingido diretamente pela intervenção propriamente dita.

Para corroborar com essa interpretação, o Ministro, em seguida, transcreveu parte do acórdão recorrido que deixou mais clara a intenção de aplicar, mesmo que indiretamente, o requisito da referibilidade para justificar a constitucionalidade da exação:

> A leitura do artigo deixa claro que não possui o SEBRAE qualquer finalidade de fiscalização ou regulação das atividades das micro e pequenas empresas, mas de incentivo à sua criação e desenvolvimento, em conformidade com o disposto no art. 179 da Constituição da República, acreditando em seu potencial de influenciar positivamente as áreas industrial, comercial e tecnológica, estas também de interesse das empresas que contribuem ao SESC/SENAC, SESI/SENAI. Conclui-se, portanto, que a contribuição para o SEBRAE é daquelas de intervenção na atividade econômica.
>
> Ora, se o texto constitucional impõe que os entes federados dispensem tratamento jurídico diferenciado às microempresas e empresas de pequeno porte para incentivá-las, não é crível que a contribuição instituída em seu benefício seja arcada somente por pessoas jurídicas que se encaixem nessas categorias, impondo às mesmas tratamento diferenciado sim, porém mais oneroso que às demais empresas concorrentes, em detrimento das que se pretende ver impulsionadas. (BRASIL. SUPREMO TRIBUNAL FEDERAL. RE n. 396.266, Min. Relator Carlos Velloso, 2003, p. 1.434)

Assim, ao que nos parece, a conclusão do Ministro Relator, acompanhado pelos demais, neste ponto, foi de que a referibilidade é um requisito importante para aferir a constitucionalidade da Cide. No entanto, é aplicado o conceito mais amplo, no sentido de que é necessária a existência da referibilidade indireta para que se considere cumprido o pressuposto de validade constitucional.

No caso, a referibilidade indireta se deu pelo benefício que é colhido por todas as atividades econômicas com o incentivo às micro e pequenas empresas, não sendo isonômico que apenas essas arquem com a contribuição. E faz sentido essa interpretação, pois do contrário, as micro e pequenas empresas seriam oneradas por uma contribuição que lhes retornaria em seguida. Ou seja, as médias e grandes empresas comerciais, industriais e de tecnologia, fazendo parte do mesmo segmento, qual seja, da ordem econômica, realmente podem ser indiretamente beneficiadas com uma Cide que visa o incentivo ao desenvolvimento das micro e pequenas empresas.

Nos julgados seguintes, inclusive no RE n. 635.682 em repercussão geral,[41] o STF manteve o entendimento desse RE n. 396.266, no sentido de que todas as empresas que exercem atividade econômica devem arcar com a contribuição ao Sebrae, visto que, de acordo com a jurisprudência deste Tribunal, as contribuições de intervenção no domínio econômico não exigiriam contraprestação direta em favor do contribuinte.

A referência, nesses julgados subsequentes, à não exigência de benefício direto para ser sujeito passivo de uma Cide, corrobora nosso entendimento acima, de que basta a existência da referibilidade indireta. Ou seja, é possível inferir desses julgados que este Tribunal Superior não afastou totalmente a aplicação do requisito da referibilidade para a conformidade constitucional na instituição de uma Cide, mas a análise é do grupo envolvido com a sua finalidade, de forma a assegurar, inclusive, o princípio da isonomia.

Importante notar que, no julgamento do Ag. Reg. no RE n. 595.670, ocorrido em 27 de maio de 2014, que também discutia a constitucionalidade da contribuição ao Sebrae, o Min. Relator Roberto Barroso explicitou melhor nossa interpretação dos julgados anteriores sobre a matéria, no sentido da necessidade da referibilidade indireta ao se criar uma Cide. O Ministro fez uma diferenciação da contribuição com a taxa que exige a referibilidade direta:

[41] A referida ação, relatada pelo Min. Gilmar Mendes, foi julgada em 25/4/2013.

> O Supremo Tribunal Federal, no julgamento do RE 396266/RS, Rel. Min. Carlos Velloso, deixou assentado o caráter autônomo e de intervenção no domínio econômico da contribuição para o Sebrae. Em conformidade com a delimitação da espécie tributária apontada, a sujeição passiva deve ser atribuída aos agentes do segmento econômico alcançado pela intervenção estatal. [...] Não se observa na hipótese uma referibilidade estrita entre os contribuintes e os beneficiários da atuação do Sebrae, pois nesse caso teríamos uma taxa e não uma contribuição. Deve suportar o tributo em questão todo aquele que integra o setor que demanda do Estado uma atuação mais efetiva no segmento sujeito à intervenção. (BRASIL. SUPREMO TRIBUNAL FEDERAL. Ag. Reg. RE 595.670, Rel. Min. Roberto Barroso, j. 27/5/2014, p. 6)

Com efeito, em situações em que o STF foi instado a analisar a constitucionalidade da Cide-Royalties, mais uma vez foi trazido como um dos argumentos de inconstitucionalidade a falta de referibilidade.

No entanto, conforme explicado no item anterior, inicialmente, o Supremo Tribunal, utilizando da jurisprudência firmada na discussão da constitucionalidade da contribuição ao Sebrae, negou provimento aos Agravos Regimentais que pretendiam a análise de Recursos Extraordinários sobre a constitucionalidade da Cide-Royalties em ambas as Turmas.[42]

Nesses casos, o STF utilizou o argumento, no que tange à referibilidade, de que já teria pacificado que seria prescindível a existência de vinculação direta entre o contribuinte e o benefício proporcionado pelas receitas tributárias arrecadadas. No entanto, em nenhum desses casos, como não foram admitidos os Recursos Extraordinários, foi analisada a questão sob a ótica da Lei n. 10.168/2000 e alterações da Lei n. 10.332/2001.

Todavia, ao afetar à Repercussão Geral o Recurso Extraordinário n. 928.943, o Pleno do Tribunal, por maioria, reconheceu que havia argumentos, referentes à constitucionalidade da Cide-Royalties, que não foram

[42] Cf. Ag. Reg. no RE n. 451.915-1/PR, Min. Rel. Gilmar Mendes, j. 17/10/2006; Ag. Reg. no RE n. 564.901/RJ, Min. Rel. Carmén Lúcia, j. 1/2/2011; Ag. Reg. no RE n. 449.233/RS, Min. Rel. Ricardo Lewandowski, j. 8/2/2011; Ag. Reg. no RE n. 492.353/RS, Min. Rel. Ellen Gracie, j. 22/2/2011; Ag. Reg. nos Embargos no Agravo de Instrumento n. 737.858, Min. Rel. Dias Toffoli, j. 6/11/2012; Ag. Reg. no RE n. 581.375/RJ, Min. Rel. Celso de Mello, j. 4/12/2012; Ag. Reg. no RE n. 632.832/RS, Min. Rel. Rosa Weber, j. 12/8/2014 e Ag. Reg. no RE n. 934.095/RJ, Min. Rel. Edson Fachin, j. 31/5/2016.

analisados quando do julgamento da contribuição ao Sebrae, como a referibilidade, no sentido de se decidir qual o segmento econômico pode ser alcançado pela Cide-Royalties por ter relação com a sua finalidade.

No caso da discussão da constitucionalidade da Condecine-Título criada pela Medida Provisória n. 2.228-1/2001, o STF ainda vinha mantendo a postura de não aprofundar os argumentos específicos de sua inconstitucionalidade. Os Recursos Extraordinários eram normalmente inadmitidos negado provimento aos Agravos Regimentais sob o argumento de já haver jurisprudência pacificada sobre a matéria no sentido da "desnecessidade de vinculação direta entre o contribuinte e a destinação das receitas arrecadadas por meio do aludido tributo".[43]

Ao analisar a decisão que inadmitiu o RE n. 640.385[44] da lavra do Min. Ricardo Lewandowski, se percebe que, novamente, o STF se furtou a analisar os argumentos de inconstitucionalidade trazidos pela recorrente, como a falta de referibilidade entre o contribuinte e a finalidade da contribuição, e aplicou o entendimento superficial retirado dos acórdãos que analisaram a contribuição ao Sebrae, no sentido de que "as contribuições de intervenção no domínio econômico não exigem vinculação direta entre o contribuinte e a aplicação dos recursos arrecadados".

Neste caso, analisando o acórdão recorrido do TRF da 2ª Região, pode ser verificado que o Tribunal *a quo* se debruçou em todos os argumentos trazidos pela recorrente analisando especificamente o requisito da referibilidade, concluindo que foi cumprido pela legislação da Condecine-Título, nos seguintes termos: "quanto à referibilidade, a atividade desenvolvida pelos impetrantes guarda perfeita correlação com o setor audiovisual, o que permite a incidência da contribuição em tela".[45]

No entanto, em 28/2/2018, o Min. Marco Aurélio, revendo decisão anterior que havia desprovido Agravo em RE n. 826.634, sob o argumento da constitucionalidade da Condecine-Título, proferiu decisão monocrática que, em juízo de retratação, entendeu pertinente o argumento da empresa e determinou a conclusão do processo para nova apreciação do recurso extraordinário pelo seguinte motivo:

[43] Cf. ementa da decisão proferida no Ag. Reg. no RE n. 700.160/RJ, Min. Rel. Rosa Weber, j. 9/4/2014.

[44] Cf. RE n. 640.385, 1ª Turma, Min. Rel. Ricardo Lewandowski, j. 26/8/2014.

[45] Cf. nota anterior.

> Reexaminando o processo, verifico não incidir o que preconizado quanto à vinculação direta entre o contribuinte e a destinação das receitas arrecadadas por meio do tributo em caso. (BRASIL. SUPREMO TRIBUNAL FEDERAL. ARE 826.634/RJ, Rel. Min. Marco Aurélio, j. 18/2/2018)

Desse modo, apesar da decisão superficial e independentemente de seu desfecho, certo é que o Min. Marco Aurélio irá rever a posição em relação à importância da análise do requisito da referibilidade para a validade da Condecine-Título.

Vale ainda mencionar um caso em que o STF efetivamente analisou e concluiu ter sido cumprido o pressuposto de validade da referibilidade direta entre o contribuinte e a finalidade da Cide. Trata-se do julgamento do ATP, já tratado no tópico anterior. No voto vencedor do Min. Nelson Jobim, no RE n. 218.061,[46] ficou assentado que de 1990 a 1996 os recursos dessa exação eram receita vinculada da União com destinação ao financiamento de obras de infraestrutura dos portos, sendo que um "tipo especial de usuários dos portos passaram a contribuir para que a União pudesse explorar, de forma direta ou não, o porto organizado".[47]

Assim, os contribuintes do ATP eram os sujeitos que realizavam operações com mercadorias importadas ou exportadas, objeto de navegação de longo curso, logo, os próprios usuários dos portos, beneficiários diretos da destinação da contribuição. Concluiu o Min. Nelson Jobim: "É, assim, como diz Galvão, uma contribuição de intervenção no domínio econômico, devida por uma categoria especial de usuários de serviços que a eles dizem respeito de forma direta".[48] Dessa maneira, neste caso, foi reconhecido o cumprimento da referibilidade direta da exação com seus contribuintes.

Assim, é possível inferir que, para o STF, o pressuposto de validade da referibilidade deve ser entendido de forma mais ampla, como Geraldo Ataliba explicou:

> Nestes casos, o sujeito passivo da contribuição ou é beneficiário da ação por ela custeada, ou de qualquer modo desempenha atividade que a requer,

[46] Atribuiu-se o conteúdo do mesmo acórdão do julgamento do RE n. 209.365, de relatoria do Min. Carlos Velloso, julgado em março de 1999. Em 2000, no julgamento do RE n. 276.541, Min. Rel. Moreira Alves, foi mantido esse entendimento.

[47] Cf. STF, RE 218.061, Min. Rel. Carlos Velloso, j. 4/3/1999, p. 767.

[48] Cf. STF, RE 218.061, Min. Rel. Carlos Velloso, j. 4/3/1999, p. 767.

> embora imensurável o (a) benefício que dela extrai ou (b) a medida em que, individualmente, a exige. (Ataliba, 2014, p. 206)

Com efeito, analisando o conjunto da jurisprudência do STF, se verifica que a referibilidade não é requisito totalmente descartado para a validade de uma Cide. Pelo contrário, é importante, mas na forma da referibilidade indireta do grupo de contribuintes com a finalidade da Cide.

Mais uma vez, neste ponto, não vamos questionar a amplitude que o STF deu para o setor da economia sujeito à intervenção estatal via contribuição de intervenção no domínio econômico, como no caso do Sebrae, mas podemos concluir que, neste caso, a amplitude foi validada pela finalidade da contribuição que afetou um grupo maior do que o seu benefício direto.

Reportando novamente a Geraldo Ataliba (2014, p. 206):

> O que parece de total evidência é que a lei não poderá – sob pena de inconstitucionalidade – estabelecer encargos dessa natureza para uma coletividade, retirando-a de outra, sem que haja correlação entre ambas, ou entre elas e a atividade sustentada pelos recursos auferidos.

No entanto, para que o contribuinte possa levar a julgamento um caso de discussão de constitucionalidade de Cide com base nesse requisito, para não ter uma decisão de inadmissão de recurso, deve efetuar essa diferenciação, como foi feito no caso da análise da constitucionalidade da Cide-Royalties, e demonstrar que os julgados da contribuição ao Sebrae levam à conclusão pela aplicação da necessidade da referibilidade indireta.

Para finalizar, quando da análise da contribuição selecionada para esse estudo, deve ser avaliada a referibilidade de forma ampla, em linha com o que concluímos que foi o entendimento do STF. No próximo tópico será tratado o último requisito de validade selecionado, a destinação do produto arrecadado para sua finalidade.

2.5. Destinação do Produto Arrecadado para sua Finalidade

Provavelmente o ponto mais polêmico da discussão de constitucionalidade das contribuições em geral e, especialmente, das contribuições de intervenção no domínio econômico, é a análise da efetiva destinação do produto arrecadado para sua finalidade como requisito de sua constitucionalidade. Por isso, neste tópico, entendemos mais didático fazer, preliminarmente, uma análise dos temas debatidos na doutrina, para somente depois demonstrar o entendimento da jurisprudência do STF. Assim, será possível verificar as diferenças das posições doutrinárias comparadas com o entendimento do Supremo Tribunal.

Como já visto, a finalidade de uma Cide é a intervenção no domínio econômico para corrigir um desequilíbrio do setor. Sendo assim, o produto arrecadado dessa contribuição deve reverter integralmente para que a União (ou um órgão específico, se for *parafiscal*) possa cumprir a finalidade interventiva, sob pena de descaracterizar sua natureza jurídica de Cide.

Normalmente, essa discussão é travada em função do art. 4º, II do Código Tributário Nacional (CTN) que, como já visto, foi publicado em uma época em que predominava a doutrina positivista do Direito Tributário. O referido art. 4º do CTN dispõe que:

> Art. 4º A natureza jurídica específica do tributo é determinada pelo fato gerador da respectiva obrigação, sendo irrelevantes para qualificá-la:
> I – a denominação e demais características formais adotadas pela lei;
> II – a destinação legal do produto da sua arrecadação.

Assim, de acordo com o CTN de 1966, a destinação do produto da arrecadação não seria requisito apto para a qualificação da natureza tributária de uma exação que seria determinada por seu fato gerador. Todavia, conforme já explicado, as contribuições tomaram a importância e a proporção de arrecadação a partir da Constituição de 1988, sendo que sua finalidade está intrinsecamente ligada à destinação de sua arrecadação.

A doutrina há muito vem discutindo a questão, sendo que Misabel Derzi, ao atualizar a obra de Aliomar Baleeiro, resumiu a aplicação do art. 4º, II, do CTN, não o afastando, mas buscando esclarecer sua interpretação *vis a vis* da caracterização constitucional das contribuições. Para a autora, a destinação do produto arrecadado, conforme o art. 4º, II, do CTN, não presta para a definição da espécie tributária, mas se restringe a isso, dado que a destinação, para as contribuições, converte-se no próprio fato gerador ou hipótese de incidência tributária:

> Mas enquanto o Texto Magno proíbe que o legislador vincule a arrecadação de impostos a órgão, fundo ou despesa (art. 167, IV), ressalvadas as exceções expressas, a afetação do produto a certas despesas ou serviços é requisito necessário para o exercício da competência federal, no que tange às contribuições e aos empréstimos compulsórios. [...]

> A destinação passou a fundar o exercício da competência da União e, ao mesmo tempo, pressupõe como hipótese de incidência o ato ou atos estatais causadores dos gastos ou despesas. Sem afetar o tributo às despesas expressamente previstas na Constituição e sem praticar os atos que as ensejam falece competência à União para criar contribuições. Estaríamos em face de exigências pecuniárias cobradas sem causa e sem competência. [...]
>
> Assim, a destinação assume relevância não só tributária como constitucional e legitimadora do exercício da competência federal. (Baleeiro, 2010, p. 942-943)

Portanto, de acordo com Misabel Derzi (Baleeiro, 2010, p. 942-943), a destinação está no pressuposto da norma de validade da contribuição, ou seja, transmuda-se na própria hipótese de incidência da contribuição, de forma que a não aplicação dos recursos em sua finalidade teria como consequência um tributo sem sua causa.

Para Paulo de Barros Carvalho (2013, p. 51-54), o comando do *caput* do art. 4º do CTN, que dispôs que o fato gerador determina a natureza jurídica do tributo, não pode prevalecer em razão da interpretação sistemática, quando norma hierarquicamente superior, qual seja, a Constituição da República, determina a natureza do tributo pelo binômio hipótese de incidência e base de cálculo:

> Finalizemos para dizer que, no direito brasileiro, o tipo tributário se acha integrado pela associação lógica e harmônica da hipótese de incidência e da base de cálculo. O binômio, adequadamente identificado, com revelar a natureza própria do tributo que investigamos, tem a excelsa virtude de nos proteger da linguagem imprecisa do legislador. (Carvalho, 2013, p. 53)

No entanto, Paulo de Barros Carvalho (2013, p. 54), ao contrário de Misabel Derzi, concorda com a premissa do inciso II do art. 4º do CTN, no sentido de que o "destino que se dê ao produto da arrecadação é irrelevante para caracterizar a natureza jurídica do tributo". E continua o autor, "coincide, a ponto, com o limite do campo de especulação do Direito Tributário que não se ocupa de momentos ulteriores à extinção do liame fiscal" (Carvalho, 2013, p. 54).

No mesmo sentido de Paulo de Barros Carvalho, está Sacha Calmon Navarro Coelho (2007, p. 67-70), para quem a finalidade do tributo ou a sua destinação não define a sua natureza jurídica, sendo que a obrigação tributária se encerra com seu pagamento. Após o pagamento, para o autor, é responsabilidade do gestor público em dar a correta destinação ao tributo.

Paulo Ayres Barreto (2011) se debruçou sobre a análise do regime jurídico das contribuições, dando também relevante destaque para a efetiva destinação à sua finalidade que justificaria a sua instituição. Neste estudo minucioso sobre as contribuições, o autor demonstrou a correlação *imbricada* entre a finalidade e a destinação do produto arrecadado de uma contribuição. Assim, para Paulo Ayres Barreto (2011, p. 156), a "finalidade legitima a contribuição" e, sendo assim, como consequência lógica, "é crucial o controle do destino do produto de sua arrecadação". E continua, no mesmo sentido de Misabel Derzi/Aliomar Baleeiro:

> O exercício da competência impositiva para a instituição de contribuição é, por determinação constitucional, subordinado à afetação do tributo às despesas que lhe deram origem. [...] O destino da arrecadação é decorrência da própria norma de competência para a instituição de contribuição. (Barreto, 2011, p. 161)

Vale ainda pontuar que, para Marco A. Greco (2000, p. 239), diferente do entendimento de Misabel Derzi, o art. 4º, II do CTN, não se aplicaria às contribuições, pois para essas "o destino da arrecadação é elemento essencial para sua definição".

É possível citar o entendimento de outros doutrinadores que também consideram a efetiva destinação do produto da arrecadação como requisito fundamental para a caracterização de uma contribuição, como Geraldo Ataliba (2014, p. 200), ao afirmar que a destinação do produto da arrecadação de uma contribuição é a própria *razão de ser* de sua instituição. Podemos citar também, nesse sentido, Estevão Horvath (2009), Paulo Roberto Lyrio Pimenta (2002, p. 65), Aldo de Paula Júnior (2014, p. 96), Tácio Lacerda Gama (2003, p. 66), entre outros.

O que diferencia o entendimento desses doutrinadores é como o desvio da destinação pode invalidar a contribuição, em nosso caso, a Cide. Para alguns doutrinadores, basta a previsão na norma legal da destinação do produto arrecadado a um fundo específico ou mesmo à finalidade para que seja constitucional a sua cobrança, sendo que a obrigação tributária se encerraria no pagamento do tributo.

Assim, o posterior desvio dos valores arrecadados pela contribuição seria questão de responsabilização do gestor público ou mesmo de descumprimento de lei orçamentária. Com relação a esse entendimento, Ricardo Conceição Souza[49] consignou que:

> Registra-se, ainda por oportuno, que não se deve confundir destinação legal com destinação efetiva, pois são coisas totalmente distintas. Para efeito de identificação de uma contribuição, é necessário que o intérprete possa extrair da lei, dentre outros aspectos, o comando de vinculação do produto arrecadado à finalidade que legitimou a sua instituição.
>
> Agora, saber se o dinheiro arrecadado, de fato, está sendo enviado para seu destino, já não é mais uma questão que diga respeito à relação jurídica de cunho tributário, porquanto esta se extingue com o pagamento ou com a homologação deste, nos termos do art. 156, I ou VII, do Código Tributário Nacional.
>
> A questão de desvio é matéria relacionada com a responsabilidade do Governante, nos termos do art. 85, VI, da Constituição da República. (SOUZA, 2002, p. 58)

Todavia, há que se mencionar o intenso debate na doutrina acerca da importância do cumprimento da lei orçamentária e de sua natureza formal ou material, que culmina na própria determinação do limite do cumprimento da destinação da contribuição como requisito de validade.

Flávio Rubinstein (2010, p. 115) explicou as correntes que discorreram sobre o tema na doutrina internacional e nacional, apontando que, no Brasil, há uma tendência para a corrente formalista da lei orçamentária, como, por ex., pelo entendimento de Aliomar Baleeiro, que pugnou pela natureza meramente formal da lei orçamentária. Todavia, o autor concluiu no sentido de que o orçamento tem o caráter tanto formal, quanto material, pois, citando Sainz de Bujanda, "não obstante as peculiaridades que apresenta, é lei na plenitude do sentido deste termo: formal porque deve ser aprovada pelo Parlamento e material porque contém normas jurídicas que vinculam a administração e os particulares" (RUBINSTEIN, 2010, p. 115).

[49] No mesmo sentido, Luciano Amaro (1998, p. 77), que entende que a falta de previsão da destinação para sua finalidade na norma de instituição da contribuição a invalida por "afronta ao seu perfil constitucional" (AMARO, 1998, p. 77). No entanto, o desvio da aplicação dos recursos arrecadados de contribuição validamente instituída é "ilícito das autoridades administrativas que não invalida o tributo" (AMARO, 1998, p. 77).

Nesse estudo, Flávio Rubinstein (2010, p. 117) ainda explicou que o orçamento público, por gerar expectativas para os particulares, deve ser cumprido pelo poder público de forma a atender o princípio da boa-fé objetiva que rege as relações entre público e privado. Assim, para o autor, "o orçamento brasileiro moderno constitui verdadeiro plano de governo, segundo o qual os fins da atividade do Estado, voltados à satisfação das necessidades públicas, serão buscados". Essa é a consequência de se entender que o orçamento é lei formal e material, pois explicou o autor que, ao ter a conotação de lei material, gera um caráter vinculativo de seus objetivos. Contudo, ressaltou que para os autores que entendem ser a lei orçamentária meramente formal, como Ricardo Lobo Torres e Aliomar Baleeiro, a lei orçamentária não geraria a criação de direitos subjetivos para os administrados (Rubinstein, 2010, p. 117).

Com efeito, concordamos com Flávio Rubinstein e partimos do entendimento de que a norma de competência da contribuição é dividida entre a norma de instituição e a norma orçamentária. Dessa forma, a não destinação do produto da arrecadação da contribuição às suas finalidades, no campo material, pode ocorrer tanto em sua lei de instituição, quanto na lei orçamentária.

Vale ponderar, como explicou Flávio Rubinstein (2010, p. 119), que, apesar do poder público ter o dever de perseguir os objetivos contidos no orçamento, isso não implica sua obrigatoriedade, pois, no Brasil, o orçamento é autorizativo e pode ser alterado, com limitações, como em caso de mudança na realidade financeira e de políticas públicas, para a busca da eficiência dos gastos durante a gestão e em razão da supremacia do interesse público sobre o particular. No entanto, como explicou Tathiane Piscitelli (2015, p. 59), "não obstante, mesmo que diante do quadro normativo atual, o orçamento não seja em geral impositivo, é importante destacar que grande parte das receitas do Estado tem destinação própria, e, assim, está vinculada a finalidades específicas".

Por outro lado, para Marco A. Greco (2006, p. 333-335) o desvio da destinação do produto arrecadado só é lesivo à constitucionalidade da contribuição se houver a *institucionalização da sua não aplicação*, em respeito à Lei de Responsabilidade Fiscal (LRF)[50] que, em seu art. 8º, determina que o recurso que tenha destinação específica deve ser direcionado à sua

[50] Lei Complementar n. 101 de 4 de maio de 2000.

finalidade, mesmo que em exercício posterior, o que, para o autor, seria limitado ao exercício subsequente ao da arrecadação.

Como consequência, para Marco A. Greco (2006, p. 333-335) essa não aplicação institucionalizada, seja em função do desrespeito à Lei de Responsabilidade Fiscal ou da lei orçamentária, não invalidaria a contribuição originariamente, por ser um vício de inconstitucionalidade em sua aplicação e não em sua incidência. Assim, o contribuinte não teria direito à repetição do indébito, mas apenas à possibilidade de postular um provimento judicial para suspensão de sua cobrança para o futuro.

De forma contrária, Misabel Derzi, em nota de atualização da obra de Aliomar Baleeiro, entendeu que a "tredestinação" fática já impõe a inconstitucionalidade da contribuição, dando o direito ao contribuinte de requerer a restituição do indébito, já que a destinação faz parte de sua norma de competência:

> As ações estatais que as contribuições visam a financiar devem estar no pressuposto da norma tributária, devem integrar sua hipótese de incidência, de tal modo que, uma vez pago o tributo, mas identificada a tredestinação ou a não aplicação dos recursos, estaremos em face de tributos "sem causa", sendo devida a repetição do indébito. (Baleeiro, 2010, p. 973)

Paulo Ayres Barreto (2011, p. 173) também entendeu que o desvio do produto da arrecadação no plano fático pelo ente tributante abre a oportunidade de o contribuinte pleitear a repetição do indébito tributário.

Vale dizer que concordamos com Misabel Derzi e Paulo A. Barreto, tendo em vista que a finalidade da Cide de intervenção no domínio econômico só pode ser alcançada com a efetiva destinação do produto de sua arrecadação para a necessidade da intervenção.

Assim, entendemos que, além da finalidade, a destinação também é parte da norma de competência de instituição da contribuição, e não apenas deve ser prevista em sua lei de instituição, mas também na lei orçamentária posterior que é o instrumento para o cumprimento do mandamento constitucional do orçamento público.

Não existiria motivação de instituição de uma Cide se sua finalidade não é cumprida, ou se seu produto arrecadado é destinado a outros objetivos, visto que deixaria de existir a própria necessidade da intervenção. Finalidade e destinação são *dois lados da mesma moeda*. Ademais, não basta haver a previsão legal de sua destinação nas normas de instituição e orçamentária, mas também, e na mesma medida, o seu cumprimento fático, mesmo que postergado e advindo do cumprimento de lei orçamentária posterior ao exercício em que ocorreu a arrecadação.

Desse modo, entendemos que não sendo cumprida sua destinação (nos planos normativo e fático), a motivação para a criação da Cide deixa de existir e nasce para o contribuinte o direito à restituição do que foi indevidamente recolhido a título da contribuição que não cumpre sua finalidade constitucionalmente determinada.

No entanto, teoricamente, essa conclusão é perfeita, mas na prática muito difícil de aferição do momento em que a destinação do produto arrecadado não foi efetivamente vinculada à sua finalidade, visto não haver um limite temporal legal definido para sua ocorrência. Provavelmente, por isso, como demonstrado, Marco A. Greco (2006) concluiu pela inconstitucionalidade superveniente, determinando um marco em que a destinação passa a não ser cumprida, pelo menos no campo fático, qual seja, com a aplicação do art. 8º da Lei de Responsabilidade Fiscal (LRF) para até o ano posterior ao da arrecadação.

Assim, antes de passarmos à análise jurisprudencial do STF sobre o tema, que mais interessa a essa pesquisa, vale esclarecer as formas de desvinculação do produto arrecadado para uma contribuição e suas consequências nos campos normativo e fático.

2.5.1. Desvinculação no Plano Normativo e no Plano Fático

Neste ponto, podemos partir das conclusões de Fernando Castellani (2009, p. 196), quando analisou os elementos das normas tributárias das contribuições. Para o autor, a norma de competência irradia seus efeitos para a norma instituidora e para a norma orçamentária da contribuição. Esse entendimento se coaduna com as nossas conclusões no tópico anterior ao dispormos que a competência tributária pressupõe a finalidade e a destinação para a instituição de uma contribuição independente do instrumento normativo. Concluiu o autor que é necessário um controle efetivo da destinação para a aferição da constitucionalidade de uma contribuição. E esse controle deve se dar no plano normativo e no plano fático.

Paulo Ayres Barreto descreveu a forma de controle normativo e fático da destinação das contribuições subdividindo essas "anomalias" em:

> (i) previsão de desvinculação total ou parcial do produto da arrecadação, veiculada no bojo de Emenda Constitucional; (ii) a desvinculação é prevista

> no plano legal ou a lei instituidora é silente sobre o destino do produto da arrecadação; (iii) o desvio do produto da arrecadação é fruto de disposição infralegal; (iv) o desvio dá-se no plano fático. (Barreto, 2011, p. 162)

Podemos tratar essa classificação de modo simplificado apenas como: desvinculação no plano normativo, que engloba os itens (i) a (iii), e desvio no plano fático, item (iv). Isso, porque a análise do plano normativo englobará todas as normas que podem prever a desvinculação, incluindo as normas de competência, instituidora e orçamentária, das contribuições e o plano fático a efetiva destinação ou o desvio, pelo órgão público, dos valores arrecadados para a finalidade da contribuição.

2.5.1.1. Desvinculação no Plano Normativo

No plano normativo verifica-se, portanto, algumas possibilidades de desvinculação da destinação do produto arrecadado por uma contribuição prevista em Emenda Constitucional, em lei ou em ato infralegal.

Em todos os casos, concluiu Paulo Ayres Barreto (2011, p. 167) que "a afetação a órgão, fundo ou despesa é requisito essencial à instituição de contribuição" e, portanto, qualquer ato normativo que altere essa condição deve ser declarado inconstitucional.

No caso da desvinculação no plano legal, ensinou Paulo Ayres Barreto (2011, p. 168) que a lei não orçamentária posterior à instituição da contribuição que desvincula o produto de sua arrecadação à sua finalidade é inconstitucional, pois a norma que estabelece a vinculação da contribuição "tem o mesmo relevo da regra matriz de incidência". Assim, para o autor, neste caso, ao contribuinte é dado o direito de repetir o indébito.

No plano infralegal, explicou Paulo Ayres Barreto (2011, p. 170-172), caso a lei instituidora da contribuição esteja de acordo com os ditames constitucionais, isto é, com a previsão correta de sua destinação, eventual norma infralegal que desvie o produto da arrecadação deve ter seus efeitos jurídicos desconstituídos. Veja que neste caso não é a contribuição que deve ser invalidada, pois a norma de instituição cumpre os requisitos constitucionais, mas sim a norma infralegal que dá destino diferente para a contribuição. Assim, se já tiverem surtido os efeitos da desvinculação, ao contribuinte é dado o direito de repetir o indébito.

Há, ainda, a possibilidade de se analisar a desvinculação procedida por uma lei orçamentária, portanto, posterior à norma instituidora, mas também parte da norma de competência. Dessa maneira, a lei orçamentária poderá determinar a desvinculação parcial ou total do produto arrecadado com a contribuição de sua destinação para o cumprimento de sua finalidade.

Como explicou Fernando Castellani (2009, p. 199), "a norma orçamentária, de certa forma, complementa a norma instituidora do tributo, ao menos para fins de controle de sua legalidade. Isso porque é a norma orçamentária que irá determinar o efetivo respeito ao destino específico da receita das contribuições".

Em primeiro lugar, vale analisar a lei orçamentária que desvincula apenas parcialmente a destinação de uma contribuição à sua finalidade. Isso ocorreu concretamente, conforme lembraram Leandro Paulsen e Andrei Pitten Velloso (2013, p. 67), com a Lei n. 9.530/1997, que "autorizou a utilização de recursos dos fundos financiados por contribuições especiais para amortizar a dívida pública federal". A lei trata da utilização do *superávit* financeiro dos fundos.

Aí pode-se ter duas conclusões: (i) ou esses fundos estão superavitários porque os recursos já não são necessários para a finalidade das contribuições que os suportam; (ii) ou houve efetivamente uma desvinculação de parte dessas contribuições para outra finalidade que não a que baseia a sua instituição. Em ambos os casos, a conclusão que se chega é que esse desvio de finalidade, determinado por norma orçamentária, macula a própria validade da contribuição, conforme explicaram Leandro Paulsen e Andrei Pitten Velloso (2013, p. 67).

De outra ponta, uma lei orçamentária posterior à norma instituidora pode desvincular totalmente a destinação de uma contribuição. Neste caso, mais claro ainda o ferimento à própria caracterização da natureza jurídica da contribuição. Lei orçamentária posterior à lei instituidora da contribuição que desvincula o produto arrecadado da finalidade da contribuição, retira-lhe a sua razão de ser, qual seja, de cumprimento da finalidade para a qual foi instituída. A consequência é a possibilidade de o contribuinte requerer a repetição do indébito, como explicou Paulo Ayres Barreto (2011, p. 184). Vale ressaltar que o STF já se debruçou sobre a questão na ADI n. 2.925/DF, conforme será demonstrado em tópico específico.

No que concerne ao item (i), que trata da desvinculação da destinação prevista em uma Emenda Constitucional, a chamada Desvinculação das Receitas da União (DRU), faremos um um comentário mais aprofundado.

2.5.1.1.1. Desvinculação das Receitas da União (DRU)

Conforme já esclarecido no capítulo anterior, a desvinculação das receitas da União (DRU) foi criada como forma de garantir o equilíbrio das contas públicas em uma época de forte crise financeira da União. Assim, inicialmente, a Emenda Constitucional n. 01/1994 criou o Fundo Social de Emergência (FSE) e a Emenda Constitucional n. 10/1996 criou o Fundo de Estabilização Fiscal (FEF), aos quais também se referiu a Emenda Constitucional n. 17/1997, sendo destinados 20% da arrecadação das contribuições sociais e dos impostos para pagamento de despesas, dentre outras, de educação, saúde, previdência e assistência social.

A partir da EC n. 27/2000 ficou realmente criada a DRU, pois o governo ficou livre para utilizar esses recursos desvinculados em quaisquer despesas necessárias. Isso foi realizado pela alteração do art. 76 do Ato das Disposições Constitucionais Transitórias (ADCT). Após a EC n. 42/2003 foram desvinculadas também as Cide nessa mesma proporção. Essas Emendas Constitucionais foram sendo sempre reeditadas para manutenção dessa desvinculação. Em 2016 foi editada a Emenda Constitucional n. 93 que aumentou a proporção da desvinculação para 30%, alcançando contribuições e taxas, além da desvinculação também das receitas de Estados e Municípios referentes a impostos, taxas e multas, até 2023.

Como bem lembrou Misabel Derzi, em nota de atualização da obra de Aliomar Baleeiro:

> O instituto da DRU desvincula 20% da receita tributária da União, dando ao governo federal uma maior liberdade para distribuir recursos orçamentários entre programas que julgar prioritários. Vê-se que nesse caso a prioridade é determinada pela lei orçamentária, não mais pela Constituição da República. (Baleeiro, 2010, p. 1.025)

No entanto, conforme amplamente defendido neste trabalho, as contribuições são tributos finalísticos cuja razão de ser é a finalidade para a qual foi instituída, sendo que entendemos, como Misabel Derzi, que a destinação para cumprimento de sua finalidade compõe a própria norma de competência tributária para sua instituição. Todavia, para Misabel Derzi (2010, p. 1.025), ao se desvincular o produto da arrecadação de uma contribuição de sua finalidade constitucional, a Emenda Constitucional altera sua natureza jurídica para imposto, devendo se sujeitar, portanto, aos princípios constitucionais dessa espécie tributária.

Por sua vez, Paulo Ayres Barreto (2011, p. 162-167) analisou de forma aprofundada a questão e concluiu que não há a transformação, mesmo que parcial, da contribuição em imposto, pois além de terem fundamentos constitucionais distintos, feriria o art. 154, I da CR/1988 ao instituir imposto sem cumprimento das exigências da competência residual. Dessa maneira, Barreto (p. 166), com quem concordamos, concluiu que a Emenda Constitucional que desvincular parcialmente recursos destinados às finalidades das contribuições "suprime direitos e garantias individuais dos contribuintes, em clara ofensa ao art. 60 da Constituição da República", devendo, por isso, ser declarada inconstitucional.

Paulsen e Velloso (2013, p. 63) entenderam que as contribuições que têm a desafetação total devem ser extintas, por não mais existir a sua própria finalidade. No entanto, para os autores, se as contribuições tiverem desafetação parcial, como a advinda de Emenda Constitucional que trata da DRU, devem ser entendidas como "aberrações jurídicas", mas não serem cindidas em duas espécies tributárias de imposto e contribuição. Os autores questionaram ainda o que realmente traz a maior dúvida com relação à possibilidade de desafetação parcial de uma contribuição:

> Sem embargo, é de se indagar até onde pode ir a desvinculação das receitas de contribuições especiais sem que seus caracteres jurídicos sejam afetados. Se a desvinculação de 20% não tem repercussão alguma na esfera tributária, o que se dizer de uma desvinculação da ordem de 50%? E de 99%? Ou de uma desvinculação total? (PAULSEN; VELLOSO, 2013, p. 62-63)

Em contraponto ao entendimento de Paulo Ayres Barreto (2011, p. 160-165) de que é inconstitucional a desafetação mesmo parcial, Paulsen e Velloso (2013, p. 63) entenderam que continua válida a contribuição desde que a maior parte de sua arrecadação continue afetada à sua finalidade.

Acontece que, como será adiante demonstrado, o STF já analisou a questão em Repercussão Geral (RE n. 566.007, Rel. Min. Cármen Lúcia, j. 13/11/2014) e entendeu que eventual inconstitucionalidade da desvinculação parcial do produto arrecadado de uma contribuição em função da DRU, não invalida a contribuição e, portanto, não dá direito à repetição de indébito pelo contribuinte nem mesmo com relação à parcela correspondente ao percentual desvinculado. Contudo, não é analisada a questão do percentual possível de desvinculação para não descaracterizar a natureza de contribuição. Mas antes de analisar o ponto de vista do STF, vale verificar a questão da desvinculação no plano fático.

2.5.1.2. Desvinculação no Plano Fático

Após a análise no plano normativo em que a norma instituidora da contribuição determina a finalidade para qual se destina a contribuição e a norma orçamentária que determina a efetiva destinação do produto arrecadado para essa finalidade, passamos à análise da atividade da autoridade administrativa responsável por fazer cumprir as normas acima mencionadas. Ou seja, no plano fático se analisa quais as consequências do não cumprimento pelo administrador público dos ditames das normas instituidora e orçamentária, com relação à destinação do produto arrecadado com a contribuição para a finalidade a que se destina.

Essa destinação fática é posterior à orçamentária que ainda se situa no plano normativo, isto é, o administrador público deve efetuar o ato administrativo de empenhar os valores destinados no orçamento e liquidá-los com a utilização efetiva nas finalidades legais da norma instituidora da contribuição para cumprir o plano fático da destinação das contribuições.

Apenas para facilitar a compreensão, vale discorrer rapidamente como ocorre a execução orçamentária que, para o nosso estudo, esclarece a forma em que se efetiva a destinação da Cide às suas finalidades no plano fático. Tathiane Piscitelli (2015, p. 78-82), de forma didática, explicou como é o caminho que a despesa pública deve percorrer até ser efetivamente despendida.

Inicialmente, deve ser publicada a norma orçamentária para que o poder público possa estabelecer as regras da programação financeira e o cronograma da execução do desembolso dos recursos, conforme previsto no art. 8º da LRF:

> Art. 8º Até trinta dias após a publicação dos orçamentos, nos termos em que dispuser a lei de diretrizes orçamentárias e observado o disposto na alínea *c* do inciso I do art. 4º, o Poder Executivo estabelecerá a programação financeira e o cronograma de execução mensal de desembolso.
>
> Parágrafo único. Os recursos legalmente vinculados a finalidade específica serão utilizados exclusivamente para atender ao objeto de sua vinculação, ainda que em exercício diverso daquele em que ocorrer o ingresso.

Tathiane Piscitelli (2015) continuou explicando que caso se verifique que a receita apurada não poderá arcar com as despesas previstas nas metas da Lei de Diretrizes Orçamentárias, deve haver a limitação de empenho ou a redução das despesas seguindo critérios dessa norma.

Após as adequações, os agentes públicos, para iniciarem os gastos, devem emitir a nota de empenho, que é o compromisso do dispêndio daquele recurso na despesa programada. Daí a despesa passa para a fase de sua liquidação, onde são verificados todos os requisitos para seu pagamento. Cumprida essa etapa, é efetuado o pagamento da despesa.

No caso das contribuições, como explicou Tathiane Piscitelli (2015), a programação financeira e o cronograma de execução e, consequentemente, o empenho e a liquidação, devem respeitar a vinculação às suas finalidades, independentemente do exercício em que a receita tenha ingressado aos cofres públicos, como determina o parágrafo único do art. 8º da LRF.

Assim, entendemos que a destinação, nas normas de instituição e orçamentária, do produto arrecadado ao órgão, fundo ou despesa não encerra totalmente o cumprimento da finalidade legal para a instituição da contribuição.

No caso de uma Cide, por exemplo, a destinação só é efetivamente cumprida quando o agente público utiliza os recursos do fundo, órgão ou despesa para a finalidade interventiva para a qual foi criada a contribuição na forma da lei orçamentária que respeite os ditames da norma instituidora. Nesse sentido, Paulo Ayres Barreto assim explicou:

> Nas contribuições, a efetiva destinação do produto da arrecadação a órgão, fundo ou despesa representa o cumprimento do dever jurídico a que ficou jungido o ente tributante, em razão dos vínculos surgidos com a instituição do tributo. (Barreto, 2011, p. 173)

Paulo Ayres Barreto (2011) ainda explicou que caso não seja utilizado o recurso para o fim a que foi instituída a contribuição, abre-se a oportunidade para o contribuinte requerer a repetição do indébito. Entendemos que, além disso, o contribuinte poderá requerer judicialmente o cumprimento das normas instituidora e orçamentária.

Ademais, como visto, a lei orçamentária, por previsão em emenda constitucional, tem destinado parte dos recursos arrecadados de contribuições para a DRU, sendo que, muitas vezes, para fins de cumprir as metas de *superávit* primário do governo federal, destina outra parte dessas receitas que deveriam ser vinculadas às suas finalidades para a reserva de contingência. Isso ainda está no plano normativo da lei orçamentária.

No entanto, em alguns casos, mesmo que parte do produto arrecadado das Cides seja efetivamente destinado na lei orçamentária para suas finalidades, o governo federal, por meio de seus órgãos administrativos, não tem aplicado corretamente esses recursos que vêm sendo utilizados para a manutenção do *superávit* primário.

Isso vem ocorrendo com a Cide do setor de telecomunicações selecionada para esta obra, como será abordado no próximo capítulo. Essa situação de desvinculação no plano fático para cumprimento de metas financeiras do governo federal foi explicada por Marciano Godoi:

> A lógica perversa da execução orçamentária das Cides praticada nos últimos anos no governo federal é a seguinte: a arrecadação das Cides constitui "receita" que ajuda a engordar o *superávit* primário, daí a constante criação e majoração dessas exações, ainda mais tendo em vista que 20% de sua arrecadação são totalmente desvinculados de quaisquer gastos específicos. Contudo, caso fossem efetivamente gastos os restantes 80% da arrecadação nas ações e programas previstos nas leis instituidoras, haveria a contabilização de despesas que reduziriam o *superávit* primário – daí a solução de implementar somente a cobrança/arrecadação, postergando indefinidamente a aplicação dos recursos. A "cobertura legal" que o governo federal vem utilizando para tal postergação de gastos é o art. 8º, parágrafo único da LRF, que determina que "os recursos legalmente vinculados a finalidade específica serão utilizados exclusivamente para *atender ao objeto de sua vinculação, ainda que em exercício diverso daquele em que ocorrer o ingresso*". (Godoi, 2007, p. 94)

Assim, o desvio no plano fático ocorre quando, mesmo tendo sido o recurso arrecadado com a contribuição destinado às suas finalidades na lei orçamentária, o agente público não efetua o empenho e a liquidação dessa receita para cobrir as despesas vinculadas, seja por qual motivo for, como redução de empenho, desvio orçamentário ou postergação indefinida de sua aplicação.

E como já demonstrado alhures, entendemos que não basta haver a previsão legal na norma de competência, entendida essa como a lei de instituição e a lei orçamentária, da destinação da contribuição. É necessário que seja cumprida a lei orçamentária no plano fático pelo agente público para que seja cumprido o requisito de validade da Cide.

A postergação indefinida do cumprimento de sua destinação deve gerar o direito do contribuinte, se não de repetir o indébito, ao menos de deixar de arrecadar a contribuição que não cumpre sua finalidade.

E concordamos com Marco A. Greco (2006) quando entende que a aplicação do art. 8º da LRF deve ser interpretada de forma a limitar até o exercício seguinte ao da arrecadação da contribuição o prazo para que o agente público efetivamente destine o produto arrecadado com a contribuição à sua destinação, sob pena de sua invalidade. Do contrário, a postergação é indefinida, sem limite para a administração pública, como ocorre atualmente.

Concordamos também com Castellani (2009, p. 204) quando expõe que algum desvio dos recursos realizado de forma fraudulenta pelo agente público, por outro lado, "não teria reflexo jurídico no direito tributário, mas apenas no campo da responsabilidade penal e administrativa do agente público".

No entanto, há que se verificar como esse entendimento sobre a destinação e vinculação dos recursos à finalidade nos planos normativo (norma de competência e orçamentária) e fático foi interpretado pelo STF.

2.5.2. Desvinculação e o Entendimento do STF

Expostas essas considerações acerca do entendimento da doutrina sobre a importância do requisito da efetiva destinação do produto arrecadado para sua finalidade para a validade de uma contribuição, passa-se, de forma mais específica, a tratar do entendimento da Suprema Corte sobre o tema. A divisão do tema entre o entendimento da doutrina e da jurisprudência é prudente para este requisito, dado o confronto de interpretações entre as duas esferas e, portanto, para a sua melhor compreensão.

A par de algumas divergências entre alguns autores, podemos afirmar que a doutrina é pacífica no que tange à necessidade da efetiva destinação do produto arrecadado de uma contribuição como um de seus requisitos de validade. Há algumas divergências apenas na verificação de suas consequências, como a forma de lidar com as desvinculações no plano normativo e fático, conforme acima descrito.

O STF, ao analisar a constitucionalidade das contribuições, e mais especificamente, das Cides, sob o ponto de vista da efetiva destinação do produto arrecadado, tem se debruçado a analisar mais as questões de desvinculação no plano normativo, dando resposta diferente da defendida pela doutrina de modo geral.

Para esse estudo, foram então destacados 21 acórdãos que analisaram, de forma satisfatória, a questão da destinação sob diversos aspectos. Alguns desses acórdãos já foram analisados sob o ponto de vista dos requisitos de validade da contribuição já apresentados. Em 10 acórdãos que serão evidenciados a seguir, o STF analisou a questão da destinação no plano normativo da lei de instituição da Cide.

Posteriormente, serão apresentados seis acórdãos que possuem referência à questão da destinação no plano orçamentário e da evolução do posicionamento do STF quanto ao controle de constitucionalidade desse tipo normativo. Por fim, serão apresentados cinco acórdãos suficientes para entender a posição do STF quanto à constitucionalidade de Emenda Constitucional que desvincula as receitas da União (DRU).

Iniciamos com a análise do caso da Contribuição ao Instituto do Açúcar e do Álcool (IAA). Vale relembrar que essa contribuição foi criada pelo Decreto-lei n. 308/1967 com a finalidade de financiar a intervenção do Estado no mercado agroaçucareiro, sendo destinada a um fundo específico para esse fim, conforme mantido pelo Decreto-lei n. 1.712/1979. Contudo, o Decreto-lei n. 1.952/1982 determinou que a arrecadação dessa contribuição passaria para o Tesouro Nacional, sem, no entanto, alterar a sua finalidade.

No julgamento dos Recursos Extraordinários n. 178.144 e n. 158.208,[51] em novembro de 1996, o relator originário, Min. Marco Aurélio, consignou que a exação deveria ser analisada sob o prisma da CF/1967-1969 e fez um histórico da legislação de instituição dessa contribuição. Ao tratar do Decreto n. 1.712/1979, o Ministro ressaltou a importância de a manutenção da receita arrecadada ser destinada ao fundo especial de exportação, sendo mantida, assim, a sua característica de contribuição. Em função da alteração da destinação da Cide pelo Decreto-lei n. 1.952/1982 do Fundo de Exportação para o Tesouro Nacional, assim entendeu o Min. Marco Aurélio:

> De qualquer forma, transmudou-se contribuição em um verdadeiro imposto, no que deixou de servir ao fim que lhe era próprio, para somar-se aos recursos do Tesouro Nacional. A destinação do que arrecadado revela o conflito com a Carta então em vigor. Este enfoque mais se robustece quando se verifica que acabou sendo editado outro Decreto-Lei – o de nº 2.401/87 – proibindo, a partir de 1º de junho de 1988, a utilização de recursos do Tesouro

[51] Ambas as ações foram julgadas na mesma sessão de julgamento, em 27 de novembro de 1996.

Nacional nas operações de compra e venda de açúcar de produto nacional, para fins de exportação. (BRASIL. SUPREMO TRIBUNAL FEDERAL. RE n. 178.144, Min. Rel. Marco Aurélio, j. 27/11/1996, p. 301)

Desse modo, o Ministro entendeu pela inconstitucionalidade do Decreto-lei n. 1.952/1982. Resta claro que, para o Min. Marco Aurélio, neste caso, a destinação efetiva para o fundo específico e, mais, para a finalidade para a qual foi criada a contribuição é requisito imprescindível a sua constitucionalidade.

No entanto, os demais Ministros presentes ao julgamento entenderam que a contribuição ao IAA não perdeu sua natureza de contribuição por não ser mais destinada ao Fundo de Exportação. O voto do Min. Maurício Corrêa, escolhido como redator para o acórdão porque vencedor, aplicou o art. 4º, II do CTN, para consignar que é o fato gerador e não a destinação que determinaria a natureza jurídica da exação. Assim, não haveria que se entender que a contribuição ao IAA teria se transformado em imposto por ter sua arrecadação destinada ao Tesouro Nacional.

Todavia, mesmo aplicando o art. 4º, II do CTN, o Min. Maurício Corrêa não ignorou que a destinação para sua finalidade é elemento essencial para a Cide. O Ministro entendeu que, a par de ser recolhida ao Tesouro Nacional, a legislação assegurou ao IAA o exercício da intervenção da União neste domínio econômico, devendo lhe ser assegurado os recursos para essa atividade. Sendo assim, afirmou o Ministro: "Portanto, embora a receita proveniente da arrecadação das contribuições seja recolhida ao Tesouro Nacional, essa está vinculada aos fins da autarquia" (BRASIL. SUPREMO TRIBUNAL FEDERAL. RE 178.144, p. 313).

Além disso, o Min. Carlos Velloso, além de também aplicar o art. 4º, II do CTN, observou que o desvio do produto arrecadado da contribuição, quando efetuado pela União no orçamento,[52] não invalidaria o tributo, mas seria um problema do Tribunal de Contas.

Aliás, esse foi o mesmo entendimento do Min. Carlos Velloso quando relator do RE nº 177.137, de maio de 1995, ao julgar a constitucionalidade

[52] O Ministro não explica o que seria esse desvio do produto arrecadado da contribuição "no orçamento" pela União, mas podemos entender como sendo o desvio no plano da norma orçamentária, que desvincula sua destinação, ou no plano fático, de desvio da própria aplicação seja na falta de empenho ou na liquidação com a não utilização para os fins a que se destina.

do AFRMM, também considerada como Cide, mesmo antes da CR/1988. Em seu voto, o Ministro consignou que seria irrelevante para a caracterização do AFRMM como Cide, o fato de o Fundo da Marinha Mercante ter sido extinto, tanto porque esta não seria a única destinação da contribuição, quanto porque, pelo art.4º, II do CTN, é o fato gerador e não a destinação que definiria a natureza jurídica do tributo. Os demais Ministros do Pleno do Tribunal seguiram o relator sem tecer maiores comentários sobre esse ponto.

Para além dos julgamentos acerca das Cide, podemos verificar que esse é um posicionamento do Min. Carlos Velloso, seguido pela maioria dos Ministros, quando da análise de outras contribuições. Em julho de 1992, no julgamento do RE n. 138.284 já mencionado, pelo Pleno do STF, sobre a Contribuição Social sobre o Lucro Líquido (CSLL), discutia-se a sua inconstitucionalidade pelo fato de sua arrecadação não ser destinada à seguridade social, mas sim para o orçamento da União. Em seu voto, o Ministro defendeu a constitucionalidade da exação no sentido de que a destinação do produto arrecadado da CSLL para sua finalidade, prevista em sua lei instituidora, qual seja, para a seguridade social (art. 1º, Lei n. 7.689/1988), é imprescindível para a sua constitucionalidade.

Todavia, seguiu o Min. Carlos Velloso afirmando que não importa se é a União quem a arrecada, mas sim se o produto foi destinado para o seu fim. De qualquer forma, para o Ministro, se houver algum desvio, há descumprimento da lei, mas não a inconstitucionalidade da contribuição. Em suas palavras: "se o produto da arrecadação for desviado de sua exata finalidade, estará sendo descumprida a lei, certo que uma remota possibilidade do descumprimento da lei não seria capaz, evidentemente, de torná-la inconstitucional" (BRASIL. SUPREMO TRIBUNAL FEDERAL. RE 138.284, Min. Rel. Carlos Velloso, j. 1/7/1992, p. 450).

Outro interessante julgamento para análise nesse tópico foi o que analisou a constitucionalidade do ATP nos Recursos Extraordinários n. 209.365 e n. 218.061 do Pleno do STF, ambas de relatoria do Min. Carlos Velloso e julgados em março de 1999, também já tratados neste estudo.

Conforme já explicado em capítulo anterior, o ATP foi considerado pela maioria dos Ministros como uma Cide. Uma das razões para essa conclusão foi exatamente o argumento dos votos vencedores de Ilmar Galvão e Nelson Jobim, no sentido de que o produto de sua arrecadação foi sempre aplicado em investimentos no setor portuário, mesmo após a extinção da Portobrás, que originalmente recebia os recursos e os aplicava nessa finalidade.

Apenas para esclarecer: o ATP foi criado pela Lei n. 7.700/1988, que vinculou o produto de sua arrecadação à aplicação em melhoramentos e investimentos das instalações portuárias, sendo o gestor dos recursos a Portobrás. Em 1990, foi extinta a Portobrás e os recursos da ATP passaram, em função da Lei n. 8.029, a serem recolhidos como receita vinculada da União com a gestão do Banco Nacional de Desenvolvimento Econômico e Social (BNDES) para aplicação em programas definidos pelos Ministérios da Infraestrutura e da Economia para a mesma finalidade. A partir da Lei n. 8.630/1993, parte do produto arrecadado com o ATP passou a ser aplicado no porto de origem, mas também para a mesma finalidade de investimento portuário.

Por essa razão, o Min. Ilmar Galvão afastou a natureza de imposto dessa exação exatamente porque havia destinação vinculada, que não tinha como objetivo aumentar o caixa da União. O voto do Min. Nelson Jobim, após fazer um histórico legislativo sobre o ATP, chegou à conclusão de que, de 1990 até sua extinção em 1996, o ATP manteve a sua natureza de Cide e a sua mesma destinação:

> Não houve alteração alguma quanto a destinação do ATP. O ATP prosseguiu destinado às melhorias das instalações portuárias. [...]
>
> Os instrumentos legais mencionados demonstram, claramente, que o ATP, até a sua extinção, destinou-se à aplicação "[...] em investimentos para melhoramento, reaparelhamento, reforma e expansão de instalações portuárias". [...]
>
> Não pode o ATP, desde o advento da L. 8.029/90, ser classificado como taxa. [...]
>
> A partir dessa lei passou a se constituir em "receita vinculada da União", mas manteve a sua destinação original: investimento nas instalações portuárias. (BRASIL. SUPREMO TRIBUNAL FEDERAL. RE n. 209.365, trecho do voto do Min. Nelson Jobim, j. 4/3/1999, *passim*)

É bem verdade, conforme já esclarecido acima, que a análise da natureza jurídica do ATP como Cide levou em consideração também outros aspectos, principalmente relacionados à intervenção no domínio econômico, como já descrito neste trabalho. No entanto, verifica-se também que a destinação prevista na legislação foi importante critério utilizado pelos Ministros para definir sua natureza jurídica.

Por sua vez, nos processos referentes à constitucionalidade da contribuição à Condecine-Título,[53] como visto, o STF não vinha admitindo os Recursos Extraordinários e vinha negando provimento aos Agravos Regimentais sob o argumento simplista de que se trataria de Cide e como tal haveria desnecessidade de vinculação direta entre o contribuinte e a aplicação dos recursos arrecadados.

Mais recentemente, o Min. Marco Aurélio, em decisão monocrática, efetuou juízo de retratação no ARE n. 826.634, já mencionado, para analisar recurso extraordinário que discute a inconstitucionalidade da Condecine-Título, ao menos, em razão do requisito da referibilidade.

Ao inadmitir o RE n. 640.385, já relatado alhures, em decisão monocrática, o Min. Ricardo Lewandowski transcreveu a ementa do acórdão recorrido do TRF da 2ª Região que entendeu que:

> O que diferencia as contribuições dos impostos é a finalidade específica ou destinação do produto arrecadado, aspecto que não é encontrado no imposto. Como visto, a finalidade específica da CONDECINE está estabelecida na MP 2.228/2001, art. 34. (BRASIL. SUPREMO TRIBUNAL FEDERAL. RE n. 640.385, Min. Rel. Ricardo Lewandowski, j. 18/6/2014)

Assim, existindo a finalidade ou a destinação prevista na lei de instituição, ou seja, cumprindo a destinação neste plano normativo, entendeu o Tribunal *a quo* estar cumprido o requisito para sua validade. Essa análise, apesar de também simplista, é mais detalhada que os julgados do STF sobre o tema, conforme demonstrado.

Do exame dos julgados mencionados até então, combinado com a análise doutrinária acima desenvolvida, podemos chegar à conclusão de que, até aqui, o STF se ocupou em analisar o requisito de validade da destinação do produto arrecadado à sua finalidade, apenas no plano normativo, referente à lei de instituição da contribuição.

Neste ponto, podemos resumir que o STF entendeu que basta a previsão legal da finalidade ou da destinação do produto arrecadado para que o requisito seja cumprido e a exação tenha a natureza de contribuição. E que, mesmo que a arrecadação seja efetuada por outro órgão, até mesmo

[53] Cf. Ag. Reg. no RE n. 700.160/RJ, Min. Rel. Rosa Weber, j. 9/4/2014; Ag. Reg. no RE n. 581.375/RJ, Min. Rel. Celso de Mello, j. 4/12/2012.

pelo Tesouro Nacional, desde que haja a previsão legal de destinação, o STF entendeu que há o cumprimento do pressuposto para a instituição da Cide.

Além disso, se houver algum desvio posterior na efetiva destinação à finalidade, seja orçamentária ou fática, para o Tribunal Superior é matéria de descumprimento da lei e não de suposta invalidade da contribuição.

Com efeito, falta avaliar como se comportou o STF quando instado a analisar expressamente o efetivo cumprimento da destinação de uma Cide pela lei orçamentária. Isso ocorreu quando do julgamento da ADI n. 2.925, em dezembro de 2003, cujo relator para o acórdão foi o Min. Marco Aurélio. Neste caso, o STF admitiu o controle concentrado de constitucionalidade de uma lei orçamentária anual, que pretendia desviar recursos destinados às finalidades da Cide-Combustíveis, previstos expressamente no art. 177, § 4º da CR/1988.

Como já foi demonstrado, a norma instituidora de uma contribuição deve ser complementada pela lei orçamentária que determina a efetiva destinação de seus recursos arrecadados à finalidade que baseia sua instituição. Essa norma orçamentária foi submetida a exame de constitucionalidade pelo STF, cujos requerentes entenderam ser passível de controle concentrado.

Nessa ADI, a Confederação Nacional dos Transportes requereu a declaração de inconstitucionalidade, sem redução de texto, do art. 4º da Lei Orçamentária Anual (LOA) da União para 2003, Lei n. 10.640/2003, para que os créditos suplementares previstos não alcançassem os valores arrecadados da Cide-Combustíveis que possuem destinação específica determinada pelo art. 177, § 4º, II da CR/1988.

Sobre a possibilidade de controle de constitucionalidade da lei orçamentária[54] que pode violar preceito constitucional, assim esclareceu o

[54] Vale mencionar que esse julgamento demonstrou a alteração de posicionamento do STF quanto à análise de constitucionalidade de uma lei orçamentária. Antes desse julgado, o STF já havia sedimentado interpretação no sentido de que a norma orçamentária seria de caráter concreto e lhe faltaria a necessária abstração e generalidade para um controle de constitucionalidade, como no julgamento da ADI n. 2.484 MC/DF, de relatoria do Min. Carlos Velloso. Já em 2008, foi julgada a ADI n. 4048/DF, de relatoria do Min. Gilmar Mendes, que deixou mais clara a mudança de entendimento do STF no sentido de entender pela necessidade de apreciação da constitucionalidade de lei orçamentária, no caso, lei de abertura de crédito extraordinário sem cumprimento dos requisitos do art. 167, § 3º da CR/1988, visto que há a possibilidade desse tipo normativo ferir princípios e direitos fundamentais constitucionais.

Min. Marco Aurélio, seguido pelos demais Ministros presentes, à exceção da Min. Ellen Gracie, que não conheceu a ADI:

> Busca-se justamente a guarda da Constituição pelo Supremo Tribunal Federal, no que a lei orçamentária estaria a conflitar, de modo frontal, com o texto nela contido, mais precisamente com o disposto no art. 177, § 4º. Se entendermos caber a generalização, afastando por completo a possibilidade de controle concentrado, desde que o ato impugnado seja lei orçamentária, terminaremos por colocar a lei orçamentária acima da Carta da República. Por isso, a meu ver, há que distinguir caso a caso. (BRASIL. SUPREMO TRIBUNAL FEDERAL. ADI 2.925, trecho do voto do Min. Marco Aurélio, j. 19/12/2003, p. 123)

No mérito, houve grande discussão dos Ministros acerca da possibilidade de interpretação da Lei n. 10.640/2003 conforme a Constituição, em respeito ao art. 177, § 4º, II. Para a Ministra Ellen Gracie, seguida pelos Ministros Joaquim Barbosa, Sepúlveda Pertence e Nelson Jobim, a norma do art. 4º da Lei n. 10.640/2003 já respeitaria os ditames constitucionais, pois qualquer crédito suplementar advindo de receitas vinculadas, no caso, da Cide-Combustíveis, já deveria respeitar a sua destinação constitucional, mormente porque a própria Lei determina o respeito ao art. 8º da Lei de Responsabilidade Fiscal. O Min. Nelson Jobim explicou, em seu voto, a técnica orçamentária no sentido de que mesmo para as receitas vinculadas, o Executivo precisa da lei orçamentária para gastar em sua destinação (BRASIL. SUPREMO TRIBUNAL FEDERAL. ADI 2.925, p. 160-161).

E completou o Min. Sepúlveda Pertence, após esclarecer que é de entendimento de todos os Ministros que a essência das contribuições é a vinculação de suas receitas e que não haveria, portanto, essa ambiguidade no art. 4º da Lei n. 10.640/2003, de modo a ser necessário lhe atribuir *interpretação conforme*:

> E nela não vejo possibilidade de interpretação que leve à autorização de um desvio das destinações predeterminadas às receitas vinculadas, como são as receitas das contribuições; e não vejo, primeiro dada a natureza mesma do crédito suplementar, no Direito Constitucional orçamentário; segundo, pela vinculação explícita do próprio art. 4º, à observância do artigo 8º §2º da Lei de Responsabilidade Fiscal, que torna absolutamente inequívoco que o crédito suplementar só pode destinar verbas vinculadas ao objeto de sua vincu-

> lação. (BRASIL. SUPREMO TRIBUNAL FEDERAL. ADI 2.925, trecho do voto do Min. Sepúlveda Pertence, j. 19/12/2003, p. 184)

Na outra ponta, os Ministros que deram procedência à ADI – Marco Aurélio, Carlos Velloso, Gilmar Mendes, Cezar Peluso, Carlos Britto e Maurício Corrêa – entenderam haver dúvida suficiente sobre o alcance da Lei n. 10.640/2003, mesmo com a previsão do art. 8º da LRF, sobre a destinação do crédito suplementar que for advindo de receitas da Cide-Combustíveis, no que tange à sua utilização para as finalidades constitucionais previstas no art. 177, § 4º, II da CR/1988 ou para outros fins que não os determinados para essa Cide.

Desse modo, por maioria de votos, foi dada procedência em parte à ADI para dar *interpretação conforme* à Constituição, no sentido de que qualquer abertura de crédito suplementar da Lei n. 10.640/2003, advindo de receita de Cide-Combustíveis, apenas poderá ser utilizado para o cumprimento das finalidades previstas no art. 177, § 4º, II da Constituição da República.

O que é mais relevante nesse julgamento é que os Ministros, mesmo os que negam provimento à ADI, concordaram que um dos requisitos de validade de uma contribuição é que sua destinação deve servir para o cumprimento de sua finalidade. E no voto do Min. Carlos Velloso ficou mais claro esse pressuposto de validade da Cide. Vale dizer que o Ministro afastou, expressamente, a aplicação do art. 4º, II do CTN, para as contribuições, de forma oposta ao que entendeu quando do julgamento do AFRMM.[55] Veja:

> O Código Tributário Nacional, no artigo 4º, inciso II, estabelece que "a natureza jurídica específica do tributo é determinada pelo fato gerador da respectiva obrigação, sendo irrelevantes para qualificá-la: II – a destinação legal do produto da sua arrecadação".
>
> Esse dispositivo tem aplicação, às inteiras, no que concerne aos impostos, às taxas e às contribuições de melhoria (C.F., art. 145, I, II, III). Todavia, quanto às contribuições parafiscais [...] a sua característica está justamente na sua finalidade, ou na destinação do produto de sua arrecadação. É dizer, o elemento essencial para a identificação dessas espécies tributárias é a destinação do produto de sua arrecadação. (BRASIL. SUPREMO TRIBUNAL FEDERAL. ADI 2.925, trecho do voto do Min. Carlos Velloso, j. 19/12/2003, p. 173)

[55] Referente aos RE n. 177.137 e RE n. 165.939, ambos julgados em 24 de maio de 1999, sob relatoria do Min. Carlos Velloso.

Assim, nesse julgamento da ADI n. 2.925, o STF entendeu ser possível analisar a constitucionalidade de uma lei orçamentária que possa, em tese, ferir a destinação constitucionalmente prevista de uma contribuição, como no caso da Cide-Combustíveis, cuja finalidade está prevista no art. 177 da CR/1988. E essa mesma conclusão deve ser verificada em relação às demais contribuições cujas finalidades estão previstas no art. 149 da Constituição. Dessa maneira, explicou Aldo de Paula Junior (2014, p. 104-105):

> O fato de a Constituição explicitar as destinações apenas para a CIDE-Combustíveis (art. 177, §4º, II, CF/1988) não afasta tal vinculação das demais modalidades de CIDE instituídas com fundamento no art. 149, *caput*, da CF/1988, porque a competência é condicionada ao atendimento da *finalidade* e o produto arrecadado deve ser alocado ao atendimento deste fim que justifica sua cobrança.

Apesar disso, ficou claro também nos votos dos Ministros que o Poder Judiciário não pode determinar que o Executivo gaste a receita vinculada em sua destinação, pois a competência para a autorização desta despesa é do Congresso Nacional, via lei orçamentária, que não tem natureza obrigatória, apenas autorizativa. Assim explicou o Min. Sepúlveda Pertence:

> Ninguém duvida também de que, em função das regras básicas do processo orçamentário constitucional, essa vinculação não obriga a despender, em cada exercício, toda a arrecadação dessa contribuição ou de outras receitas vinculadas. O dispêndio depende de dotação orçamentária. (BRASIL. SUPREMO TRIBUNAL FEDERAL. ADI 2.925, trecho do voto do Min. Sepúlveda Pertence, j. 19/12/2003, p. 183)

E completou o Min. Carlos Velloso, acompanhado expressamente pelo Min. Gilmar Mendes:

> Evidentemente que não estou mandando o governo gastar. A realização de despesas depende de políticas públicas. O que digo é que o Governo não pode gastar o produto da arrecadação da CIDE fora do que estabelece a Constituição da República, art. 177, §4º, II. (BRASIL. SUPREMO TRIBUNAL FEDERAL. ADI 2.925, trecho do voto do Min. Carlos Velloso, j. 19/12/2003, p. 175)

Sobre esse mesmo tema, vale mencionar também o julgamento do Ag. Reg. no RE n. 646.966, em outubro de 2012, da Segunda Turma do STF, relatora Min. Cármen Lúcia. Neste caso, a Associação dos Fornecedores de cana-de-açúcar discutiu a limitação temporal da política de equalização dos preços de seu produto, prevista na Lei n. 10.453/2002, pois estaria em desconformidade com o art. 177, § 4º, II, "a" que determina o repasse incondicional de parcela da Cide-Combustíveis para o pagamento de subsídios para o setor.

A Min. Cármen Lúcia entendeu que a Constituição estabeleceu três destinações para a Cide-Combustíveis, sendo o pagamento de subsídios apenas uma das formas de o governo implementar a intervenção no domínio econômico. Desse modo, entendeu a Ministra que o Poder Executivo tem a discricionariedade de escolher a forma e a intensidade das medidas de intervenção no setor, não havendo a obrigatoriedade do repasse para os produtores de cana-de-açúcar. Assim, foi negado provimento ao Agravo Regimental por, resumidamente, entender que não é necessária a vinculação direta entre o contribuinte e a aplicação dos recursos arrecadados ou benefício para a validade de uma Cide.

Por fim, vale analisar o entendimento da Suprema Corte quanto à constitucionalidade da DRU operada por Emenda Constitucional já acima esclarecida. No RE n. 537.610, em 2009, de relatoria do Min. Cezar Peluso. No caso, a recorrente alegava que a Emenda Constitucional n. 27/2000, ao desvincular 20% da arrecadação de contribuições sociais teria criado novo imposto inconstitucional e requeria, como consequência, a desoneração de 20% da contribuição a pagar.

O Min. Cezar Peluso, acompanhado pelos demais Ministros da Segunda Turma do Tribunal, entendeu que é constitucional a desvinculação de parte da arrecadação de contribuição social por Emenda Constitucional, por não ferir cláusula pétrea, não ofendendo o § 4º do art. 60 da CR/1988.[56] Ademais, apesar de citar o voto do Min. Carlos Velloso na ADI 2.925 na parte em que dispõe que a destinação é elemento essencial para a contribuição, o Min. Relator entendeu que essa desvinculação parcial efetuada por Emenda Constitucional não desnatura a característica de contribuição, nem a transforma em imposto, negando provimento ao recurso.[57]

[56] "§ 4º Não será objeto de deliberação a proposta de emenda tendente a abolir: I – a forma federativa de Estado; II – o voto direto, secreto, universal e periódico; III – a separação dos Poderes; IV – os direitos e garantias individuais".

[57] No mesmo sentido e ainda que inconstitucional a Emenda Constitucional que desvinculou parte da arrecadação das contribuições não desobrigaria o contribuinte de pagar o tributo: RE

Em novembro de 2014, o Pleno do Tribunal julgou a matéria em repercussão geral no RE n. 566.007/RS, de relatoria da Ministra Cármen Lúcia. No caso, o recorrente pretendia a declaração de inconstitucionalidade do art. 76 do ADCT, alterado pelas Emendas Constitucionais n. 27/2000 e n. 42/2003, por ter desvinculado parte da arrecadação das contribuições sociais de suas finalidades, criando imposto inominado. Pedia a extinção parcial das contribuições com a repetição do indébito proporcional aos valores recolhidos.

A Ministra Cármen Lúcia não analisou a questão da constitucionalidade da desvinculação das receitas das contribuições pelas Emendas Constitucionais, mas apenas as consequências de uma eventual declaração de inconstitucionalidade da DRU na desoneração do pagamento da contribuição pelo contribuinte.

Assim, entendeu a Ministra, seguida por todos os demais componentes do Pleno do Tribunal, que caso a desvinculação das receitas das contribuições fosse declarada inconstitucional, a consequência não seria a devolução dos valores para o contribuinte ou a desoneração de seu pagamento, mas sim o retorno à situação anterior, ou seja, o valor retornaria à União para que fosse vinculado à sua destinação constitucional. Com efeito, haveria falta de legitimidade do contribuinte para propor a ação, já que eventual declaração de inconstitucionalidade do art. 76 do ADCT não o beneficiaria.

Os demais Ministros a acompanharam, valendo dar destaque ao entendimento do Min. Luiz Fux, que entendeu que a desvinculação é necessária para o Executivo ser capaz de utilizar os recursos em projetos prioritários.

Por outro lado, para o Min. Marco Aurélio, a desvinculação constitui-se em opção político-normativa constitucional. O Min. Ricardo Lewandowski lembrou, por sua vez, que não é inconstitucional desvinculação da receita de contribuições por Emenda Constitucional.

Da conjugação desses julgamentos podemos concluir que o STF entendeu, até o momento, que a destinação do produto arrecadado de uma Cide deve servir para o cumprimento de sua finalidade, independentemente de quem a arrecada, e a lei orçamentária não pode desvirtuar a sua destinação. No entanto, o Poder Executivo tem discricionariedade para escolher

n. 602.367, Min. Rel. Ricardo Lewandowski, j. 20/4/2010; RE n. 606.569, Min. Rel. Celso de Mello, j. 26/3/2010; RE n. 537.668, Min. Rel. Carlos Britto, j. 2/2/2010. Disponível em: http://stf.jus.br. Acesso em: 15 abr. 2019.

qual a finalidade será mais ou menos beneficiada ou quando gastar tal recurso em sua finalidade, não podendo o Judiciário obrigá-lo a destinar os recursos arrecadados.

Além disso, a desvinculação parcial promovida por uma Emenda Constitucional não descaracterizaria a natureza da contribuição, nem a transformaria em imposto. E eventual declaração de inconstitucionalidade da Emenda Constitucional que desvinculou parcialmente o produto arrecadado de uma contribuição de sua finalidade também não significaria a invalidade da cobrança da contribuição.

Assim, até esse ponto, podemos concluir que, apesar de existirem outros aspectos de debate sobre os requisitos de validade de uma Cide, como necessidade de lei complementar, idêntica base de cálculo utilizada de outros tributos, dentre outros, a doutrina e a jurisprudência do STF deram maior relevância aos pressupostos avaliados neste estudo que, também, são os que geram maiores controvérsias por serem inerentes à própria estrutura das contribuições, sendo este o motivo de sua seleção para o estudo.

Com efeito, dando seguimento ao presente trabalho, após essa análise dos pressupostos de validade das contribuições de intervenção no domínio econômico extraídos do entendimento da doutrina e da jurisprudência do STF, serão analisados os aspectos mais específicos relacionados ao setor de telecomunicações e os seus fundos públicos custeados por contribuições de intervenção.

Dessa maneira, será a seguir efetuada uma análise histórica do setor de telecomunicações no Brasil e o contexto de sua privatização na década de 1990. Em seguida, será tratado o Fundo público específico selecionado para esta obra, Fundo para a Universalização dos Serviços de Telecomunicações (Fust) e sua correlativa contribuição de intervenção para aplicação dos pressupostos de validade analisados neste capítulo.

3
O Setor de Telecomunicações e a Contribuição ao Fundo de Universalização dos Serviços de Telecomunicações (Fust)

Após demonstrar a relevância das contribuições sociais e de intervenção no domínio econômico para a arrecadação federal posteriormente à Constituição de 1988, bem como a análise dos pressupostos de validade para a instituição de uma Contribuição de Intervenção no Domínio Econômico (Cide) extraídos do entendimento doutrinário e jurisprudencial do Supremo Tribunal Federal (STF), cabe explicar de forma breve, mas suficientemente aprofundada para esse estudo, a motivação e as consequências do processo de privatização do setor de telecomunicações ao final da década de 1990, assim como a criação dos fundos públicos e das Cides específicas para, enfim, aplicar os requisitos de validade à contribuição ao Fust.

Antes de adentrar a esses pontos, vale fazer uma rápida recapitulação do histórico dos serviços de telecomunicação no Brasil.

3.1. Breve Histórico do Desenvolvimento das Telecomunicações no Brasil[58]

A primeira linha de telefone no Brasil data à época do Império quando, em 1877, D. Pedro II determinou a instalação de linhas telefônicas no Palácio Quinta da Boa Vista. Em 1882, com a publicação do Decreto n. 8.452-A, e, em 1883, com a publicação do Decreto n. 8.935, que aprovou o "Regu-

[58] A parte histórica introdutória foi desenvolvida a partir da leitura da legislação pertinente e das seguintes obras: Márcio Iório Aranha (2015a), Leonor Cordovil (2005), J.C. Mariense Escobar (2005), André Mendes Moreira (2016) e Alberto Venâncio Filho (1998).

lamento para a concessão e colocação de linhas telefônicas", foram fixadas as regras para a exploração do serviço de telégrafos pela iniciativa privada.

Todavia, a Constituição de 1891 alterou as regras, passando a ser de responsabilidade, direta ou por concessão, da União, Estados e Municípios, a exploração dos serviços de telégrafos. Era a primeira vez que os Estados passaram a ter o direito de exploração desses serviços em pontos não servidos pela União. Em 1917, por meio do Decreto n. 3.296, a exploração dos serviços de telegrafia passou para a competência da União.

A Constituição de 1934, pós Revolução de 1930, que abriu caminho para a busca de desenvolvimento industrial no país, e a Constituição de 1937, durante o Estado Novo, não traziam a menção expressa aos serviços de telecomunicações, mas mantiveram a competência exclusiva da União para a exploração dos serviços de telégrafos.

Com a Constituição de 1946 finalmente houve a menção expressa ao serviço de telefonia. Em seu artigo 5º, inciso XII, foi previsto que a União deveria explorar direta ou indiretamente, por meio de concessão ou autorização, os serviços de telefonia interestadual e internacional. Aos Estados e Municípios, portanto, foi dada a possibilidade de exploração do serviço intermunicipal e local, respectivamente. Em função da incompatibilidade técnica e regulatória entre os prestadores das três esferas governamentais, houve certa dificuldade e até mesmo um desincentivo à utilização dos serviços de telefonia pelos usuários.

Márcio Iório Aranha (2015a, p. 6) lembrou que "no início da década de 1950, a densidade telefônica era de 1 telefone para cada 100 habitantes e a exploração do serviço estava distribuída por pouco mais de 100 empresas, em sua maioria de âmbito local ou regional".

André Mendes Moreira (2016, p. 12-13) destacou que no início da década de 1960:

> [...] inexistia uma homogeneidade nos equipamentos e padrões utilizados que permitisse a adequada interconexão das redes telefônicas, o que gerou, por vezes, situações nas quais a operadora atuante em um Município não conseguia conectar-se com nenhuma outra, isolando a localidade do restante do país. A oferta também não acompanhava o ritmo de desenvolvimento urbano e a precariedade do sistema nacional de telecomunicações impedia um maior desenvolvimento do setor.

Para Alberto Venâncio Filho (1998, p. 251), a legislação do serviço de telecomunicação, até esse momento, era inadequada, sendo necessária a edição de uma norma para a solução dos problemas enfrentados pela complexidade da telefonia no Brasil. Assim, como lembrou o autor, foi editada a Lei n. 4.117, de 27 de agosto de 1962, que criou o Código Brasileiro de Telecomunicações (CBT):

> A importância do problema das comunicações, num país como o Brasil, e seus múltiplos e complexos aspectos relacionados com a vida econômica, social e mesmo com a segurança nacional, exigia uma legislação adequada a qual se consubstanciou na Lei nº 4.117, de 27.08.1962, instituindo o Código Brasileiro de Telecomunicações. (VENÂNCIO FILHO, 1998, p. 251)

Leonor Cordovil (2005, p. 178) esclareceu que, com o advento do CBT, a União passou a ter competência privativa para operar o Sistema Nacional de Telecomunicações, diretamente ou por meio de concessão, a empresas privadas escolhidas pelo Conselho Nacional de Telecomunicações (Contel), também criado pelo CBT.

Em uma época de forte influência do capital estrangeiro no setor,[59] o CBT também autorizou, em seu art. 42, a criação da Empresa Brasileira de Telecomunicações (Embratel), empresa pública autônoma, que tinha por objetivo reforçar e unificar os serviços de telecomunicações que deviam ser explorados diretamente pela União.

Desse modo, à medida que terminava o prazo das outorgas de exploração de serviço de telecomunicação internacional de empresas estrangeiras, a Embratel também assumia esse serviço. Foi criado também o Fundo Nacional de Telecomunicações (FNT), composto de uma sobretarifa dos serviços de telecomunicações para financiar as atividades da Embratel. Como lembrou Márcio Iório Aranha (2015a, p. 10), "foi essa época que marcou o início do processo de estatização do setor e de concentração na esfera federativa da União".

Em função ainda da determinação da Constituição de 1946, que não poderia ser alterada pela Lei do Código Brasileiro de Telecomunicações,

[59] Marcio Iório Aranha (2015a, p. 9) explicou que, na década de 1950, a *Companhia Telephonica Brasileira, que chegou a deter cerca de 75% dos telefones existentes no Brasil* com concentração nos centros mais ricos do país, era controlada pela empresa norte-americana International Telegraph and Telephone (IT&T) e tinha ínfima participação de capital nacional.

os Estados e Municípios mantiveram a possibilidade de exploração do serviço em seus territórios.

Todavia, de acordo com o referido Código, cabia à União fiscalizar os serviços prestados pelos Estados e Municípios de forma a integrá-los ao Sistema Nacional de Telecomunicações. Em 1966, por meio da Lei n. 5.070, foi criado o Fundo de Fiscalização das Telecomunicações (Fistel), que fixou a competência do Contel para a fiscalização dos serviços interestaduais interligados por redes de telecomunicações.

Durante o regime militar, quando ocorreu grande expansão industrial nos setores de base do Brasil (siderurgia, mineração, comunicações, petróleo, etc.), a Constituição de 1967, complementada pela Emenda Constitucional n. 01/1969, consolidou essa centralização com a previsão, em seu art. 8º, inciso XV, alínea "a", da competência privativa e exclusiva da União para exploração, direta ou por concessão ou autorização, dos serviços de telecomunicações. De acordo com João Carlos Escobar:

> Em virtude disso, à época, passaram à órbita da União cerca de 900 empresas privadas e entidades estatais que exploravam serviços de telecomunicações, criando-se, em 1967, com o Decreto-Lei nº 200 de 25.02.67, o Ministério das Comunicações. Em 1972 foi criada a TELEBRÁS, com a finalidade de promover, através de subsidiárias e associadas, "a exploração de serviços públicos de telecomunicações no Brasil e no exterior". (ESCOBAR, 2005, p. 70-71)

Em 1972, foi então criada a Telebrás,[60] que, como André Mendes Moreira (2016, p. 17-19) explicou, era uma *holding* com participação majoritária da União formada por empresas regionais que adquiriram as empresas privadas até ficar uma em cada Estado da Federação, formando o "Sistema Telebrás",[61] que passou a controlar também a Embratel, agora sociedade de economia mista.

[60] De acordo com Márcio Iório Aranha (2015a, p. 13), a Telebrás "consolidou a política de exploração das telecomunicações voltada a uma visão nacional integrada", tendo sido "designada como uma concessionária geral para a exploração dos serviços públicos de telecomunicações em todo o território nacional".

[61] Vale recordar que quatro empresas continuaram independentes do Sistema Telebrás: A CRT, empresa do governo gaúcho, a Sercomtel, empresa da prefeitura de Londrina, a Cetrep, empresa da Prefeitura de Ribeirão Preto e a CTBC, atual Algar Telecom, empresa privada sediada em Uberlândia (MOREIRA, 2016, p. 17-18).

De acordo com André Mendes Moreira (2016, p. 17-19), diante de maciços investimentos efetuados pela Telebrás na década de 1970, que advinham do FNT, e com 90% da infraestrutura do serviço concentrada na União, o Brasil saiu da precariedade na prestação dos serviços de telecomunicação, com um aumento significativo de terminais instalados e de localidades atendidas. Márcio Iório Aranha (2015a, p. 13) lembrou que de "dois milhões de linhas fixas, em 1973, o Brasil passou a 12,4 milhões de linhas, aumentando a densidade de terminais por 100 habitantes de 1,9, em 1973, para 8,1, em 1993".

No entanto, a partir da segunda metade da década de 1980, segundo Márcio Iório (2015a, p. 15-16), "a prática de planificação da gestão das empresas estatais" auxiliou na eliminação da "autonomia que restava no setor de telecomunicações, restringindo-se, inclusive, investimentos de expansão, mesmo quando os usuários estivessem dispostos a pagar por suas linhas".

Assim, o modelo praticado de gestão das estatais não foi suficiente para atender a demanda dos serviços de telecomunicações pela população, o que demandou mudanças urgentes, como se verá a seguir.

3.1.1. A Privatização dos Serviços de Telecomunicações e os Fundos Setoriais

A partir da Constituição da República de 1988, de acordo com seu art. 21, inciso XI, a exploração dos serviços de telecomunicação continuou a ser de competência privativa da União e seu art. 22, inciso IV, determinou a competência exclusiva da União para legislar sobre os serviços de telecomunicação:

> Art. 21. Compete à União:
>
> [...]
>
> XI – explorar, diretamente ou mediante concessão a empresas sob controle acionário estatal, os serviços telefônicos, telegráficos, de transmissão de dados e demais serviços públicos de telecomunicações, assegurada a prestação de serviços de informações por entidades de direito privado através da rede pública de telecomunicações explorada pela União.
>
> XII – explorar, diretamente ou mediante autorização, concessão ou permissão:
>
> a) os serviços de radiodifusão sonora, e de sons e imagens e demais serviços de telecomunicações;

> [...]
> Art. 22. Compete privativamente à União legislar sobre:
> [...]
> IV – águas, energia, informática, telecomunicações e radiodifusão.

Da leitura do art. 21, inciso XI, na redação original da CR/1988, é possível verificar, portanto, que à União era dada a competência para explorar diretamente ou mediante *concessão a empresas sob o controle acionário estatal*, os serviços *públicos* de telecomunicações, sendo que o inciso XII, "a", permitia que os *demais serviços de telecomunicações* (bem como os serviços de radiodifusão) fossem explorados por particulares por meio de concessão, permissão ou autorização.

Helena Xavier (2003, p. 26-27) explicou que, desde a edição do CBT, em 1962, e mantido pela Constituição de 1988, vigorava um "sistema de reserva estatal da União quanto à exploração das atividades de telecomunicações, em um monopólio natural, no chamado monopólio brasileiro das telecomunicações".

Contudo, na época da promulgação da CR/1988, o Sistema Telebrás estava prestes a entrar em colapso, demonstrando a falência do modelo estatizante do setor. Para Leonor Cordovil (2005, p. 185-187), as causas para esse fracasso da telefonia brasileira, no final da década de 1980, passaram pelo modelo tarifário inadequado, modelo gerencial burocrático com os quadros de diretoria das empresas estatais formados por indicações políticas e não profissionalizadas, bem como a falta de investimentos, derivada inclusive do desvio de recursos do FNT para o Tesouro Nacional. Lembrou André Mendes Moreira que no final da década de 1980:[62]

> Em face dessa realidade, ter telefone em casa havia se tornado privilégio das famílias de classe média e alta, que concentravam 80% dos terminais disponíveis do país. O serviço praticamente inexistia nas áreas rurais, pois 98% dos telefones operavam em zona urbana. E mesmo para os felizardos que possuíam uma linha, havia o problema dos altos custos das tarifas e da notória ineficiência da rede então existente. (Moreira, 2016, p. 18-19)

[62] Márcio Iório Aranha (2015a, p. 16) seguiu na mesma linha quando esclareceu: "Todos esses fatores associados à crescente intromissão política casuística minaram a sustentabilidade das estatais do setor de telecomunicações, resultando na diminuição do crescimento de instalação de novas linhas, que caiu para menos da metade praticada no início da década de 1980".

Além disso, na década de 1980, como nos ensinou Giambiagi e Além (2011, p. 380-382), a interrupção dos fluxos de financiamento externo aos países da América Latina agravou a crise fiscal, refletindo em uma "deterioração da situação econômico-financeira das empresas estatais, o que decorreu, principalmente, de sua utilização como instrumento de política econômica".

Como esclareceram Giambiagi e Além (2011), houve a necessidade de aportes financeiros do governo federal para as estatais, o que agravou a possibilidade de sua sustentação financeira. A privatização dessas empresas surgiu, então, como uma opção para frear os desajustes fiscais e aumentar os investimentos na indústria de base para sustentar o crescimento do país:

> De fato, o processo de privatização deve ser visto em um contexto mais amplo de reformulação do papel do Estado na economia, onde o Estado produtor cede cada vez mais espaço para o Estado regulador. (GIAMBIAGI; ALÉM, 2011, p. 380-382)

A preparação para a privatização dos serviços de telecomunicações iniciou-se, portanto, no governo de Fernando Henrique Cardoso, após 1995. Carlos Ari Sundfeld (2004, p. 113) assim explicou o plano de reforma do sistema de exploração das telecomunicações para compatibilizá-lo com a tendência mundial do setor, sendo resumida em duas proposições: "a) as empresas estatais de prestação de serviços de telecomunicações deveriam ser transferidas à iniciativa privada; e b) não deve haver monopólio na exploração dos serviços, sendo necessário implantar a competição entre empresas distintas".

Todavia, como a Constituição de 1988 determinava que a União só poderia conceder ou autorizar os serviços de telecomunicação a empresas com controle acionário estatal, havia a necessidade de sua alteração de forma a possibilitar a entrada de capital privado nesse setor.

Assim, foi editada a Emenda Constitucional n. 08, de 15 de agosto de 1995, que alterou a redação do art. 21, inciso XI da CR/1988:[63]

[63] "Art. 21 – Compete à União: [...] XI – explorar, diretamente ou mediante autorização, concessão ou permissão, os serviços de telecomunicações, nos termos da lei, que disporá sobre a organização dos serviços, a criação de um órgão regulador e outros aspectos institucionais".

> Art. 21. Compete à União:
>
> [...]
>
> XI – explorar, diretamente ou mediante autorização, concessão ou permissão, os serviços de telecomunicações, nos termos da lei, que disporá sobre a organização dos serviços, a criação de um órgão regulador e outros aspectos institucionais; (Redação dada pela Emenda Constitucional nº 8, de 15/08/95)
>
> XII – explorar, diretamente ou mediante autorização, concessão ou permissão:
>
> a) os serviços de radiodifusão sonora, e de sons e imagens; (Redação dada pela Emenda Constitucional nº 8, de 15/08/95);
>
> [...]

De acordo com esse dispositivo, então, foi permitida a exploração do serviço de telecomunicação pela iniciativa privada via concessão, permissão ou autorização da União, devendo, no entanto, lei ordinária posterior regulamentar a forma de outorga desses serviços, bem como dispor sobre a criação de um órgão regulador do setor.[64]

Nesse contexto foi editada a Lei Geral das Telecomunicações (LGT), Lei n. 9.472, de 16 de julho de 1997, que, conforme determinado pelo art. 21, XI da CR/1988, alterado pela EC n. 08/1995, dispôs sobre o órgão regulador do setor, a Agência Nacional de Telecomunicações (Anatel), e sobre a alteração da forma de exploração do serviço de telecomunicação do modelo monopolista para o de competição privada, deixando o Estado de ser produtor para ser regulador do serviço e indutor do mercado.

Aqui vale pontuar que essa passagem do Estado de prestador do serviço público para regulador da atividade explorada pelo particular, via delegação, ao invés de enfraquecer, deveria fortalecer a atuação pública. Floriano Peixoto Marques Neto assim explicou esse tema:

> Se bem é verdade que o Estado não mais presta determinado serviço público, não menos verdadeira é a relevância de sua atividade no controle da qualidade do serviço prestado, na fiscalização e preservação das suas cláu-

[64] Antes da edição dessa lei regulamentadora prevista no art. 21, XI, da CR/1988 (na redação da EC n. 08/1995), foram editadas a Lei n. 8.987/1995, que regulamentou o art. 175 da CR/1988, dispondo sobre a concessão e permissão para a prestação de serviços públicos; e a Lei n. 9.295/1996, a Lei Mínima das Telecomunicações, que permitiu a exploração pelos particulares de alguns serviços de telecomunicações, como o Serviço Móvel Celular (SMC), prestado por subsidiárias das empresas do Sistema Telebrás.

> sulas de ampliação, de sua universalização e de atendimento dos princípios a ele correlatos (especialmente os princípios da universalidade, atualidade, modicidade da tarifa e continuidade da prestação), bem como no arbitramento entre a perspectiva econômica do concessionário e os interesses públicos difusos (v.g., o dos usuários do serviço e mesmo da coletividade genericamente tomada, por exemplo, como titular dos bens afetos à concessão, os quais são propriedade de toda a coletividade, porquanto reversíveis ao final da concessão). (Marques Neto, 2002, p. 167-168)

Essa teoria explica por que a LGT tem como princípios fundamentais a introdução da competição justa na exploração dos serviços e a universalização do acesso aos serviços básicos.[65] Nas palavras de Rodrigo Greco e Ticiane Franco (2015, p. 40):

> A competição promove a diversificação dos serviços, a queda nos preços, a modernização das redes e o aumento dos padrões de qualidade, na disputa por novos clientes. Os benefícios da competição, no entanto, não podem ficar restritos a uma parcela da população. É por essa razão que o outro pilar do modelo é a universalização, que tem por objetivo estender os ganhos advindos da competição para toda a população brasileira. A universalização objetiva possibilitar o acesso aos serviços de telecomunicações por qualquer pessoa, independentemente de sua localização ou condição socioeconômica.

Assim, a iniciativa do governo federal em privatizar o serviço de telecomunicação baseado nesses princípios e objetivos cumpre a finalidade precípua do Estado Democrático de Direito, constituído pela Constituição da República de 1988, de garantir direitos sociais fundamentais para a sociedade brasileira (art. 3º da CR/1988). Ou seja, cumprir o seu dever de prestar o serviço de telecomunicação, conforme determinado pela CR/1988, em seu art. 21, XI, assegurando a toda a sociedade, de forma isonômica, seu acesso com qualidade.

Para o cumprimento das finalidades de desenvolvimento tecnológico do setor e universalização dos serviços de telecomunicações, foi determinada a criação, pela LGT, de dois Fundos setoriais.

O primeiro fundo, de acordo com o art. 77 da LGT, tem como objetivos estimular a pesquisa e o desenvolvimento tecnológico do setor de teleco-

[65] Cf. Exposição de Motivos da LGT n. 231/1996.

municações, incentivar a capacitação de recursos humanos, fomentar a geração de empregos e promover o acesso de pequenas e médias empresas a recursos de capital, como forma de ampliar a competição no setor. Assim, foi criado, pela Lei n. 10.052, de 28 de novembro de 2000, o Fundo para o Desenvolvimento Tecnológico das Telecomunicações (Funttel).

O segundo fundo, previsto no art. 81, inciso II da LGT, é destinado a garantir a universalização do serviço de telecomunicação que não possa ser custeada pela exploração eficiente do serviço, com recursos advindos, dentre outras fontes, de contribuições a serem pagas pelas prestadoras dos serviços de telecomunicações nos regimes público e privado. Assim, foi criado, pela Lei n. 9.998, de 17 de agosto de 2000, o Fust.

Ainda foi mantido, com alterações pela LGT, o Fistel, financiado, entre outros recursos, pelas taxas de fiscalização de instalação e de funcionamento, sendo que parte de sua arrecadação é destinada ao Fust.

Para que fosse organizado o processo de privatização das teles, o Decreto n. 2.546/1998 determinou a cisão da Telebrás em 12 empresas *holdings* que ficaram como controladoras das empresas das quatro regiões de concessão de telefonia fixa e de longa distância[66] e das oito demais empresas para as operadoras de telefonia móvel celular, sendo que a privatização ocorreu sem restrição à participação de capital estrangeiro.[67] Como lembrou Leonor Cordovil:

> [...] o leilão ocorreu em 29 de julho de 1998, sendo as ações vendidas com um ágio de 63,7% acima dos preços mínimos determinados no Edital, totalizando 22,057 bilhões de reais, o que na época equivalia a 19 bilhões de dólares.[68] (Cordovil, 2005, p. 202)

Vale ainda consignar que, ao longo dos anos, houve uma inversão de volume de prestação dos serviços de telecomunicações. Se no passado, principal-

[66] Para cumprimento do Plano Geral de Outorgas (PGO).

[67] Cf. Decreto n. 2.617, de 5 de junho de 1998.

[68] Posteriormente, em 1999, a Anatel lançou um novo Edital de leilão para a prestação de serviço de telefonia fixa por regime privado, via autorizações nas Regiões do PGO. Essas eram as "empresas-espelho", criadas para concorrer com as concessionárias em sua região, mas sem as obrigações impostas às empresas do regime público para atenuar as vantagens competitivas das concessionárias. Em seguida, foi leiloada a Banda C de telefonia móvel. Em 2001 tiveram mais dois leilões para autorização de prestação de serviço de telefonia móvel das Bandas D e E (Cordovil, 2005, p. 203-205).

mente à época da privatização do setor, o Serviço Telefônico Fixo Comutado (STFC) era o de maior interesse público por abranger maior número de usuários e maior receita, atualmente é o Serviço Móvel Pessoal (SMP) que detém essa maior parcela, verificando, ainda, um crescente aumento do Serviço de Comunicação Multimídia (SCM) que presta o serviço de banda larga fixa.

Para comprovar essas afirmações, utilizamos o relatório final, de dezembro de 2018, resultado do extenso estudo sobre o desempenho do setor de telecomunicações preparado pela Associação Brasileira de Telecomunicações (Telebrasil), entidade que reúne as maiores empresas de telecomunicações do país (TELEBRASIL, 2018, p. 38). De acordo com esse estudo, de 1998 a 2017, a telefonia fixa (STFC) passou de 20 milhões de assinantes para 40,8 milhões, aumento de 100%. Vale pontuar que se observa, pelo estudo, que em 2014 havia 45 milhões de assinantes de telefonia fixa e, a partir desse ano, o número começa a reduzir, chegando aos 40,8 milhões ao final de 2017. No mesmo período, a telefonia móvel passou de 7,4 milhões de assinantes para 236,5 milhões, um aumento impressionante de 3.000% em 19 anos, mesmo que também tenha havido uma redução entre 2014 e 2017. Da mesma maneira, o serviço de banda larga fixa (SCM) passou de 100 mil assinantes em 1999 para 28,7 milhões em 2017.

Isso posto, a LGT foi criada em um contexto diferente do que vivemos atualmente, sendo que suas regras de universalização e de desenvolvimento tecnológico basearam a criação dos Fundos setoriais, o Fust e o Funttel, formados também por contribuições de intervenção no domínio econômico pagas por todo o setor.

As prestadoras de serviços de telecomunicação contribuem, ainda, com a Contribuição para o Desenvolvimento da Indústria Cinematográfica Nacional (Condecine), com base na Lei nº 12.485/2011, que alterou a MP n. 2.228-1, tendo como finalidade proporcionar recursos para o desenvolvimento da cultura nacional com o fomento da indústria cinematográfica e audiovisual brasileira, nos termos do art. 215 da CR/1988.

Os recursos dessa contribuição de intervenção no domínio econômico são destinados para o Fundo Nacional da Cultura (FNC) e alocados ao Fundo Setorial do Audiovisual (FSA), ambos ligados à Agência Nacional do Cinema (Ancine). Isto é, não são recursos destinados ao setor de telecomunicação, não possuindo a Anatel ou o Ministério da Ciência, Tecnologia, Inovações e Comunicações (MCTIC) qualquer ingerência sobre a destinação dos valores arrecadados.

Com efeito, apesar de existirem mais duas Cides de grande importância para o setor de telecomunicações, quais sejam, a contribuição ao Funttel e a Condecine, para este estudo, ou seja, para a aplicação prática dos requisitos de validade de uma Cide construídos pela análise aprofundada da doutrina e jurisprudência, foi selecionada a contribuição destinada ao Fust.

Essa seleção ocorreu por força do intenso debate que vem sendo travado na doutrina, na jurisprudência, mas sobretudo, mais recentemente, no mercado e nos Poderes Executivo e Legislativo sobre as alterações regulatórias necessárias para adequar o serviço de telecomunicação ao avanço tecnológico, com consequências para a finalidade dessa contribuição e de seu respectivo fundo de universalização.

Assim, entendemos que a solução prática para essa Cide, seja pela correta discussão jurídica nos Tribunais, seja pela conclusão de sua importância e busca de uma melhor regulamentação para sua efetividade, terá maior relevância concreta para todos os *players* do setor de telecomunicações, conforme será demonstrado a seguir.

3.2. O Fundo de Universalização dos Serviços de Telecomunicações (Fust) e sua Contribuição Destinada

Expostas as considerações preliminares sobre o histórico e a privatização dos serviços de telecomunicações no Brasil, passa-se, de forma mais específica, a tratar do Fust e sua contribuição de intervenção no domínio econômico criados a partir da privatização e regulação do setor, com a aplicação dos requisitos de validade já analisados à luz, principalmente, da jurisprudência do STF.

Serão abordadas, portanto, as características fundamentais do fundo e a aplicação dos pressupostos de validade à respectiva Cide cobrada do setor de telecomunicação. Serão tratadas e criticadas ainda as providências judiciais ou administrativas já tomadas pelas prestadoras de serviços de telecomunicação ou por órgãos e setores governamentais a respeito dessa Cide.

Por fim, no último capítulo, serão apresentadas as conclusões e as propostas para solucionar os principais impasses dessa Cide.

3.2.1. O Fundo Setorial – Fust

Conforme já explicitado, com o advento da EC nº 08/1995, o serviço de telecomunicação passou a ser previsto, no art. 21, XI, como de competência exclusiva da União, que pode explorá-lo diretamente ou delegá-lo ao particular por meio de concessão, permissão ou autorização, nos termos da lei que dispõe sobre a organização do serviço. Para Fernando Botelho, independentemente da forma de delegação da execução do serviço de telecomunicação ao particular, a obrigação de sua prestação, constitucionalmente prevista no art. 21, XI, continua sendo da União:

> A delegação por concessão, permissão, ou autorização se dá apenas quanto à *execução* material do serviço, cuja titularidade, ou incumbência essencial, continua a integrar missão básica e elementar do próprio Estado delegante, que, apenas por critério de organização e priorização de interesses, não o fará direta, mas indiretamente. (Botelho, 2001, p. 20)

Alguns autores, como Maria Sylvia Zanella Di Pietro, questionam a natureza de serviço público do serviço de telecomunicação delegado por autorização por suposta incompatibilidade com o art. 175 da CR/1988, que dispõe que o serviço público pode ser delegado apenas por concessão ou permissão. Para essa autora, o art. 21, XI da CR/1988 não teria o condão de retirar o conteúdo de serviço público atribuído aos serviços de telecomunicação:

> O art. 21, XI, da Constituição, atribuiu os serviços de telecomunicações à União. Embora não diga que se trata de competência privativa, é evidente que o dispositivo cuida de serviço público, portanto, de atividade cuja titularidade única é do poder público, no caso, a União. (Di Pietro, 2015, p. 143)

No entanto, para cumprir o dever da União, previsto no art. 21, XI da CR/1988, de explorar, direta ou indiretamente, o serviço de telecomunicação, foi editada, como já abordado, a Lei nº 9.472/1997 (LGT) para organizar o serviço com o objetivo de assegurar sua prestação a toda sociedade de forma isonômica e com qualidade. Para essa regulamentação, a LGT não conceituou expressamente o serviço de telecomunicação como público, estabelecendo apenas os regimes jurídicos para sua prestação, classificando-os em *público*, prestado mediante concessão ou permissão, com obrigatoriedade de assegurar a universalização e continuidade; e *privado*, prestado mediante autorização e sem as obrigatoriedades do regime público.

Como percebeu Márcio Iório Aranha (2015b, p. 50-55), a normatização de sistemas complexos e de tão rápida evolução tecnológica como o dos serviços de telecomunicações, demanda um regramento mais flexível, onde as agências reguladoras, por deterem um conhecimento setorial mais profundo, são capazes de produzir normas que visam a *otimização da eficiência* e a evolução da noção de essencialidade do serviço.

Aranha (2015b, p. 57) explicou que a normatização regulatória, portanto, não mais poderia seguir a classificação rígida da doutrina administrativista entre serviço público e privado, sendo que "a compreensão de que um mesmo rol de serviços pode conter âmbitos de prestação em regime público, convivendo com formas de prestação em regime privado revela a complexidade da dinâmica regulatória".

Carlos Ari Sundfeld interpretou essa classificação efetuada pela LGT como uma abertura conceitual que permite adaptações regulamentares dos serviços de telecomunicações. Para o autor, não há qualquer impedimento para a classificação dos regimes jurídicos de exploração dos serviços de telecomunicações entre público e privado, sendo que:

> [...] o primeiro adota basicamente as regras conhecidas da tradicional teoria dos "serviços públicos": dever de universalização e continuidade na prestação do serviço, com existência assegurada pelo Poder Público. O outro (regime privado), obedece basicamente aos princípios constitucionais da exploração das atividades econômicas (art. 126 da LGT). Quanto à classificação pelo critério do interesse, a lei não contém referências a outras que não próprio sentido das expressões "interesse restrito" e "interesse coletivo", para orientar o enquadramento, em cada um desses grupos, dos diferentes serviços. Há aqui, portanto, abertura para a construção de critérios regulamentares, mutáveis no tempo. (Sundfeld, 2004, p. 117-118)

Para Sundfeld (2004, p. 117-118), o poder público poderá escolher, portanto, a depender de opções de políticas públicas, quando deverá ser imposto o regime público à prestação do serviço de telecomunicação, como, por exemplo, quando entender que determinado serviço essencial deve ser garantido de forma universal e contínua. E concluiu: "Essa característica do quadro legal [...] foi imaginada para, em primeiro lugar, permitir a absorção, sem necessidade de constante revisão do próprio modelo, das rápidas e profundas mudanças por que vem passando o campo das telecomunicações".

O próprio STF entendeu, no caso do julgamento do ATP (Recursos Extraordinários n. 209.365 e n. 218.061), já acima abordado, que é possível que um serviço público, no caso analisado, os serviços portuários, previstos no art. 21, XII, "f" da CR/1988, por ter interesse de atividade econômica, possa ser regido pela autorização, ou seja, por normas de direito privado. Para os Ministros, a expressão constitucional de "explorar" diz que, apesar de possuir interesse público, não precisa "prestar", pois tem ligação com o conceito de atividade econômica.

Como também explicou Floriano Azevedo Marques Neto (2000, p. 310) em função do desenvolvimento tecnológico, era importante que o modelo regulatório brasileiro fosse menos rígido. Logo, a LGT, além de intencionalmente não utilizar a expressão de "serviço público", lhe imputou novo conceito, mais flexível, que foge das concepções essencialista e formalista da doutrina, permitindo ao Poder Executivo (art. 18, I da LGT[69]) definir, em cada momento histórico e tecnológico, com vistas ao bem-estar da sociedade, qual o serviço essencial deve ser prestado no regime público.[70] Para isso, a LGT também utilizou a classificação dos serviços em de "interesse coletivo", que podem ser prestados nos regimes público e privado, e de "interesse restrito", prestados apenas no regime privado.

Márcio Iório Aranha complementou de forma didática essa nova divisão imposta pela Emenda Constitucional n° 08/1995, em relação aos regimes jurídicos que foram adotados pela LGT:

> Tradicionalmente, os serviços regulados, no Brasil, foram considerados serviços públicos, e, portanto, submetidos, via de regra, a regime especial administrativo (regime público). Com a modificação implementada pelas emendas setoriais de 1995, o tratamento dos serviços exprimiu uma cisão dos

[69] "Art. 18. Cabe ao Poder Executivo, observadas as disposições desta Lei, por meio de decreto: I – instituir ou eliminar a prestação de modalidade de serviço no regime público, concomitantemente ou não com sua prestação no regime privado".

[70] Maria Sylvia Di Pietro (2015, p. 143) não concorda com essa possibilidade de a lei ter determinado conceitos mais abertos em relação ao serviço público de telecomunicações previsto na CR/1988. Para a autora, "ao classificar os serviços de telecomunicação em públicos e privados quanto ao regime jurídico de sua prestação (art. 63)" a LGT "quis intencionalmente excluir do conceito de serviço público uma parte dos serviços de telecomunicações". A exclusão seria exatamente dos serviços prestados no regime privado que estariam submetidos aos princípios da atividade econômica, mais especificamente, da livre iniciativa. Ou seja, para Maria Sylvia, seria incompatível com o art. 21, XI, da CR/1988, atribuir aos serviços de telecomunicação delegados via autorização a natureza de atividade privada sujeita apenas à fiscalização do poder público. Para a autora, a LGT teria "privatizado" parte dos serviços de telecomunicações em afronta à Constituição.

> setores em atividades submetidas a regime público e atividades submetidas a regime privado, mediante a expurgação do termo serviço público do texto correspondente a cada setor e a introdução de competência da União para autorização dos serviços regulados. Ao lado, portanto, dos contratos administrativos de concessão e permissão de serviços públicos regulados, surgiu a possibilidade de mera liberação de amarras administrativas ao exercício de atividades econômicas reguladas. É sobre essa novidade constitucional que se apoia o modelo brasileiro atual de regulação das atividades essenciais. (Aranha, 2015b, p. 61-62)

Ainda, como explicou Floriano A. Marques Neto (2000, p. 306-307), o modelo de regulação dos serviços de telecomunicação aplicado pela LGT "se estrutura numa tentativa de equilíbrio entre universalização e competição". Ilustrou essa explicação com o exemplo dos usuários que já possuem o acesso ao serviço de telecomunicação, mas que querem ter uma maior oferta para acessar outros serviços, como banda larga, sendo que para esse caso interessa a introdução da *competição*. Para a *universalização* do serviço, ele cita como exemplo o do usuário localizado em território isolado, que não tem acesso a qualquer tipo de serviço de telecomunicação.

Podemos então afirmar que a LGT está também baseada no cumprimento dos ditames do art. 170 da CR/1988, que determina que a Ordem Econômica, fundada na livre iniciativa, deve buscar a redução das desigualdades regionais e sociais, com o objetivo de garantir a justiça social, um dos pilares fundamentais do Estado Democrático de Direito, previsto no art. 3º da CR/1988.

Também com base no art. 5º da CR/1988, que assegura os direitos fundamentais de acesso à informação e comunicação, bem como o princípio da isonomia, o art. 2º, incisos I e II, da LGT determinou, dentre outros, o dever de o poder público garantir o acesso e a expansão do serviço de telecomunicação com qualidade em benefício de toda população brasileira.

Em consequência disso, o art. 3º da LGT enumerou os direitos dos usuários do serviço, sendo, dentre eles, o "I – de acesso aos serviços de telecomunicações, com padrões de qualidade e regularidade adequados à sua natureza, em qualquer ponto do território nacional", bem como o "III – de não ser discriminado quanto às condições de acesso e fruição do serviço". Por outro lado, cabe também ao Poder Público promover a competição e a diversidade dos serviços (art. 2º, III).

Esses artigos culminaram na obrigatoriedade de observar a continuidade e a universalização do serviço de telecomunicação, conceitos previstos nos parágrafos do art. 79 da LGT, sendo que, para este estudo, interessa-nos especificamente o conceito de universalização do serviço de telecomunicação:

> Art. 79. A Agência regulará as obrigações de universalização e de continuidade atribuídas às prestadoras de serviço no regime público.
>
> § 1º Obrigações de universalização são as que objetivam possibilitar o acesso de qualquer pessoa ou instituição de interesse público a serviço de telecomunicações, independentemente de sua localização e condição socioeconômica, bem como as destinadas a permitir a utilização das telecomunicações em serviços essenciais de interesse público.
>
> § 2º Obrigações de continuidade são as que objetivam possibilitar aos usuários dos serviços sua fruição de forma ininterrupta, sem paralisações injustificadas, devendo os serviços estar à disposição dos usuários, em condições adequadas de uso.

Em outras palavras, universalizar o serviço de telecomunicação visa reduzir as desigualdades regionais e sociais quando prestado de forma isonômica, ou sem discriminação, quanto às condições de acesso e fruição em qualquer parte do território nacional.

Para isso, conforme explicou Heleno Torres (2007, p. 41), a infraestrutura de acesso ao serviço de telecomunicação (rede) deve ser universal, de forma a cumprir a sua função social de acesso de todos ao serviço de telecomunicação. E continua Heleno Torres (2007, p. 43), a universalização é um "instrumento de intervenção pública no mercado de telecomunicações, com o fim de garantir um mínimo determinado de serviços acessíveis a todos os usuários, sem limites de localização geográfica ou de grupos sociais ou econômicos".

Conclui-se, portanto, que se o serviço de telecomunicação pode ser delegado a particulares, implica que estes devem também assumir a obrigatoriedade de sua universalização. No entanto, a LGT, no parágrafo único do art. 63 e no *caput* do art. 79, determinou que apenas as prestadoras de serviço de telecomunicação no regime público possuem a obrigação de universalização do serviço:

> Art. 63. Quanto ao regime jurídico de sua prestação, os serviços de telecomunicações classificam-se em públicos e privados.
>
> Parágrafo único. Serviço de telecomunicações em regime público é o prestado mediante concessão ou permissão, com atribuição a sua prestadora de obrigações de universalização e de continuidade.
>
> "Art. 79. A Agência regulará as obrigações de universalização e de continuidade atribuídas às prestadoras de serviço no regime público".

E o art. 64 da LGT dispõe que se incluem no regime público as modalidades de serviços de telecomunicação de interesse coletivo, que a própria União deve assegurar a continuidade e universalização:

> Art. 64. Comportarão prestação no regime público as modalidades de serviço de telecomunicações de interesse coletivo, cuja existência, universalização e continuidade a própria União comprometa-se a assegurar.
>
> Parágrafo único. Incluem-se neste caso as diversas modalidades do serviço telefônico fixo comutado, de qualquer âmbito, destinado ao uso do público em geral.

Atualmente, apenas o STFC é prestado no regime público e, portanto, possui as obrigações de universalização e continuidade. Assim, ao usuário do serviço de telecomunicação no regime privado (*v.g.* telefonia móvel) não foi garantido o direito de exigir do Estado, e da respectiva autorizatária, a obrigatoriedade de universalização do serviço. Atribuiu-se essa solução, pois, na época da edição da LGT, a prestação do serviço de telecomunicação na modalidade fixa era a mais utilizada e essencial à população, conforme já acima demonstrado.

Desse modo, em função da obrigatoriedade de universalizar o serviço de telecomunicação apenas para as prestadoras de serviços no regime público, a LGT determinou a criação, por meio de Decreto do Poder Executivo, de um Plano Geral de Metas de Universalização (PGMU), conforme artigos 18, III e 80[71] da LGT, que foi destinado, portanto, apenas às concessionárias (regime público de delegação) do STFC.

[71] "Art. 80. As obrigações de universalização serão objeto de metas periódicas, conforme plano específico elaborado pela Agência e aprovado pelo Poder Executivo, que deverá referir-se, entre outros aspectos, à disponibilidade de instalações de uso coletivo ou individual, ao

Ao longo do tempo foram editados três Decretos com a previsão desses Planos (PGMU) para a universalização desse serviço, sempre de forma progressiva, para, por exemplo, ampliação do serviço de telecomunicação em áreas rurais ou instalação de telefones públicos.

Com efeito, o § 2º do art. 80 da LGT ressalvou que as metas de universalização previstas pelo contrato de concessão devem ser arcadas pela própria concessionária do serviço de telecomunicações, não podendo contar com recursos do fundo público criado pelo inciso II do art. 81 da LGT para essa finalidade.

Apenas os custos referentes ao cumprimento das metas de universalização, que eventualmente não possam ser arcados pela própria exploração eficiente do serviço, poderão ser custeados a partir dos recursos do mencionado fundo:

> Art. 81. Os recursos complementares destinados a cobrir a parcela do custo exclusivamente atribuível ao cumprimento das obrigações de universalização de prestadora de serviço de telecomunicações, que não possa ser recuperada com a exploração eficiente do serviço, poderão ser oriundos das seguintes fontes:
>
> I – Orçamento Geral da União, dos Estados, do Distrito Federal e dos Municípios;
>
> II – fundo especificamente constituído para essa finalidade, para o qual contribuirão prestadoras de serviço de telecomunicações nos regimes público e privado, nos termos da lei, cuja mensagem de criação deverá ser enviada ao Congresso Nacional, pelo Poder Executivo, no prazo de cento e vinte dias após a publicação desta Lei.

Assim, foi criado pela Lei n. 9.998, de 17 de agosto de 2000, o Fust, com recursos públicos e de contribuição cobrada das prestadoras de serviço de telecomunicação, nos regimes público e privado, destinado a cobrir os custos complementares da universalização "que não possa ser recuperada

atendimento de deficientes físicos, de instituições de caráter público ou social, bem como de áreas rurais ou de urbanização precária e de regiões remotas.
§ 1º O plano detalhará as fontes de financiamento das obrigações de universalização, que serão neutras em relação à competição, no mercado nacional, entre prestadoras.
§ 2º Os recursos do fundo de universalização de que trata o inciso II do art. 81 não poderão ser destinados à cobertura de custos com universalização dos serviços que, nos termos do contrato de concessão, a própria prestadora deva suportar".

com a exploração eficiente do serviço" (art. 1º). O Fust foi regulamentado pelo Decreto n. 3.624, de 5 de outubro de 2000.

Vale mencionar neste ponto que, apesar de essa conceituação de serviço público não ser a mais importante para definir a forma da prestação do serviço de telecomunicação na conformidade da redação do art. 21, XI da CR/1988, como já demonstrado alhures, Heleno Torres (2007) defende que, independentemente do regime jurídico a que está submetida a sua delegação, o serviço de telecomunicação continuaria sendo serviço público, cuja prestação seria inerente às atividades da União, devendo, portanto, ser obrigação de todos os prestadores particulares a quem forem delegados por concessão, permissão ou autorização, o serviço de telecomunicação.

Assim, para Torres (2007, p. 50-52) todas as prestadoras do serviço de telecomunicações de interesse coletivo possuiriam deveres de universalização pública do serviço, independentemente do regime jurídico, público ou privado. E para as prestadoras do serviço de telecomunicação no regime privado a obrigatoriedade de contribuir com a universalização seria realizada pelo pagamento da Cide destinada ao Fust.

No entanto, as prestadoras submetidas ao regime público possuem obrigações legais e contratuais, previstas na LGT e nos contratos de concessão, de universalização de seu serviço. Já as prestadoras sujeitas ao regime privado não possuem metas de universalização legal e contratualmente determinadas pelo poder público,[72] podendo ter, nos documentos de autorização, conforme permite o art. 135 da LGT, obrigações de compromissos de interesse da coletividade:

> Art. 135. A Agência poderá, excepcionalmente, em face de relevantes razões de caráter coletivo, condicionar a expedição de autorização à aceitação, pelo interessado, de compromissos de interesse da coletividade.
>
> Parágrafo único. Os compromissos a que se refere o caput serão objeto de regulamentação, pela Agência, observados os princípios da razoabilidade, proporcionalidade e igualdade

Fernando Botelho também fez uma crítica sobre o afastamento, por exclusão, para as prestadoras do serviço de telecomunicação sob o regime

[72] Para Heleno Torres (2007, p. 48), a LGT teria dividido a obrigação da universalização em universalização pública, dever do Estado, que deve ser financiada pelo fundo público (art. 81) e a contratual derivada da obrigação da concessionária, regime público (art. 79 e 80).

privado, das obrigações constitucionais de universalização e continuidade do serviço público, pelo parágrafo único do art. 63[73] da LGT, ao afirmar que:

> O que fez o parágrafo primeiro do art. 63?
>
> Ele estabeleceu, tão somente para a hipótese de delegação por concessão e permissão, o chamado regime público de telecomunicações.
>
> Fez mais: instituiu que, para essas únicas duas modalidades, atribuir-se-ão, à prestadora – concessionária ou permissionária – os graves encargos de "universalização e de continuidade", estes que, a rigor, se identificam claramente com os princípios constitucionais superiores da isonomia e da Justiça Social (art. 5º e 170 da CF).
>
> O que ele então excluiu?
>
> Excluiu do mesmo regime público – portanto, dos mesmos encargos, de universalização e continuidade – a delegação por autorização, mesmo quando presente, para esta, o interesse coletivo.
>
> É de se perguntar se o prestador, apenas porque autorizado à execução do serviço de interesse coletivo – inerente, repita-se, às funções do Estado brasileiro, e público por natureza, ao atingir toda a coletividade – estará desobrigado a fazê-lo de modo contínuo, ou se também o estará quanto ao dever de torná-lo universal, abrangente dos interesses da própria coletividade, apenas porque adotado o nominal regime privado por autorização, e não o público, por permissão, ou concessão. (Botelho, 2001, p. 32-33)

Neste ponto, vale lembrar que a legislação regulatória no Brasil é aberta, ou seja, os regimes jurídicos aplicados ao serviço de telecomunicação dependem das limitações legais da LGT, mas também da política pública adotada para aquele momento.

Isso se comprova pela possibilidade prevista no art. 18,[74] I da LGT, do Poder Executivo, por meio de Decreto, instituir ou eliminar a prestação de modalidade de serviço no regime público, mesmo que continue ou não a

[73] "Art. 63 – Quanto ao regime jurídico de sua prestação, os serviços de telecomunicações classificam-se em públicos e privados.
Parágrafo único. Serviço de telecomunicações em regime público é o prestado mediante concessão ou permissão, com atribuição a sua prestadora de obrigações de universalização e de continuidade".

[74] "Art. 87 Art. 18. Cabe ao Poder Executivo, observadas as disposições desta Lei, por meio de decreto:

ser prestado no regime privado. E à Anatel, conforme art. 19, III[75] da LGT, é dada a competência para propor a adoção dessa e de outras medidas ao Presidente da República.

Por outro lado, isso não quer dizer que um Decreto poderia alterar para o regime privado algum serviço que fosse, em sua essência, público. Isso, porque a LGT limita essa possibilidade de instituição ou extinção dessas modalidades de serviço ao determinar que devem ser mantidas no regime público, mesmo que também exploradas no regime privado, as modalidades de serviço de interesse coletivo que, por serem *essenciais*, devem estar sujeitas à universalização (§1º do art. 65):

> Art. 65. Cada modalidade de serviço será destinada à prestação:
>
> I – exclusivamente no regime público;
>
> II – exclusivamente no regime privado; ou
>
> III – concomitantemente nos regimes público e privado.
>
> § 1° Não serão deixadas à exploração apenas em regime privado as modalidades de serviço de interesse coletivo que, sendo essenciais, estejam sujeitas a deveres de universalização.
>
> § 2° A exclusividade ou concomitância a que se refere o *caput* poderá ocorrer em âmbito nacional, regional, local ou em áreas determinadas.

I – instituir ou eliminar a prestação de modalidade de serviço no regime público, concomitantemente ou não com sua prestação no regime privado;
II – aprovar o plano geral de outorgas de serviço prestado no regime público;
III – aprovar o plano geral de metas para a progressiva universalização de serviço prestado no regime público;
IV – autorizar a participação de empresa brasileira em organizações ou consórcios intergovernamentais destinados ao provimento de meios ou à prestação de serviços de telecomunicações.
Parágrafo único. O Poder Executivo, levando em conta os interesses do País no contexto de suas relações com os demais países, poderá estabelecer limites à participação estrangeira no capital de prestadora de serviços de telecomunicações".

[75] "Art. 19. À Agência compete adotar as medidas necessárias para o atendimento do interesse público e para o desenvolvimento das telecomunicações brasileiras, atuando com independência, imparcialidade, legalidade, impessoalidade e publicidade, e especialmente:
(...)
III – elaborar e propor ao Presidente da República, por intermédio do Ministro de Estado das Comunicações, a adoção das medidas a que se referem os incisos I a IV do artigo anterior, submetendo previamente a consulta pública as relativas aos incisos I a III".

Para Márcio Iório Aranha (2015a, p. 205), a *essencialidade* seria o parâmetro de aferição da *razoabilidade* para que seja definida a aplicação do regime jurídico do serviço de telecomunicação.

Ademais, a prestação do serviço de telecomunicação no regime privado, de acordo com a LGT, está pautada nos princípios constitucionais da atividade econômica, como da livre iniciativa, ou seja, está no vértice da *assimetria regulatória*[76] da competição, onde a universalização se encontra em lado oposto, vinculada ao regime público. Ou seja, como explicou Floriano A. Marques Neto (2000, p. 313), a diferenciação básica é em relação ao ônus imputado a cada regime:

> Basicamente o núcleo desse ônus consiste no dever de universalização e de continuidade. O prestador em regime público tem obrigação de levar o serviço para determinadas regiões mesmo que essas não sejam economicamente interessantes, bem como tem a obrigação de continuidade, que não é aplicável ao prestador em regime privado.

Com efeito, o fundo público (Fust) foi criado com o objetivo específico de cobrir as despesas de obrigação de universalização que não são recuperadas pela exploração eficiente do serviço no regime público (art. 81 da LGT). Por estar vinculado aos custos complementares das obrigações de universalização, atualmente, o Fust só pode ser utilizado para cobrir os dispêndios derivados da universalização dos serviços de telefonia fixa (STFC) que estão sujeitos ao PGMU.

Assim, de acordo com a legislação atual, mesmo que um serviço seja essencial e de interesse coletivo, mas prestado no regime privado, não pode utilizar os recursos do Fust para sua expansão, visto que essa modalidade de serviço de telecomunicação não estaria vinculada à obrigação de universalização.

Vale repisar que o poder público tem o poder discricionário, dentro dos limites legais de essencialidade da LGT, para determinar quais os serviços de telecomunicação devem ser regidos pelo regime público para que tenham a obrigação de universalização expressa dos concessionários, nos termos definidos pela lei e pelo contrato. Por outro lado, de acordo com o art. 135 da LGT, a autorização, a despeito de todas as críticas à sua forma-

[76] A função dessa regulação assimétrica, entre competição e universalização, é bem explicada por Floriano A. Marques Neto (2000, p. 307).

tação, poderá ser condicionada à assunção de compromissos de interesse da coletividade pelo autorizatário.

Voltaremos a esse debate quando for discutida a efetiva destinação deste fundo público, e, consequentemente, de sua Cide, criado para cumprimento das obrigações de universalização, o Fust.

No que concerne às suas receitas, o Fust é composto de (i) dotações da lei orçamentária anual da União; (ii) transferências do Fundo de Fiscalização dos Serviços de Telecomunicações (Fistel); (iii) preço público cobrado pela Anatel para transferência de outorgas, (iv) doações; (v) outras receitas; e (vi) contribuição paga pelas prestadoras de serviço de telecomunicação nos regimes público e privado, conforme definido pela LGT. Sobre essa contribuição, que é a receita do Fust que particularmente nos interessa, trataremos a seguir.

3.2.2. A Contribuição ao Fust

Conforme demonstrado, o Fust é o fundo público criado para cobrir a parcela do custo de universalização do serviço de telecomunicação no regime público que não pode ser coberta apenas com a sua exploração eficiente, e dentre suas receitas está a cobrança de uma contribuição de todas as prestadoras de serviço de telecomunicação, nos regimes público e privado. Assim, a Lei n. 9.998/2000, além de criar o fundo, criou também a contribuição que lhe é destinada:

> Art. 6º Constituem receitas do Fundo: [...]
>
> IV – contribuição de um por cento sobre a receita operacional bruta, decorrente de prestação de serviços de telecomunicações nos regimes público e privado, excluindo-se o Imposto sobre Operações relativas à Circulação de Mercadorias e sobre Prestações de Serviços de Transportes Interestadual e Intermunicipal e de Comunicações – ICMS, o Programa de Integração Social – PIS e a Contribuição para o Financiamento da Seguridade Social – Cofins;

Essa contribuição possui natureza tributária, conforme estatuído pelo art. 3º do Código Tributário Nacional, sendo considerada uma contribuição de intervenção no domínio econômico.

Resumidamente, pode-se entender que essa contribuição tem como sujeito ativo a Anatel, que tem a competência para sua arrecadação, o que a torna uma contribuição parafiscal. Por sua vez, como sujeitos passivos estão as prestadoras do serviço de telecomunicação, nos regimes público e privado, tendo como fato gerador a própria prestação do serviço de telecomunicação, alíquota de 1% e, base de cálculo, a receita bruta advinda desse serviço, com as exclusões previstas na lei.

Dadas as premissas gerais dessa contribuição, resta verificar se sua criação cumpriu os pressupostos para a instituição de uma Cide, mormente, os requisitos analisados neste trabalho, quais sejam: necessidade de intervenção, referibilidade e destinação à sua finalidade.

3.2.2.1. Contribuição ao Fust: Necessidade de Intervenção

Como visto anteriormente, para que seja considerada uma contribuição de intervenção no domínio econômico, com validade constitucional prevista no art. 149 da CR/1988, a exação deve cumprir o primeiro requisito básico de haver necessidade de intervenção em um domínio econômico por meio de um tributo.

No Capítulo 2 desta obra ficou claro que o novo modelo de Estado Democrático de Direito brasileiro tolera a intervenção estatal na economia desde que com vistas ao alcance da justiça social, princípio basilar insculpido no art. 3º da Carta Magna. Para isso, qualquer intervenção deve respeitar os princípios gerais da Ordem Econômica, previstos no art. 170 da CR/1988.

Além disso, como já demonstrado, o Estado poderá intervir indiretamente nos setores público ou privado de forma a incentivá-los, fiscalizá-los ou planejá-los, conforme comando do art. 174 da CR/1988.

Assim, aplicando os ditames do art. 149 da CR/1988, pode ser criada uma contribuição como o próprio instrumento da intervenção do Estado no domínio econômico, sendo a sua finalidade a própria intervenção, no sentido do art. 174 da CR/1988, de incentivar ou planejar algum setor econômico em desequilíbrio, buscando atingir os objetivos do art. 170 da CR/1988.

Conforme já explanado, o serviço de telecomunicação de interesse coletivo, tal qual previsto no art. 21, XI da CR/1988 e regulamentado pela LGT, pode ser prestado nos regimes público ou privado, devendo o serviço prestado no regime público comportar as obrigações de universalização e continuidade. Já os serviços prestados no regime privado estão submetidos aos princípios da atividade econômica, principalmente da livre iniciativa, com foco na competição.

E o poder público, por meio da Anatel e do Poder Executivo (arts. 18 e 19 da LGT), poderá selecionar os serviços que, de acordo com as políticas públicas da época e essencialidade, devem se sujeitar ao regime público com obrigações de universalização e continuidade da própria União, sempre respeitados os limites impostos pela LGT.

A contribuição criada pela Lei n. 9.998/2000 é destinada ao Fust, que tem como finalidade cobrir a parcela do custo de universalização do serviço de telecomunicação que não pode ser arcada com a exploração eficiente do serviço:

> Art. 1º Fica instituído o Fundo de Universalização dos Serviços de Telecomunicações – Fust, tendo por finalidade proporcionar recursos destinados a cobrir a parcela de custo exclusivamente atribuível ao cumprimento das obrigações de universalização de serviços de telecomunicações, que não possa ser recuperada com a exploração eficiente do serviço, nos termos do disposto no inciso II do art. 81 da Lei nº 9.472, de 16 de julho de 1997.

Vale esclarecer de modo mais detalhado, portanto, o conceito de universalização do serviço de telecomunicação para se aferir se foi cumprido o requisito da necessidade de intervenção no setor por meio dessa Cide.

A universalização é conceito intrinsicamente ligado ao princípio da isonomia, pois busca, nos dizeres de Márcio Iório Aranha (2015a, p. 301), "a garantia de tratamento isonômico dos usuários dos serviços públicos de telecomunicações". Para Floriano A. Marques Neto (2000, p. 308), essa isonomia se traduz em duas esferas: econômica e social, que consiste em "oferecer serviço a um preço acessível e razoável para que todos tenham acesso", e espacial, que "consiste em levar a rede de telefonia para os rincões onde esta não chegava, pois não se punha interessante do ponto de vista econômico".

O conceito de universalização do serviço de telecomunicação tem o mesmo objetivo em diversos países, pois busca, de forma simplificada, fornecer o mínimo do serviço para os usuários de maneira igualitária, com preço acessível e em todas as localidades. Na União Europeia, em 1999, por exemplo, a *Interconnection Directive* (Diretiva para a Interconexão dos Serviços de Telecomunicações) definiu a universalização como "a defined minimum set of services of specified quality which is available to all users independent of their geographical location and, in the light of specific national conditions, at an affordable price" (Watson; Wheadon, 1999, p. 387).

Como sua definição é alterada ao longo do tempo e da evolução tecnológica, em 2016 a Comissão Europeia apresentou uma nova proposta de Diretiva para o Código Europeu de Comunicações Eletrônicas, sendo que, na parte que trata da "universalização dos serviços", houve um foco maior na oferta de serviços de voz e banda larga a preços acessíveis. Veja um trecho:

> **Adaptação gradual às tendências com primazia dada à acessibilidade económica dos serviços de voz e banda larga.** Esta opção centra a obrigação de serviço universal a nível da UE na vertente de acessibilidade económica, designadamente o fornecimento de comunicações de voz e de banda larga básica a preços acessíveis no seio da UE, bem como num direito de adesão para os consumidores que beneficiem de tarifas especiais de serviço universal. (European Comission, 2016, p. 12)

A LGT define a universalização do serviço de telecomunicação no §1º do art. 79 como sendo a obrigação de fornecer o acesso ao serviço de telecomunicação a qualquer pessoa ou instituição de interesse público, independentemente de localização e condição socioeconômica, permitindo ainda a utilização do serviço em atividades essenciais de interesse público. Marcos Alberto Bitelli explica o art. 79 da LGT de forma didática:

> Universalização, por seu lado, é a possibilidade de acesso de qualquer pessoa ou instituição de interesse público a serviço de telecomunicação, independentemente de sua localização e condição socioeconômica, bem como as destinadas a permitir a utilização das telecomunicações em serviços essenciais de interesse público (art. 79). (Bitelli, 2004, p. 161)

A Lei do Fust, seu art. 5º, determina que os recursos do fundo devem ser aplicados em programas e projetos que estejam em linha com o PGMU dos serviços de telecomunicações, tendo os seguintes objetivos já descritos na lei: (i) atendimento a localidades com menos de 100 habitantes; (ii) atendimento a comunidades de baixo poder aquisitivo; (iii) acesso do serviço de telefonia a estabelecimentos de ensino, instituições de saúde e de assistência a deficientes, além de fornecimento de equipamentos; (iv) implantação de acesso à internet, inclusive de alta velocidade, para estabelecimentos de ensino e instituições de saúde; (v) atendimento a áreas de fronteira e interesse estratégico; (vi) acessos individuais do serviço de telecomunicação para órgãos de segurança pública; (vii) implantação de telefonia rural.

Ou seja, sua motivação é o cumprimento do dever de prestação do serviço de telecomunicação mínimo a toda sociedade ou a qualquer pessoa ou instituição de interesse público, como instituições de saúde e estabelecimentos de ensino, órgãos de segurança, dentre outros, independentemente da localização e condição social, tendo em vista que o direito fundamental à informação e comunicação é amparado pelos artigos 5º e 220 da CR/1988.

Vale dizer que, para um país com tão vasta área de abrangência, bem como com tanta carência de acesso a direitos básicos, o fornecimento do mínimo serviço de telecomunicação a órgãos de interesse público e a comunidades distantes visa cumprir os princípios básicos da Ordem Econômica do Estado Democrático de Direito.

Nesse sentido apresentamos, a seguir, a visão de Marcos Alberto Bitelli (2004, p. 162) em relação à finalidade do Fust quando de sua criação:

> Percebe-se por aqui, claramente, que a partir da efetivação dessa norma poder-se-ia iniciar uma revolução silenciosa quanto à redução dos efeitos da exclusão digital causados pela tecnologia na nova economia globalizada, o que, de certa forma, não deixa de ser, em parte, uma forma de concretização da realização do princípio da dignidade da pessoa do brasileiro. Em parte, diga-se, porque essa universalização de acesso não constitui a integralidade da realização desse princípio no campo do conteúdo da informação, que carece de outros cuidados.

E como a própria LGT e a Lei do Fust determinam que os recursos só podem ser utilizados para cobrir custos complementares que não podem ser cobertos com a exploração eficiente do serviço de telecomunicação que possui essa obrigação de universalização, exatamente pela sua função social e menor retorno financeiro, podemos deduzir que esses recursos visam corrigir uma distorção financeira do setor de telecomunicação.

Veja que a assimetria regulatória criada entre competição e universalização demonstra que nas áreas em que a competição é menor, por ter menor retorno, mas que precisa ser atendida para cumprimento dos princípios constitucionais e do PGMU, a obrigação de universalização é das empresas submetidas ao regime público. E como não são áreas ou setores que têm retorno eficiente do investimento, é necessário contar com recursos públicos, o que justifica a instituição do fundo de universalização e de uma contribuição cobrada do setor para corrigir essa distorção econômica.

Podemos, portanto, afirmar que a contribuição destinada ao Fust tem como finalidade a própria intervenção do Estado no domínio econômico, considerado este o setor de telecomunicação, para corrigir um desequilíbrio, qual seja, a equalização dos custos para universalizar o serviço essencial de interesse coletivo definido na LGT, de forma a atender aos ditames da justiça social e a redução das desigualdades regionais e sociais cumprindo, portanto, os princípios constitucionais dos arts. 3º e 170 da CR/1988.

Heleno Torres assim entendeu a justificativa de intervenção do Estado, por meio de uma Cide, em função da necessidade de universalização do serviço de telecomunicação:

> Princípio de tal magnitude justifica, à exaustão, a presença interventiva do Estado nos domínios das telecomunicações, mediante cobrança de tributo, sob a forma de Contribuição de Intervenção no Domínio Econômico – CIDE, com o objetivo de atingir os magnos valores da universalização dos serviços (universalização pública), e cuja carga axiológica deve informar todo o conteúdo normativo do tributo, bem como as medidas de sua aplicação e respectiva cobrança, com isonomia, não-discriminação, proporcionalidade e neutralidade. (Torres, 2007, p. 50)

Dessa maneira, podemos concluir que a contribuição ao Fust cumpre sua regra de competência e possui característica de contribuição de intervenção no domínio econômico com validade constitucional estatuída pelos arts. 149 e 174 da CR/1988, porquanto intervém no setor econômico com o objetivo de incentivar a universalização do serviço de telecomunicação, mesmo que nos limites impostos pela LGT. A contribuição é o próprio instrumento de intervenção no setor de telecomunicações. Fernando Botelho pontuou bem a natureza jurídica de Cide da contribuição ao Fust:

> Quando a lei visa realizar essa redução de desigualdades promovendo e incrementando a universalização, mesmo que parcialmente sustentada, das telecomunicações, e na medida em que o faz mediante oneração pecuniária do próprio particular-prestador dos serviços, ao qual atribui encargo econômico-financeiro da contribuição obrigatória para o fundo instituído com esse perfil e fim, ela, a lei, visivelmente institui "contribuição de intervenção no domínio econômico". (Botelho, 2001, p. 100-101)

Com efeito, a intervenção do Estado no domínio econômico ocorreu mediante a cobrança de uma contribuição das empresas que fazem parte desse setor para custear a finalidade de sua intervenção, qual seja, incentivar a universalização do acesso do serviço de telecomunicação para que atenda a toda a população, na forma do art. 174 da CR/1988, e, assim, observar o art. 170 da CR/1988, ao promover a justiça social pela redução das desigualdades e desenvolvimento regional e social. Sendo assim, conceitualmente, a contribuição ao Fust atende ao requisito da necessidade de intervenção para a instituição de uma Cide.

Veja que a contribuição ao Fust também atenderia a esse pressuposto para criação de uma Cide na interpretação do STF, de acordo com os julgados analisados. Relembrando as conclusões do Capítulo 2, o entendimento do STF, como no julgamento da cobrança do ATP (Recursos Extraordinários n. 209.365 e n. 218.061), foi no sentido de que um serviço público que possui natureza de atividade econômica, mesmo que concedido ao particular, pode se sujeitar a uma Cide para custeio da intervenção no próprio setor econômico.

Vale mencionar que algumas prestadoras de serviço de telefonia fixa (STFC) local, longa distância nacional e longa distância internacional, impetraram, em 2006, um Mandado de Segurança[77] para questionar a inconstitucionalidade da contribuição ao Fust, bem como a não cumulatividade prevista no parágrafo único do art. 6º da Lei n. 9.998/2000 em face da Súmula n. 7, editada pela Anatel.

Entre os argumentos defendidos pelas empresas para requerer a inconstitucionalidade da contribuição, não se encontra um possível descumprimento do requisito da necessidade de intervenção. Pelo contrário, há uma explicação no início da peça mandamental sobre o cumprimento dos ditames dos arts. 170 e 174 da CR/1988 pela finalidade da contribuição ao Fust. Os argumentos para sua inconstitucionalidade, portanto, nessa ação, não perpassam a questão do cumprimento do requisito da necessidade de intervenção.

Por outro lado, é possível questionar a legitimidade da finalidade da contribuição ao Fust, sob o argumento de, ao conjugar a interpretação do art. 1º da Lei n. 9.998/2000 com os artigos 79 e 80 da LGT, apenas poder

[77] Processo n. 2006.34.00.000369-4. O andamento processual encontra-se disponível em: www.trf1.jus.br. Acesso em: 15 abr. 2019.

ser utilizada para custear a universalização dos serviços de telecomunicação prestados no regime público, que, atualmente, são apenas os serviços de telefonia fixa que perderam lugar na essencialidade para os serviços de banda larga e telefonia móvel, conforme demonstrado no Relatório final da Telebrasil (2018), mencionado anteriormente.

No entanto, esse é um problema da destinação da contribuição e dos limites impostos pela LGT ao criar a obrigatoriedade de universalização apenas para esse serviço e não da finalidade ou motivação da Cide. A finalidade é destinar recursos ao fundo público que tem como objetivo a universalização dos serviços de telecomunicação de interesse coletivo, de forma a cumprir os princípios constitucionais da Ordem Econômica e Social da CR/1988. E essa motivação, conforme esclarecido, seria justificativa plausível para a intervenção do Estado no setor de telecomunicações por meio de uma Cide.

Assim, repita-se, a determinação dos serviços que serão prestados no regime público não invalida a necessidade de intervenção observada na criação do Fust e de sua Cide, que tem como finalidade a universalização dos serviços essenciais de telecomunicação nos limites da LGT. Entretanto, no item em que será tratada a destinação da contribuição ao Fust, no plano normativo de sua instituição, voltaremos a essa crítica da limitação imposta pela LGT para utilização de seus recursos.

Para este item, é possível concluir, portanto, que a contribuição ao Fust cumpre o requisito geral de validade de necessidade de intervenção para atendimento a uma finalidade que objetiva cumprir os ditames da Ordem Econômica e Social da CR/1988.

Em seguida, será analisado o cumprimento do requisito da referibilidade pela contribuição criada com a finalidade de arrecadar recursos para o Fust.

3.2.2.2. Contribuição ao Fust: Referibilidade

Conforme analisado no Capítulo 2, a referibilidade é requisito essencial para a caracterização de uma contribuição. Pode-se entender como referibilidade a vinculação entre o contribuinte da Cide e a finalidade da intervenção.

Como visto, há certo descompasso entre doutrina e jurisprudência do STF sobre esse aspecto. No entanto, foi possível concluir que o STF entendeu que há, ao menos, a necessidade de uma referibilidade *indireta*, ou seja, o sujeito passivo da contribuição de intervenção no domínio econômico deve se beneficiar, participar do segmento econômico ou ter alguma relação, ao menos indireta, com a finalidade da intervenção.

Aplicando esse entendimento para a contribuição ao Fust, verificamos que são contribuintes dessa exação todas as empresas prestadoras de serviços de telecomunicações, nos regimes público e privado, conforme art. 6º, IV, da Lei n. 9.998/2000. E, conforme já descrito, a finalidade da intervenção é a universalização dos serviços essenciais de telecomunicações.

No entanto, conforme esclarecido, atualmente esses recursos são destinados a cobrir parcela do custo das obrigações de universalização que não possam ser arcadas com a exploração eficiente do serviço (art. 1º da Lei n. 9.998/2000), lembrando que apenas as concessionárias, prestadoras do serviço de telecomunicação no regime público, têm essa obrigação de universalização do serviço, nos termos dos arts. 79 e 80 da LGT.

Assim, pode-se afirmar, utilizando as conclusões de Heleno Torres (2007 p. 48-52), que as prestadoras de serviços de telecomunicação contribuem para a universalização do serviço da seguinte forma: (i) as concessionárias do serviço, que estão sob o regime público, devem cumprir as metas do PGMU com sua própria atividade (art. 80 da LGT); (ii) as concessionárias, permissionárias e autorizatárias, sob os regimes público e privado, devem recolher a contribuição ao Fust que é destinada a cobrir os custos complementares de universalização do serviço prestado no regime público.

A princípio, poderia ser argumentado que haveria violação ao princípio da isonomia, pois as autorizatárias, prestadoras de serviços de telecomunicação sob o regime privado, devem contribuir para um fundo que só poderá ser utilizado para cumprir metas de universalização de obrigação das concessionárias, que são as prestadoras do serviço de telecomunicação sob o regime público, como pontuou Fernando Botelho:

> Persistindo a desigualdade de tratamento, a autorizatária irá contribuir para a composição de recursos cuja destinação se acha *a priori* a elas vedada, ou as concessionárias/permissionárias contribuirão para o Fust com igual proporção à devida pela autorizatária, mas arcarão, somente aquelas, com o dever de universalizar. (Botelho, 2001, p. 63)

Por outro lado, de acordo com o que foi analisado até então, temos que o serviço de telecomunicação é de competência da União (art. 21, XI), que pode prestá-lo diretamente ou delegá-lo aos particulares nos regimes jurídicos público e privado. Além disso, a União deve garantir o acesso ao serviço mínimo de telecomunicação a toda sociedade, sendo que, em caso de delegação no regime público, o particular passa a ter o dever de universalizar o serviço como forma de cumprir a sua função social.

Assim, a contribuição ao Fust foi criada com base nos artigos 149 e 170 da CR/1988, com a finalidade de prover recursos para o fundo público que intervém no setor de telecomunicações, a fim de corrigir um desequilíbrio referente ao custo da universalização que as prestadoras do serviço de telecomunicação no regime público não conseguem arcar somente com a prestação eficiente do serviço.

Essa intervenção tem como objetivo disponibilizar o serviço essencial de telecomunicação, de interesse coletivo, a toda sociedade, com vistas ao alcance da justiça social, do princípio da isonomia, do direito fundamental de acesso à comunicação e da redução das desigualdades regionais e sociais, conforme arts. 3º, 5º e 170 da CR/1988.

Com efeito, mesmo que a delegação seja efetuada no regime privado, da autorização, conforme explicitado no item anterior, as prestadoras de serviço de telecomunicação têm referibilidade indireta com a finalidade da intervenção, visto que participam do mesmo grupo econômico das prestadoras no regime público.

E mais, por estarem jungidas à competição e não à universalização, configuraria ferimento ao princípio da isonomia se não fossem chamadas a contribuir com a Cide, pois haveria um ônus apenas às prestadoras no regime público que concorrem também com as prestadoras de serviço no regime privado após a privatização.

Também afetaria o princípio da isonomia onerar apenas as prestadoras do serviço de telecomunicação no regime público, em razão de contribuição destinada a fundo que visa cobrir exatamente os seus custos de universalização do serviço nas localidades e nos setores pouco viáveis economicamente.

Heleno Torres (2007, p. 50-52) entende que há referibilidade direta de todas as prestadoras no regime público ou privado em relação à contribuição ao Fust, defendendo que o dever de universalização do serviço de telecomunicação é de todos que prestam esse serviço público, independentemente do regime jurídico a que estão submetidas.

Para Torres (2007, p. 48-49), o dever de universalização teria sido desmembrado em duas partes, sendo a primeira denominada *obrigações de uni-*

versalização, destinada às concessionárias do serviço de telecomunicação que têm metas contratuais de universalização do serviço e que devem ser arcadas pela própria prestação do serviço; e a segunda, a *universalização pública*, que é financiada por recursos públicos e pelo Fust. Para o autor, a universalização visaria garantir "os valores de solidariedade e redução das desigualdades" (TORRES, 2007, p. 49), preservando o direito social de todo cidadão a ter acesso ao serviço público de telecomunicação.

E por possuírem, portanto, a obrigação de *universalização pública*, nos dizeres de Heleno Torres (2007, p. 49), todas as prestadoras de serviço de telecomunicação, independentemente do regime jurídico a que estão subordinadas, possuiriam uma vinculação direta com a finalidade da contribuição ao Fust e, portanto, devem ser contribuintes dessa Cide.

Todavia, conforme explicitado alhures, o modelo regulatório escolhido pelo Brasil, conforme a LGT, leva em consideração a assimetria regulatória que nada mais é do que separar o serviço de telecomunicação entre as empresas que prestam o serviço no regime privado, autorizatárias, com base na competição, livre iniciativa e menor intervenção, e as empresas que prestam o serviço no regime público, concessionárias, com base na obrigação de universalização.

E a Lei do Fust, como determina a LGT, criou o fundo público para cobrir exatamente a parcela do custo da universalização que as empresas, que têm essa obrigação, ou seja, que estão no regime público, não conseguem arcar, por ser em áreas ou setores que não têm retorno financeiro.

No entanto, a escolha de todas as prestadoras do serviço de telecomunicação, nos regimes público e privado, para serem contribuintes da Cide que financia esse fundo público é correta, considerando que todas se encontram no mesmo grupo, setor econômico, que possui relação direta ou indireta com a finalidade da intervenção.

Mesmo considerando que a vinculação indireta das prestadoras de serviços de telecomunicação no regime privado basta para o cumprimento da referibilidade, pode-se entender, em caminho aproximado ao entendimento de Heleno Torres, que devem contribuir com essa Cide por terem também a obrigatoriedade legal do cumprimento da função social do serviço de interesse coletivo, conforme preconiza o art. 127, VIII da LGT:

> Art. 127. A disciplina da exploração dos serviços no regime privado terá por objetivo viabilizar o cumprimento das leis, em especial das relativas às

telecomunicações, à ordem econômica e aos direitos dos consumidores, destinando-se a garantir:

[...]

VIII – o cumprimento da função social do serviço de interesse coletivo, bem como dos encargos dela decorrentes.

Vale lembrar, novamente, que o serviço de telecomunicação de interesse coletivo pode ser prestado nos regimes público e privado. E é o poder público que define, nos limites da LGT, quais os serviços de interesse coletivo devem ser submetidos ao regime público e, portanto, com maiores limitações e obrigações contratuais. Todavia, ter como objetivo cumprir a função social do serviço de telecomunicação de interesse coletivo também pode ser entendido como a obrigação das prestadoras no regime privado de arcarem com a contribuição de intervenção que visa a universalização do serviço. Esse é o entendimento de Silvana Bussab Endres (2006, p. 414-415):

> Isso significa que entendemos que todos os prestadores de serviços de telecomunicações de interesse coletivo têm o encargo, constitucionalmente previsto, de atuar para o propósito de ampliar o acesso da coletividade a tais serviços com qualidade, mesmo que essa atuação se restrinja à assunção de mero ônus tributário. O que ocorre, por exemplo, com as empresas obrigadas ao recolhimento do Fust, em relação às quais a lei não prevê encargos próprios do plano de universalização.
>
> [...]. De fato, a partir da norma em exame, um grupo determinado de pessoas, empresas que prestam serviços de telecomunicações no regime público ou privado, estão obrigadas a contribuir para o FUST com parcela específica do custo de universalização dos serviços de telecomunicações. [...] E, tudo em prol de um interesse público relevante: aumentar o acesso dos serviços, com qualidade e preço compatível para todos os consumidores do país.

Assim, o grupo que de fato sofre a incidência da contribuição de intervenção no domínio econômico, por ter uma vinculação direta ou indireta com sua finalidade, é mais amplo e deve abarcar todas as prestadoras de serviço de telecomunicação que receberam a delegação da União.

Ao aceitar a outorga da delegação do serviço de telecomunicação, a empresa também aceita as responsabilidades da União em relação a esse serviço. O benefício da universalização do serviço de telecomunicação, independentemente das restrições impostas pela LGT, é da coletividade, pois visa alcançar a solidariedade e a justiça social, bases da criação de uma contribuição do art. 149 da CR/1988, além da redução das desigualdades sociais e regionais, princípio da Ordem Econômica do art. 170 da CR/1988.

Portanto, filiamo-nos à tese de que a contribuição ao Fust respeita o pressuposto constitucional da referibilidade ao determinar como contribuintes da Cide todas as prestadoras de serviço de telecomunicação nos regimes público e privado, por fazerem parte do grupo a que se refere a sua finalidade, qual seja, a intervenção do Estado no setor para promover a universalização do serviço de telecomunicação essencial e de interesse coletivo.

Será analisado, na sequência, o último requisito de constitucionalidade da Cide, para aplicá-lo à contribuição direcionada ao Fust.

3.2.2.3. Contribuição ao Fust: Destinação à sua Finalidade

O ponto mais polêmico na discussão da constitucionalidade da contribuição ao Fust diz respeito exatamente à efetiva destinação de seus recursos às suas finalidades. Isso, porque, conforme será demonstrado, muito pouco dos recursos arrecadados pelo Fust foram efetivamente destinados para a universalização do serviço de telecomunicação, dentro dos objetivos traçados pela LGT e pela Lei n. 9.998/2000.

Conforme foi esclarecido anteriormente, para a doutrina, de maneira geral, a destinação dos recursos arrecadados à finalidade de uma Cide é importante requisito de sua validade sendo decorrente de sua própria norma de competência. A incorreta aplicação desse requisito de validade da Cide pode ser resumida em: desvinculação no plano normativo (norma de instituição e norma orçamentária) e desvinculação no plano fático.

Além disso, como demonstrado na análise dos julgados sobre a matéria, o STF entendeu que os recursos arrecadados com uma Cide devem ser utilizados para a finalidade para a qual foi constituída, não podendo a lei orçamentária desviar sua destinação. No entanto, o Judiciário não tem competência para interferir nas políticas públicas do Executivo relativas à forma e ao momento do dispêndio desses recursos na finalidade da Cide.

Ademais, pode-se ainda depreender das decisões do STF que a não destinação do produto arrecadado pela Cide não invalida sua cobrança, e mesmo a declaração de inconstitucionalidade da tredestinação – atribuir outra destinação aos recursos – não significa que ao contribuinte é dado o direito de repetir o indébito ou deixar de arrecadá-la.

Posto o resumo das reflexões deste estudo, vale verificar o comportamento da contribuição ao Fust no que tange à destinação de seus recursos, para examiná-la com o entendimento da doutrina e da jurisprudência em relação à sua validade.

Inicialmente, é importante esclarecer que o Ministério das Comunicações (atual MCTIC) tem a competência, designada pelo art. 2º da Lei n. 9.998/2000, de formular as políticas e prioridades, bem como definir programas e projetos para aplicação do Fust.

Já a Anatel (art. 4º da Lei n. 9.998/2000) tem a competência para implementar, acompanhar e fiscalizar esses projetos, devendo submeter ao Ministério da Ciência, Tecnologia, Inovações e Comunicações (MCTIC) a sua proposta orçamentária para inclusão no projeto de lei orçamentária anual, levando em conta sempre as finalidades de origem constitucional de atendimento do interesse público e da redução das desigualdades regionais com a universalização dos serviços de telecomunicações.

Ponto importante para a análise desse item é a previsão do parágrafo único do art. 8º da Lei de Responsabilidade Fiscal (Lei Complementar n. 101/2001), bem como do art. 73 da Lei n. 4.320/1964, que dispõem:

> Lei de Responsabilidade Fiscal:
>
> Art. 8º [...]
>
> Parágrafo único. Os recursos legalmente vinculados a finalidade específica serão utilizados exclusivamente para atender ao objeto de sua vinculação, ainda que em exercício diverso daquele em que ocorrer o ingresso.

> Lei 4.320/1964:
>
> Art. 73. Salvo determinação em contrário da lei que o instituiu, o saldo positivo do fundo especial apurado em balanço será transferido para o exercício seguinte, a crédito do mesmo fundo.

Assim, em função de sua norma de competência, lembramos que os recursos do fundo só podem ser utilizados para a universalização do serviço de telecomunicação prestado no regime público, que atualmente se consubstancia apenas no Serviço Telefônico Fixo Comutado (STFC), não podendo ser utilizados para universalização da banda larga (SCM) ou para o serviço de telefonia móvel (SMP), já que tais modalidades não estão abrangidas pela obrigatoriedade de universalizar o serviço, por serem prestadas no regime privado.

Essa questão é importante para entender melhor as críticas atualmente efetuadas quanto à destinação limitada do Fust, em função da evolução tecnológica e da sociedade, em que o STFC, prestado em regime público,[78] deixa de ser o de maior interesse público, passando à prestação do serviço de telefonia móvel (SMP) e o serviço de banda larga fixa, Serviço de Comunicação Multimídia (SCM), prestados em regime privado e não sujeitos às regras de universalização.[79]

Vale recordar que o art. 80 da LGT determinou que as metas de universalização devem ter como objetivos, dentre outros aspectos, a disponibilidade de instalações de uso coletivo ou individual e o atendimento de deficientes físicos, de instituições de caráter público ou social, bem como de áreas rurais ou de urbanização precária e de regiões remotas:

> Art. 80. As obrigações de universalização serão objeto de metas periódicas, conforme plano específico elaborado pela Agência e aprovado pelo Poder Executivo, que deverá referir-se, entre outros aspectos, à disponibilidade de instalações de uso coletivo ou individual, ao atendimento de deficientes físicos, de instituições de caráter público ou social, bem como de áreas rurais ou de urbanização precária e de regiões remotas.
>
> § 1º O plano detalhará as fontes de financiamento das obrigações de universalização, que serão neutras em relação à competição, no mercado nacional, entre prestadoras.
>
> § 2º Os recursos do fundo de universalização de que trata o inciso II do art. 81 não poderão ser destinados à cobertura de custos com universalização dos serviços que, nos termos do contrato de concessão, a própria prestadora deva suportar.

[78] Veja que pelo STFC, sob o regime público, é possível prestar o serviço de telefonia e de conexão à internet, embora restrito, pois difere da prestação do serviço de telecomunicação móvel (Serviço Móvel Pessoal – SMP) e de banda larga (Serviço de Comunicação Multimídia – SCM), ambos prestados pelas prestadoras de serviço de telecomunicação na modalidade de regime privado, não sujeitos, portanto, às regras de universalização.

[79] *Vide* novamente os comentários efetuados no item 3.1.1, que mostra a evolução do número de usuários dos serviços de telecomunicações e a queda significativa dos serviços de telefonia fixa e o enorme aumento dos serviços de telefonia móvel e de banda larga móvel entre 1998 e 2017 (TELEBRASIL, 2018, p. 39).

Já o art. 5º[80] da Lei n. 9.998/2000 ampliou o espectro da destinação do Fust também para a universalização de redes digitais (internet), já demonstrando um alinhamento com a evolução tecnológica dos serviços de telecomunicações e as necessidades de interesse coletivo, definindo os projetos e as atividades que podem ser custeados pelo fundo e que estejam "em consonância com o plano geral de metas para universalização de serviço de telecomunicações ou suas ampliações", como localidades com menos de cem habitantes, implantação de acessos individuais e de redes digitais em instituições de educação e saúde, acessos individuais e equipamentos para deficientes físicos, atendimento a comunidades com baixo poder aquisitivo, atendimento a áreas remotas e de fronteira de interesse estratégico e implantação de telefonia rural.

No entanto, ao introduzir a expressão "ou suas ampliações", para alguns doutrinadores, o artigo 5º da Lei do Fust teria permitido a inclusão de outras metas não relacionadas ao PGMU que poderiam ser custeadas pelo fundo, como pontuou Fernando Botelho (2001, p. 186-187):

> A novidade, de extrema significância, situa-se sobre três pontos básicos ou fulcrais.
>
> O primeiro é o de que a Lei 9.998/2000 não exclusiviza as aplicações do Fust – os seus empenhos, os seus gastos – apenas a projetos, programas ou atividades identificados com metas programáticas de universalização, isto é, metas definidas por plano específico elaborável pela ANATEL, sujeito a aprovação por Decreto do Executivo Federal.

[80] "Art. 5º – Os recursos do Fust serão aplicados em programas, projetos e atividades que estejam em consonância com plano geral de metas para universalização de serviço de telecomunicações ou suas ampliações que contemplarão, entre outros, os seguintes objetivos: [...]
V – implantação de acessos para utilização de serviços de redes digitais de informação destinadas ao acesso público, inclusive da internet, em condições favorecidas, a instituições de saúde;
VI – implantação de acessos para utilização de serviços de redes digitais de informação destinadas ao acesso público, inclusive da internet, em condições favorecidas, a estabelecimentos de ensino e bibliotecas, incluindo os equipamentos terminais para operação pelos usuários;
VII – redução das contas de serviços de telecomunicações de estabelecimentos de ensino e bibliotecas referentes à utilização de serviços de redes digitais de informação destinadas ao acesso do público, inclusive da internet, de forma a beneficiar em percentuais maiores os estabelecimentos frequentados por população carente, de acordo com a regulamentação do Poder Executivo;
VIII – instalação de redes de alta velocidade, destinadas ao intercâmbio de sinais e à implantação de serviços de teleconferência entre estabelecimentos de ensino e bibliotecas".

> A lei, no art. 5º, caput, considera as metas e respectivo plano apenas uma das alternativas de aplicações das receitas do Fust.
>
> Melhor dizendo, a lei identifica, nestas metas programáticas ou planificáveis – ou, quando programadas através de Decreto do Executivo – uma dentre as possibilidades *in concretu* de absorção das receitas do Fust. [...]
>
> O ponto inovador, consequente a este aspecto inicial, diz respeito ao fato de que a lei, além de se incumbir da instituição do fundo (a Lei 9.998/2000), resolveu, ela própria, transformar em disposição sua, expressa, rol antecipado de metas que considerou *a priori*, ou *de per si*, universalizantes das telecomunicações.
>
> São as metas universalizantes-independentes, não sujeitas a prévia delimitação por plano de metas.

Esse alargamento da destinação proposta pela Lei n. 9.998/2000 se refere à previsão da possibilidade de utilização dos recursos do Fust para a ampliação de redes digitais de acesso ao público, em condições favorecidas, principalmente a instituições de ensino e de saúde.

É importante pontuar o posicionamento das prestadoras de serviço de telefonia fixa, no Mandado de Segurança já mencionado (Processo n. 2006.34.00.000369-4), no sentido de que essa destinação prevista pelo art. 5º da Lei n. 9.998/2000, de aplicações do Fust em educação e saúde, invalidaria a cobrança da Cide correlata pela desvinculação desses setores com o setor de telecomunicação:

> Especificamente no art. 5º, parágrafo 2º e art. 14, inciso II do Decreto nº 3.264/2000 existe a previsão de aplicação do limite mínimo de dezoito por cento do total de recursos do FUST em educação, para os estabelecimentos públicos de ensino.
>
> Muito embora esses sejam objetivos nobres que devem, a teor do texto constitucional, serem perseguidos pelo Estado, não legitimam a cobrança de contribuições de intervenção no domínio econômico de empresas prestadoras de serviços de telefonia, dada a total desvinculação deste setor com o da saúde e o da educação.
>
> Na hipótese, inconstitucional o FUST por não estar adstrito a uma finalidade correlata ao segmento de que participam seus contribuintes, restando desatendido, portanto, o requisito da referibilidade; descabe ao setor de telefonia subsidiar o aparelhamento de instituições de saúde, estabelecimen-

tos de ensino e bibliotecas. (Petição inicial do Mandado de Segurança n. 2006.34.00.000369-4)

No julgamento dos recursos de Apelação das empresas e da Anatel, o Tribunal Regional Federal da 1ª Região[81] entendeu que essa aplicação dos recursos do Fust na área de educação não invalidaria a contribuição, pois não seria necessário o requisito da referibilidade à Cide. Apesar de entendermos correta a conclusão, a fundamentação na desnecessidade da referibilidade é equivocada.

Isso, porque, como já amplamente demonstrado, a obrigação de universalização do serviço de telecomunicação deve buscar o cumprimento de sua função social, de forma a alcançar os princípios fundamentais da Ordem Econômica Constitucional, como a redução das desigualdades sociais e regionais.

Nesse sentido, a Lei n. 9.998/2000, ao prever a destinação do fundo público para a priorização da prestação do serviço de telecomunicação para segmentos de educação e saúde, estaria atendendo efetivamente a universalização do serviço, de forma a preservar a justiça social e os princípios previstos nos arts. 3º, 5º e 170 da CR/1988.

Com efeito, a destinação prevista na Lei e no Decreto não se direciona exatamente aos setores de educação e saúde, mas sim à universalização do serviço de telecomunicação, de modo a disponibilizá-lo a toda sociedade, sendo por consequência (e não causa) a aplicação nesses setores. Por esse motivo, neste ponto, filiamo-nos ao entendimento de Heleno Torres (2007, p. 41-42):

> Como se verifica, a universalização não se reduz simplesmente à qualificação de um particular modo de prestação do serviço público; reclama, além do acesso universal para aqueles que possam pagar pelos seus custos, adicionalmente, medidas de socialização do direito de comunicação, em evidente cumprimento da função social das redes de telecomunicações. E esse é um outro sentido que se pode conferir ao princípio da universalidade, que é aquele

[81] Veja parte da ementa: "A aplicação dos recursos na área da educação não invalida o FUST, visto que o requisito da referibilidade não se aplica às contribuições de intervenção no domínio econômico, ou seja, da 'desnecessidade de vinculação direta entre os benefícios dela decorrentes e o contribuinte'". Cf. TRF 1ª Região, Processo n. 2006.34.00.000369-4, V.U., Des. Rel. Hercules Fajoses, 7ª Turma, j. 10/5/2016.

dirigido a orientar as atividades das empresas responsáveis para localidades com menos de cem habitantes, para comunidades de baixo poder aquisitivo, estabelecimentos de ensino, bibliotecas e instituições de saúde, implantação de serviços de redes digitais destinadas ao acesso público, acessos individuais para órgãos de segurança pública, instalação de serviços de telecomunicações para serviços públicos, civis ou militares, situados em pontos remotos do território nacional, telefonia rural e vários outros.

Para o Tribunal de Contas da União (BRASIL. TRIBUNAL DE CONTAS DA UNIÃO, 2005), essa ampliação da destinação do Fust para redes digitais já estaria em consonância com a LGT,[82] mas como os arts. 63 e 64 da LGT vincularam a obrigação de universalização apenas aos serviços de telecomunicações submetidos ao regime público, para o Tribunal de Contas da União (TCU), a utilização dos recursos do Fust para essa destinação dependeria da outorga de um novo serviço de telecomunicação, em regime público, relacionado à política governamental de inclusão digital.

Considerando os pontos abordados, pode-se afirmar que a destinação do Fust, no plano normativo da norma de instituição, é constitucional, pois a Lei n. 9.998/2000 prevê as diretrizes para a destinação do Fust à sua finalidade de universalização do serviço de telecomunicações, mesmo que ainda limitada aos serviços prestados no regime público, como determina a LGT. A partir disso, o MCTIC deveria propor os programas e projetos e a Anatel propor a inclusão desses na lei orçamentária anual, para a efetiva aplicação de seus recursos. Assim, vale verificar se a destinação do Fust vem sendo cumprida no plano normativo da lei orçamentária e no plano fático.

Para a Anatel (BRASIL. ANATEL, 2019), o Fust já arrecadou, desde a sua instituição até 2018, o valor de R$ 21 bilhões, sendo que deste montante, R$ 10,7 bilhões se referem à contribuição e encargos pagos pelas empresas prestadoras de serviços de telecomunicações.[83] Utilizando como

[82] A Exposição de Motivos n. 231, do antigo Ministério das Comunicações (atual Ministério da Ciência, Tecnologia, Inovações e Comunicações – MCTIC), que acompanhou o Projeto de Lei da LGT, já previa metas adicionais de universalização do serviço de internet.

[83] De acordo com o Relatório Sistêmico do Tribunal de Contas da União (TC 008.293/2015-5 – Acórdão TCU n. 28/2016), há divergência de informações dos valores arrecadados e o saldo financeiro do Fust desde a sua criação, entre a Anatel e a STN. Enquanto para Anatel, entre 2001 e 2015 os valores arrecadados para o Fust são de R$ 19,44 bilhões, sendo o saldo financeiro em 30/6/2015 de R$ 19,44 bilhões, para a STN, os valores arrecadados no mesmo período foram de R$ 16,04 bilhões, cujo saldo financeiro é de R$ 4,72 bilhões. Após o relatório

fonte os dados da Secretaria do Tesouro Nacional (STN), a Anatel (BRASIL. ANATEL, 2019) informou que, até 31 de dezembro de 2017, o saldo financeiro do Fust é superavitário em R$ 3,53 bilhões. Resta saber como foram gastos os valores do Fust, a partir da diferença entre o arrecadado e o saldo financeiro.

De acordo o Relatório de Levantamento do TCU, Processo n. TC 008.293/2015-5, que deu origem ao Acórdão n. 28/2016 (BRASIL. TRIBUNAL DE CONTAS DA UNIÃO, 2016a), com base em dados fornecidos pela STN e Anatel, entre 2001 e 2015, dos recursos arrecadados para o Fust, apenas 1,2%[84] foi utilizado para a finalidade de universalização do serviço de telecomunicação, sendo que 69,39% foram utilizados para outros fins, restando 29,41% em saldo financeiro. Veja o que constou do Relatório do TCU:

> 262. Entre 2001 e 2015, portanto, o Fust já arrecadou mais de R$ 16 bilhões; no mesmo período e, apenas no ano de 2006, foram utilizados recursos de pouco mais de R$ 192 mil. Essa baixa utilização de recursos do Fust já tinha sido identificada pelo TCU ainda no exercício de 2005 (TCU 010.889/2005-5, Acórdão 2.148/2005 – TCU – Plenário).
>
> 263. Adicionalmente, conforme apontado no Relatório sobre as Contas do Governo, exercício de 2008, o TCU constatou que a disponibilidade de recursos do Fust foi reduzida entre 2007 e 2008 de R$ 5,3 bilhões para R$ 3,2 bilhões, e que essa redução não ocorreu em virtude da utilização dos recursos, mas da desvinculação de recursos do fundo para pagamento da dívida pública. (BRASIL. TRIBUNAL DE CONTAS DA UNIÃO, 2016, p. 39)

Ademais, como também informa este Relatório, em 2005, o TCU já havia efetuado uma auditoria operacional no antigo Ministério das Comunicações (atual MCTIC) e na Anatel com o objetivo de apurar as dificuldades para a aplicação dos recursos do Fust em suas finalidades.

O Relatório de Auditoria do TCU, que deu origem ao Acórdão n. 2.148/2005 (BRASIL. TRIBUNAL DE CONTAS DA UNIÃO, 2005), con-

do TCU, a Anatel corrigiu o valor do saldo financeiro para o informado pela STN para R$ 3,28 bilhões, em 30/6/2016.

[84] Márcio Iório Aranha (2015a, p. 305) explicou que a primeira aplicação efetiva do Fust "ocorreu no âmbito do Programa de Atendimento às Pessoas com Deficiência, pela Portaria n. 263, de 27 de abril de 2006, do Ministério das Comunicações".

cluiu que havia baixa utilização dos recursos do Fust, que poderia ser um importante instrumento para um programa de inclusão digital.

No entanto, para o TCU, como os recursos do fundo só podem custear despesas de serviços de telecomunicações prestados no regime público, para que pudessem ser utilizados em programa de inclusão digital, dependeria da outorga de um novo serviço de telecomunicação no regime público, sugerindo a implantação do Serviço de Comunicações Digitais (SCD), que acabou não sendo instituído pela Anatel.

A mais importante conclusão desse relatório do TCU de 2005 foi a constatação de que, à época, as dificuldades para a utilização dos recursos do Fust não passavam pela legislação – que estaria em consonância com os ditames constitucionais –, mas sim pela deficiência na formulação de prioridades, projetos e programas para o Fust pelo antigo Ministério das Comunicações (atual MCTIC), bem como pela falta de articulação entre os setores governamentais que deveriam se beneficiar com os recursos do fundo público.

Mais recentemente, em resposta à Solicitação do Congresso Nacional, o TCU realizou nova auditoria operacional sobre a arrecadação e utilização de diversos fundos setoriais, dentre eles o Fust, contemplando também o monitoramento do Acórdão n. 28/2016-TCU.

Esse novo relatório (TC n. 033.793/2015-8), que culminou no Acórdão n. 749/2017 – TCU – Plenário, julgado em Sessão de 12 de abril de 2017 (BRASIL. TRIBUNAL DE CONTAS DA UNIÃO, 2017), corroborou os anteriores, pois informou que (item 3.2), conforme dados fornecidos pela Anatel, de 2001 a 2016, o Fust arrecadou R$ 20,5 bilhões, dos quais, R$ 11 bilhões se referem à contribuição arrecadada pelas prestadoras do serviço de telecomunicação, incluindo as receitas constitucionalmente desvinculadas (DRU). Ainda de acordo com esse relatório do TCU (item 3.3), para a universalização foram utilizados apenas 0,002% (ou R$ 341 mil) desses recursos, sendo 11,64% para a DRU e 87,92% desvinculado por medidas provisórias.

Essa desvinculação do superávit financeiro dos recursos do Fust (e de outros fundos setoriais), conforme demonstra o TCU (item 3.3.3), vem sendo sistematicamente utilizada pelo governo federal por meio de medidas provisórias, posteriormente convertidas em lei.[85]

[85] Exemplos de Medidas Provisórias que desvincularam recursos do Fust: MP n. 435/2008; MP n. 450/2008; MP n. 484/2010; MP n. 661/2014 e MP n. 704/2015. A análise, pelo TCU, da desvinculação promovida pela MP n. 704/2015 será mais adiante pormenorizada.

De acordo com o TCU (BRASIL. TRIBUNAL DE CONTAS DA UNIÃO, 2017), de 2008 a 2015, por meio de medidas provisórias, R$ 15,2 bilhões de recursos do Fust foram destinados a custear principalmente despesas de dívida pública e benefícios previdenciários. Ou seja, pagamentos totalmente desvinculados das finalidades do Fust.

Destarte, em dezesseis anos de existência, o Fust ainda não foi efetivamente destinado às suas finalidades. Vale verificar se isso ocorreu na lei orçamentária ou em plano fático.

Analisando as Leis Orçamentárias Anuais e seus Anexos, de 2001 a 2019,[86] podemos constatar, corroborando com o que concluiu os Acórdãos do TCU n. 28/2016 (BRASIL. TRIBUNAL DE CONTAS DA UNIÃO, 2016a) e n. 749/2017 (BRASIL. TRIBUNAL DE CONTAS DA UNIÃO, 2017), que quase todo o valor arrecadado pelo Fust vem sendo destinado para a reserva de contingência, o que demonstra que a lei orçamentária não vem cumprindo seu papel de destinar os recursos da Cide para sua destinação.

Como exemplo, pode-se destacar o volume I da Lei de Orçamentária de 2019 (LOA 2019 – Lei n. 13.808/2019), em que o valor estimado de arrecadação para o Fust é de R$ 1.145.574.925,00, sendo que o valor destinado para a Reserva de Contingência é de R$ 1.145.513.644,00, correspondente a mais de 99% do total, devendo ser aplicado em despesa corrente apenas o valor de R$ 61.281,00.[87]

No volume II da LOA 2019,[88] que trata dos Programas de Governo, é possível atestar novamente que a estimativa é de que os valores arrecadados do Fust sejam praticamente utilizados apenas como reserva de contingência. Do total arrecadado, apenas o valor de R$ 61.281,00[89] está destinado ao objetivo de

> Ampliar os serviços de comunicação e expandir a radiodifusão com ênfase no Sistema Público.
>
> Ação:
>
> Universalização e Massificação dos Serviços de Telecomunicações. (BRASIL. LOA, 2019)

[86] As normas foram consultadas no portal do Orçamento Federal. Disponível em: http://www.planejamento.gov.br/assuntos/orcamento-1/orcamentos-anuais. Acesso em: 15 abr. 2019.

[87] Cf. LOA 2019, Vol. I, p. 157.

[88] Cf. LOA 2019, Vol. II.

[89] Cf. LOA 2019, Vol. II, p. 11.

O maior volume estimado da arrecadação já está destinado para a Reserva de Contingência, qual seja, o valor de R$ 1.145.513.644,00.[90]

Nota-se, portanto, que há uma desvinculação da contribuição ao Fust à sua finalidade no plano normativo em relação à lei orçamentária, o que ensejaria violação à própria norma de competência, dado que, conforme já demonstrado, o cumprimento da finalidade é vital para a constitucionalidade de uma Cide.

Se, reiteradamente, os valores arrecadados com a contribuição não têm sido utilizados para concretização dos objetivos que lhe dão suporte de validade, por força da desvinculação na lei orçamentária, outra não pode ser a conclusão se não a de que a contribuição ao Fust possui vício irremediável, com a consequente abertura da possibilidade de repetição do indébito por parte do contribuinte. Essa é a conclusão de Eliana Moysés e Daniel Gatschnigg Cardoso (2008, p. 104):

> Se os recursos arrecadados com a Cide não foram utilizados, o que justifica o pagamento do tributo? Há violação ao princípio da proporcionalidade por falta de necessidade de instituir o tributo. Viola-se o devido processo legal substantivo, pois não há atividade que justifique a exigência da Cide. As receitas do FUST são desnecessárias e, portanto, não há motivo de fato que justifique a exigência. [...]
>
> O desvio de recursos públicos, seja pela ausência de solicitação, seja pelo contingenciamento indevido, é inadmissível e afeta a cobrança da contribuição, tanto por desvio de finalidade quanto por ausência de proporcionalidade.

Conclui-se, portanto, que há a desvinculação no plano normativo da lei orçamentária dos recursos arrecadados com a contribuição ao Fust, o que demonstra o não cumprimento do requisito da destinação do produto arrecadado para sua finalidade.

Vale ainda mencionar que, no voto do Ministro do TCU, Bruno Dantas, relator do Processo n. TC n. 033.793/2015-8, que deu origem ao Acórdão n. 749/2017 (BRASIL, TRIBUNAL DE CONTAS DA UNIÃO, 2017, voto, item 26), não haveria, a princípio, ilegalidade da desvinculação das receitas do Fust, visto que autorizadas por medidas provisórias.

No entanto, o próprio Ministro e o Relatório de Auditoria que deu origem a seu voto (BRASIL, TRIBUNAL DE CONTAS DA UNIÃO, 2017,

[90] Cf. LOA 2019, Vol. II, p. 107.

Relatório de Auditoria, item 272) ressaltaram que a desvinculação das receitas dos fundos de suas finalidades por meio de medidas provisórias estava sendo analisada em outro processo no TCU, ainda pendente de julgamento, qual seja, o Processo n. 008.584/2016-8. E o Relatório de Auditoria (BRASIL, TRIBUNAL DE CONTAS DA UNIÃO, 2017) explicou que:

> 272. [...]. Entretanto, no Parecer sobre as Contas de Governo da Presidente da República, exercício de 2015, aprovado pelo Acórdão 2.523/2016-TCU--Plenário, de 5/10/2016, o TCU decidiu por alertar o Poder Executivo Federal que a utilização de recursos de fundos especiais em finalidade diversa do objeto da vinculação contraria o disposto no art. 73 da Lei 4.320/1964 e no parágrafo único do art. 8º da Lei Complementar 101/2001 – LRF.

É oportuno consignar que esse Processo n. 008.584/2016-8, que trata da análise da desvinculação de receitas legalmente vinculadas efetuada pela MP n. 704/2015, em razão do descumprimento do disposto no art. 73 da Lei n. 4.320/1964 e no parágrafo único do art. 8º da Lei de Responsabilidade Fiscal, foi julgado pelo TCU dando origem ao Acórdão n. 2615/2018 (BRASIL. TRIBUNAL DE CONTAS DA UNIÃO, 2018a).

Neste julgamento realizado pelo Plenário do TCU no dia 14/11/2018, ficou decidido que o processo ficará sobrestado até o julgamento da consulta de que trata o processo TC n. 008.530/2018-1. Já esse processo foi julgado em 28/11/2018, cujo Acordão n. 2737/2018 (BRASIL. TRIBUNAL DE CONTAS DA UNIÃO, 2018b) respondeu a consulta formulada pelo Ministro-Substituto de Estado do Planejamento, Desenvolvimento e Gestão, acerca da desvinculação de superávit financeiro apurado no Balanço Patrimonial da União.

Entendeu o TCU, neste caso, resumidamente e referente ao que nos interessa para esse estudo, que, de acordo com o art. 73 da Lei n. 4.320/1964 e parágrafo único do art. 8º da Lei de Responsabilidade Fiscal, *apenas mediante a modificação das leis instituidoras dos fundos ou das leis que destinam recursos à finalidade específica*, é que pode haver *a alteração da vinculação originária dos recursos.*

Desse modo, não há que se dizer que haveria uma "legalização" da lei orçamentária que não destina os valores da contribuição ao Fust à sua finalidade por ter sido promovida a desvinculação anterior por medida provisória.

Se a afetação de seus recursos à sua finalidade é requisito fundamental para sua validade, norma posterior que desvincula o produto de sua arrecadação é inconstitucional e não serve para legalizar a norma orçamentária que não destina os recursos do Fust para as finalidades previstas na sua norma de instituição, qual seja, a Lei n. 9.998/2000. Ademais, conforme entendimento do TCU, norma posterior não poderia desvincular recursos originalmente destinados por lei, a não ser por alteração da própria norma de instituição do fundo ou receita.

Sem o cumprimento da vinculação da contribuição ao Fust na lei orçamentária, fica claro, também, o descumprimento do requisito da vinculação no plano fático. Se não há valores orçados para a finalidade do fundo na lei orçamentária, o gestor não poderá empenhar e liquidar os recursos.

Entretanto, vale analisar a motivação da não inclusão de previsão de gastos oriundos da contribuição ao Fust em suas finalidades na lei orçamentária. Essa análise é interligada com a vinculação da contribuição ao Fust no plano fático.

Para isso, importante recordar que a Lei n. 9.998/2000 determina que o Ministério da Ciência, Tecnologia, Inovações e Comunicações tem a competência para formular as prioridades, as políticas e os programas que utilizarão os recursos do Fust e a Anatel deve, além de implementar e fiscalizar os programas, elaborar e submeter ao MCTIC a proposta para inclusão orçamentária do Fust no projeto de lei orçamentária anual.

Conforme já demonstrado, o TCU concluiu em seus Acórdãos, derivados de Auditoria e de Fiscalização em 2005 e 2016, que o antigo Ministério das Comunicações (atual MCTIC) foi omisso na apresentação de projetos, prioridades e programas para a utilização do Fust, ficando a Anatel também sem a possibilidade de implementá-los ou de incluí-los em proposta de orçamento. Veja uma das conclusões do Relatório preparado pelo TCU (BRASIL. TRIBUNAL DE CONTAS DA UNIÃO, 2005) que embasou o Acórdão 2.148/2005:

> 269. Ao analisar a atuação dos formuladores de políticas, desde a criação da Lei do Fust até o presente momento, a equipe constatou que não existem políticas públicas, diretrizes gerais e prioridades, formuladas ou em discussão, no âmbito do Ministério das Comunicações, que possam orientar de forma efetiva a aplicação dos recursos do Fust, nos termos da Lei. (BRASIL. TRIBUNAL DE CONTAS DA UNIÃO, 2005, item 269)

Vale mencionar que no Relatório de Auditoria do TCU de 2017 (BRASIL, Tribunal de Contas da União, 2017), no item 187, há a informação de que o MCTIC justificou a não apresentação de projetos para a destinação do Fust às suas finalidades pela limitação legal de sua utilização apenas para a telefonia fixa, sendo que o PGMU já teria cumprido esse papel de universalização do STFC e que a demanda atual da sociedade é por investimentos em banda larga, prestada no regime privado e, portanto, não sujeita a investimentos com recursos do Fust. No entanto, para o TCU (BRASIL, Tribunal de Contas da União, 2017, itens 196 e 197), o MCTIC não pode "se furtar de sua competência para propor as políticas públicas necessárias à plena utilização do fundo".

Assim, pode-se concluir que a contribuição ao Fust, apesar de cumprir o requisito da destinação de seus recursos à finalidade no plano normativo da lei de instituição, não o cumpre no plano normativo da lei orçamentária, visto que, desde a sua instituição, apenas uma parte ínfima de suas receitas foram destinadas às suas finalidades na LOA e, muito menos, cumpre a sua destinação no plano fático. Isso, porque, conforme comprovado pelo TCU, o MCTIC não tem apresentado projetos e diretrizes para a utilização do Fust, o que impede a Anatel de propor a inclusão desses no orçamento da União.

Mais recentemente, com a evolução tecnológica e a obsolescência da telefonia fixa, o impedimento legal na LGT de utilização dos recursos do Fust para outros serviços de telecomunicação, atualmente mais essenciais, como a banda larga (TELEBRASIL, 2018), por estar submetida ao regime privado, tem criado novos entraves para a eficiente destinação da contribuição. Assim, atualmente, é possível entender que a destinação prevista na norma instituidora da contribuição, apesar de constitucional, limita a possibilidade da destinação no plano fático e da norma orçamentária.

A partir do que foi constatado, em conjunto com o entendimento do STF em seus julgados sobre a validade de uma Cide em função de sua tredestinação no plano normativo e fático, pode-se concluir que, se seguida a mesma orientação e for instado a analisar a contribuição ao Fust sob esse prisma, provavelmente o Tribunal Superior não concluirá pela possibilidade de repetição do indébito pelo contribuinte, mas poderá entender pela necessidade de se dar efetiva destinação dos recursos da contribuição para sua finalidade pela lei orçamentária. E ainda, que não cabe ao Poder Judiciário determinar onde o Poder Executivo deve gastar os recursos, tendo em vista que isso depende das políticas públicas.

Recorda-se, ainda, os ditames do parágrafo único do art. 8º[91] da Lei de Responsabilidade Fiscal (LRF), Lei Complementar n. 101/2001, que prevê que os recursos vinculados devem ser aplicados para atender as suas finalidades, ainda que em exercício diverso do que ocorrer o ingresso.

Porém, a LRF não prevê qual o prazo para a aplicação desses recursos, o que acaba por inviabilizar, de certa forma, o questionamento de seu não cumprimento pelos agentes administrativos. Todavia, a recorrente não aplicação dos recursos da Cide às suas finalidades, como nesse caso do Fust, pode ser justificativa para a própria aplicação do art. 8º da LRF, conforme entendeu Marco A. Greco (2006, p. 333-335) pela *institucionalização da sua não aplicação*, abrindo a possibilidade para o contribuinte requerer a suspensão da cobrança da contribuição para o futuro.

Dessa maneira, vale analisar quais foram as providências já tomadas pelas prestadoras do serviço de telecomunicação, bem como por outros órgãos, para tentar sanar esses problemas da contribuição ao Fust, e no próximo capítulo propor soluções para o cumprimento desse requisito de validade pela Cide para que seus recursos sejam efetivamente destinados à universalização de serviços de telecomunicações essenciais para a sociedade.

Como já mencionado alhures, as operadoras de telefonia fixa já impetraram Mandado de Segurança para discutir a inconstitucionalidade da contribuição destinada ao Fust (Processo n. 2006.34.00.000369-4), sendo o argumento principal, neste ponto, a falta de destinação dos valores do Fust para a sua finalidade.

No entanto, a sentença proferida pelo Juiz da 7ª vara da Justiça Federal do Distrito Federal[92] rejeitou a argumentação de inexigibilidade da

[91] "Art. 8º Até trinta dias após a publicação dos orçamentos, nos termos em que dispuser a lei de diretrizes orçamentárias e observado o disposto na alínea *c* do inciso I do art. 4º, o Poder Executivo estabelecerá a programação financeira e o cronograma de execução mensal de desembolso.

Parágrafo único. Os recursos legalmente vinculados a finalidade específica serão utilizados exclusivamente para atender ao objeto de sua vinculação, ainda que em exercício diverso daquele em que ocorrer o ingresso".

[92] Sentença publicada em 28 de março de 2008. Veja parte do entendimento do Juiz: "A eventual inércia do Poder Executivo no cumprimento dos objetivos delineados pela Lei 9.998/2000 implica a responsabilização dos agentes omissos, e não a suspensão da exigibilidade do crédito tributário, ainda que se trate, como no caso concreto de contribuição de intervenção no domínio econômico".

contribuição em razão da tredestinação. Já no acórdão do julgamento das Apelações e Embargos de Declaração[93] de ambas as partes, a questão da tredestinação não foi analisada, pois resumiu-se a afirmar que a referibilidade não seria requisito necessário para a validade de uma Cide.

Em outro Mandado de Segurança (Processo n. 2007.34.00.027328-8),[94] também impetrado por algumas prestadoras de serviços de telecomunicações, foi corretamente requerida a invalidade do recolhimento da contribuição ao Fust, entre outros fundamentos, pela violação do art. 149 da CR/1988, por não ter a Anatel aplicado os recursos em sua finalidade, utilizando o Acórdão do TCU n. 2.148/2005 como fundamento.

No julgamento do recurso de Apelação deste processo,[95] a 7ª Turma do TRF da 1ª Região entendeu que não haveria no art. 149 da CR/1988 previsão de tempo ou modo para aplicação da Cide, nem mesmo sua urgência, sendo que isso dependeria de políticas técnico-governamentais. E a juíza convocada, relatora, Mônica Neves Aguiar da Silva, concluiu que:

> A profunda e indubitável demora em dar destino aos recursos é que poderá, se e quando (então porventura transmudando-se em conduta tendente a perenizar-se ou omissão qualificada), denotar um indicativo de inconstitucionalidade proveniente da não aplicação dos recursos arrecadados, o que até aqui não há (ainda que, ao que tudo indique, haja um aparente problema de eficácia da gestão no ponto). (BRASIL. TRIBUNAL REGIONAL DA 1ª REGIÃO, 2012)

Nota-se, portanto, que o Tribunal Regional Federal da 1ª Região não aprofundou sobre a tredestinação ao analisar a constitucionalidade da contribuição ao Fust. Em razão dos argumentos constitucionais envolvi-

93 Trata-se do acórdão proferido pelo TRF 1ª Região, Processo n. 2006.34.00.000369-4, Des. Rel. Hercules Fajoses, 7ª Turma, j. 10/5/2016.

94 Cf. TRF 1, Mandado de Segurança n. 2007.34.00.027328-8, 7ª Turma, Rel. Juíza Federal Mônica Neves Aguiar da Silva, j. 24/1/2012.

95 Os Recursos Especial e Extraordinário das empresas foram inadmitidos e ensejaram a interposição dos respectivos Agravos de Inadmissão no STJ e STF. No STJ, foi negado provimento ao Agravo e não conhecido o Agravo Regimental. No STF houve apenas a manifestação da Procuradoria Geral da República, no sentido de sugerir a submissão ao Plenário Virtual para análise da existência de repercussão geral. Desde 22 de fevereiro de 2016 o processo encontra-se concluso ao Ministro Relator Celso de Mello. A última pesquisa de acompanhamento processual foi realizada em 21 de fevereiro de 2019.

dos nesse debate, como amplamente demonstrado nesta obra, essa questão deve ser apreciada apenas no STF.

Além dessas ações, a Ordem dos Advogados do Brasil (OAB) interpôs, em 16 de novembro de 2016, uma Ação Direta de Inconstitucionalidade por Omissão (ADO n. 37/2016) requerendo medida cautelar para (i) a suspensão da cobrança da contribuição ao Fust até o julgamento da ADO pela não destinação efetiva dos recursos às finalidades para as quais foi criada; (ii) impedir a utilização dos valores acumulados no Fust em outras finalidades que não as de universalização do serviço de STFC ou que não sejam utilizados os recursos em outras finalidades.

No mérito, a OAB requereu: (i) a declaração de inconstitucionalidade por omissão da contribuição ao Fust pela não adoção de providências administrativas para a aplicação dos recursos do Fundo em suas finalidades; (ii) com base no Acórdão n. 28/2016 do TCU, a restituição pelo Tesouro Nacional ao Fundo dos valores desviados das finalidades do Fust; (iii) a determinação ao MCTIC de formulação de políticas públicas para aplicação do Fust no prazo de 180 dias, considerando a possibilidade de aplicação dos recursos em serviços privados com interesse público, bem como propostas de políticas pelas empresas prestadoras do serviço de telecomunicação, com a suspensão da cobrança da contribuição até a formulação dessas políticas e utilização dos recursos já existentes no Fundo.

Subsidiariamente, a OAB requereu, caso seja necessária alteração da LGT, a declaração de inconstitucionalidade por omissão quanto ao dever de legislar, determinando ao Congresso Nacional e à Presidência da República que alterem o art. 64 da LGT para fazer constar a possibilidade de prestação, no regime privado, de serviço de telecomunicação de interesse público.

Com relação à ADO,[96] vale mencionar que os argumentos levantados são relevantes, como a demonstração da tredestinação dos recursos do fundo com a ausência de investimentos em suas finalidades e a omissão administrativa da Anatel e do MCTIC com relação à definição de políticas públicas para efetiva destinação orçamentária.

A ação também demonstrou, acertadamente, o exaurimento da finalidade para a qual foi criada a contribuição ao Fust, em função da obsolescência do serviço de telefonia fixa (STFC), único em que podem ser atualmente aplicados os recursos do fundo, por estar submetido ao regime

[96] Por não ser objeto deste trabalho, não serão feitos comentários sobre a legitimidade da OAB em propor a ação ou mesmo sobre o cabimento da ADO para este caso.

público. Assim, de acordo com a OAB, a contribuição ao Fust deveria ser declarada inconstitucional pelo exaurimento de sua finalidade.[97]

Para a OAB, é possível, ainda, que os recursos do Fust sejam utilizados, sem necessidade de alteração legislativa, em outros serviços que, embora estejam submetidos ao regime privado, são de interesse público, como a telefonia celular e a banda larga, pois o objetivo da universalização é que toda sociedade tenha acesso ao serviço público de qualidade.

Vale uma breve crítica a essa ponderação. Apesar de nobre a intenção da OAB em liberar o uso do Fust em serviços que verdadeiramente hoje são essenciais para a sociedade, há, em verdade, barreiras legais na LGT para a utilização dos recursos do Fust em serviços prestados em regime privado, mesmo que de interesse público, como os artigos 63, 64, 65 e 79 a 81 da Lei n. 9.472/1997.

Isso, porque apenas os serviços prestados no regime público estão sujeitos às obrigações de universalização. E a contribuição ao Fust foi criada exatamente para criar recursos para o fundo público destinado a cobrir despesas relacionadas às obrigações de universalização que não podem ser arcadas com a exploração eficiente do serviço. Atualmente, apenas a telefonia fixa (STFC), que está submetida ao regime público, pode ser abarcada pela finalidade da contribuição.

Dessa maneira, no decorrer da inicial da ADO, apesar de não incorporado ao pedido final da ação, a OAB requereu que, caso o STF entenda pela necessidade de alteração legislativa, seja determinada ao Poder Legislativo a realização das adequações necessárias apenas no art. 64 da LGT, para que comporte a previsão de prestação no regime público dos serviços de telecomunicação de interesse público, como telefonia móvel e banda larga.[98]

[97] Para tanto, a inicial da ADO n. 37/2016 utilizou como argumento a ADI n. 5.050, de relatoria do Min. Roberto Barroso que discute a inconstitucionalidade superveniente da contribuição ao adicional do FGTS criada pela Lei Complementar n. 110/2001 pelo exaurimento de sua finalidade. Para o Min. Roberto Barroso, naquela decisão, é plausível o STF voltar a analisar a constitucionalidade da contribuição sob esse prisma (ADI n. 5.050. Disponível em: www.stj.jus.br. Acesso em: 15 abr. 2019).

[98] Vale transcrever parte da inicial da ADO n. 37/2016 em que esse pedido fica mais claro: "Consequentemente, é necessário determinar a adequação do artigo 64 da Lei n. 9.472/1997 pelo Poder Legislativo, a fim de que sejam incluídos no regime público de prestação de serviços de telecomunicação os serviços prestados no interesse público, como a telefonia móvel e a internet banda larga, serviços estes que, desse modo, poderão receber os recursos arrecadados, como medida de universalização de sua prestação".

Posteriormente, com o argumento de que a destinação dos recursos do Fust deve alcançar políticas públicas que não apenas visem a universalização dos serviços prestados em regime público, mas também os serviços prestados em regime privado, desde que atendidos o interesse público, a OAB requereu, subsidiariamente, e agora com pedido ao final da ação, que se determine ao Poder Legislativo a alteração do art. 64 da LGT para incluir a previsão de prestação, no regime privado, de serviço de telecomunicação no interesse público.

Especificamente com relação a esse pedido de "apelo ao legislador" para a alteração do art. 64 da LGT, entendemos que a questão não é tão simples como quer parecer a inicial da ADO da OAB. Veja a redação do artigo:

> Art. 64. Comportarão prestação no regime público as modalidades de serviço de telecomunicações de interesse coletivo, cuja existência, universalização e continuidade a própria União comprometa-se a assegurar.
>
> Parágrafo único. Incluem-se neste caso as diversas modalidades do serviço telefônico fixo comutado, de qualquer âmbito, destinado ao uso do público em geral.

A primeira ideia da OAB, portanto, seria pela alteração do art. 64 para que o serviço de telecomunicação de banda larga (SCM) e de telefonia móvel (SMP) passassem a ser submetidos também ao regime público e, assim, pudessem ter acesso aos recursos do Fust.

Contudo, para isso, verifica-se que não seria necessária alteração no art. 64, pois o parágrafo único trata do Serviço de Telefonia Fixo Comutado (STFC) apenas como um tipo de serviço que obrigatoriamente deve ser prestado no regime público, o que se justificava à época da edição da lei pela sua essencialidade. Mas para que os serviços de banda larga (SCM) e de telefonia celular (SMP) passem a ser prestados no regime público, bastaria que a União os considerassem como essenciais, no sentido da necessidade da obrigação de universalização, para que fossem aplicados os artigos 18, I e §1º do art. 65 da LGT:

> Art. 18. Cabe ao Poder Executivo, observadas as disposições desta Lei, por meio de decreto:
>
> I – instituir ou eliminar a prestação de modalidade de serviço no regime público, concomitantemente ou não com sua prestação no regime privado;
>
> Art. 65. [...]

§ 1° Não serão deixadas à exploração apenas em regime privado as modalidades de serviço de interesse coletivo que, sendo essenciais, estejam sujeitas a deveres de universalização.

No entanto, apesar de não haver dúvidas de que atualmente a banda larga e a telefonia móvel são serviços mais essenciais para a sociedade do que a telefonia fixa, em função da tecnologia e do número de usuários, conforme estudo da Telebrasil já demonstrado neste trabalho (TELEBRASIL, 2018), a alteração para o regime público desses serviços tem muito mais implicações do que a simples possibilidade de se utilizar os recursos do Fust. Como exemplo, podemos citar a maior burocratização regulatória desses serviços, conforme determina a LGT para os serviços de telecomunicação submetidos ao regime público, como a regulação de tarifas e metas de universalização.[99]

Vale lembrar que os serviços de telecomunicações prestados no regime privado podem ter obrigações de cobertura previstas nas autorizações, mas não as obrigações legais de universalização, que implicam maior custo e reformulação do próprio planejamento estratégico e financeiro do serviço.

A segunda alternativa de alteração legislativa requerida pela OAB, de forma subsidiária no pedido final da ação, é a alteração do art. 64 da LGT para incluir a previsão da possibilidade de prestação, no regime privado, de serviço de telecomunicação no interesse público.

Neste caso, o pedido é ainda um pouco mais complicado, pois o que o art. 64 da LGT determina é que os serviços de interesse coletivo, que a União entenda que deve ser assegurada a universalização e a continuidade, devem ser prestados no regime público. Se o regime público é exatamente o regime jurídico escolhido para assegurar a universalização e a continuidade pela União, estando no viés da universalização da assimetria regulatória, e o regime privado, baseado na livre iniciativa, no viés da competição, alterar o art. 64 para possibilitar que os serviços de interesse

[99] Nas páginas 11 e 12 das Informações apresentadas na ADO n. 37, a Anatel explica de forma detalhada as implicações regulatórias para a transformação dos serviços de banda larga e telefonia móvel, há muito prestados no regime de livre iniciativa, em regime público. Um dos grandes problemas seria a questão dos bens reversíveis para a União ao final da concessão, já que os bens são privados. Disponível em: http://redir.stf.jus.br/paginadorpub/paginador.jsp?docTP=TP&docID=610000340#41%20-%20Documentos%20comprobat%F3rios%20(70242/2016)%20-%20Documentos%20comprobat%F3rios. Acesso em: 15 abr. 2019.

público sejam submetidos ao regime privado demandaria uma alteração legal muito mais ampla.

Assim, seria mais lógico, no sentido da ADO da OAB, apenas passar essas atividades para o regime público e aplicar todas as regras a ele inerentes, inclusive a possibilidade de utilização dos recursos do Fust, o que, conforme esclarecido, demandaria maior custo para essas empresas.

Com efeito, entendemos que o pedido de alteração apenas do art. 64 da LGT feito pela OAB não é a melhor solução para o impasse da utilização dos recursos do Fust. A questão é tão mais complicada que, há alguns anos, vem sendo debatido pelos órgãos públicos e setores interessados um novo modelo de Marco Regulatório dos Serviços de Telecomunicações, com alterações na LGT. Além disso, inúmeros projetos de lei têm sido apresentados no Congresso Nacional para alteração da LGT e da Lei n. 9.998/2000 de modo a tentar resolver o imbróglio que virou a limitação para o cumprimento da efetiva destinação dos recursos do Fust, que conta com a Cide do setor.

No entanto, apesar da abertura de consulta pública pelo antigo Ministério das Comunicações (atual MCTIC), em dezembro de 2015, para analisar o novo marco regulatório do setor, que contou com a colaboração de inúmeros órgãos, entidades e empresas, foi dado andamento ao Projeto de Lei n. 3.453/2015, transformado no PLC n. 79/2016,[100] que permite que as concessões de telefonia sejam alteradas para autorizações no regime privado, sem fazer qualquer alteração significativa na Lei do Fust.[101]

Sendo aprovado o PL dessa forma, a maior crítica em relação ao Fust é no sentido de que, ao permitir o esvaziamento do regime público dos serviços de telecomunicação sem alterar a Lei do Fust, a sua finalidade, de universalização do serviço, pode deixar de existir, sendo mais um argu-

[100] Foi impetrado o Mandado de Segurança no STF (MS n. 34.562), relator Ministro Alexandre de Moraes, pelos senadores da oposição, para questionar o rito da tramitação desse Projeto de Lei no Senado.

[101] Existem diversos pontos debatidos em torno desse Projeto de Lei em relação às questões regulatórias, que por fugirem do escopo deste trabalho não serão abordadas. Apenas a título de esclarecimento, a discussão principal que envolve esse Projeto de Lei é, além da indefinição do cálculo do valor da indenização, a discussão de que com a transformação do regime público de concessão para a modalidade de autorização, teoricamente, abriria para as concessionárias de telefonia fixa a possibilidade de não ser necessário devolver os bens reversíveis ao final da concessão.

mento para as prestadoras do serviço de telecomunicação deixarem de arrecadar a contribuição de intervenção correlata.

Concluindo, ao analisar a aplicação do requisito de validade da destinação à sua finalidade para a contribuição ao Fust, podemos afirmar que essa Cide cumpriu, inicialmente, o pressuposto no plano normativo da lei de instituição, mas nunca cumpriu no plano normativo da lei orçamentária e, por consequência, também não houve o cumprimento no plano fático.

Com esse reiterado descumprimento, desde a sua instituição, da destinação à sua razão de ser e com o avanço tecnológico que tornou outros serviços de telecomunicação, prestados no regime privado, mais essenciais do que a telefonia fixa, verifica-se que as limitações impostas na destinação no plano normativo da norma de instituição também se tornou um entrave para a eficiência da destinação dos recursos dessa Cide, com consequências até mesmo na própria necessidade de cobrança dessa contribuição de intervenção.

Esse argumento se reforça ao se analisarem as Informações apresentadas pela Anatel[102] à ADO n. 37 da OAB, em curso no STF. Na petição apresentada em dezembro de 2016, a Anatel informou que já apresentou alguns programas de metas de universalização para o cumprimento da destinação dos recursos do Fust, sendo que apenas o primeiro, PMU I, Portaria 263 de 2006, chamado "Programa de Atendimento às Pessoas Deficientes", teve efetivamente a utilização de recursos do Fundo no valor de R$ 345.000,00.

Ademais, a Anatel informou, com a apresentação de diversos dados, que além do serviço de STFC ter ficado obsoleto, perdendo seu protagonismo em razão do desenvolvimento tecnológico, "os principais objetivos relacionados ao serviço universal, originários da Lei Geral de Telecomunicações e preestabelecidos na Lei do Fust, foram atingidos por meio de recursos próprios das concessionárias do STFC, no cumprimento dos Planos Gerais de Metas de Universalização estabelecidos pelo poder público, considerando sempre o equilíbrio econômico-financeiro do contrato de Concessão". E completou afirmando que o poder público já vem também atuando na expansão da banda larga, independentemente de recursos do

[102] Informações da Anatel apresentadas na ADO n. 37 (p. 16). Disponível em: http://redir.stf.jus.br/paginadorpub/paginador.jsp?docTP=TP&docID=610000340#41%20-%20Documentos%20comprobat%F3rios%20(70242/2016)%20-%20Documentos%20comprobat%F3rios. Acesso em: 15 abr. 2019.

Fust que não podem lhe ser destinados, por meio do "Programa Nacional de Banda Larga" (PNBL) e do "Programa Brasil Inteligente".

Por outro lado, a Anatel também ressaltou, em suas Informações, que estão tramitando diversos projetos de lei no Congresso Nacional para alterar a LGT e a Lei do Fust, de modo a flexibilizar a utilização dos recursos do fundo e, portanto, da Cide, em finalidades vinculadas à expansão dos serviços de telecomunicação mais essenciais atualmente para a população.

Contudo, a conclusão mais importante das Informações prestadas pela Anatel nessa ação é que a Agência concorda que: (i) muito pouco dos recursos do Fust foram efetivamente utilizados em sua finalidade; (ii) essa não utilização dos recursos pode levar à desnecessidade do próprio Fundo, haja vista que o poder público e as concessionárias já vêm universalizando os serviços de banda larga, hoje mais essenciais à população, independentemente dos recursos do Fust; e (iii) é necessária a alteração ampla da LGT e da Lei do Fust para flexibilizar a possibilidade de utilização de recursos do fundo para atividades realmente essenciais para a sociedade.

Assim, considerando que neste capítulo foi possível avaliar a aplicação dos requisitos de validade da Cide, extraídos da doutrina e jurisprudência do STF, à contribuição ao Fust, chegamos à conclusão de que o grande problema dessa exação é a falta de destinação de seus recursos às suas finalidades. E que a destinação não é possível tanto por entraves legais, quanto pela recorrente desvinculação e contingenciamento dos recursos, ou seja, não há cumprimento da destinação no plano normativo da lei orçamentária e no plano fático. Verificou-se também que as limitações impostas na destinação no plano normativo da norma de instituição têm criado entraves à eficiente utilização dos recursos da contribuição ao Fust.

4
A Contribuição ao Fundo de Universalização dos Serviços de Telecomunicações (Fust): Conclusões e Proposta

Neste capítulo, será possível concluir qual a verdadeira importância da existência desta contribuição de intervenção que gera recursos para um fundo público de universalização dos serviços essenciais de telecomunicação.

Em seguida, será efetuada uma sugestão prática às prestadoras de serviços de telecomunicações e aos órgãos de governo interessados, como Anatel e MCTIC, para permitir a utilização dos recursos da Cide e do próprio fundo em serviços de telecomunicação atualmente essenciais para a sociedade.

Conforme foi demonstrado ao longo desta obra, desde a Constituição de 1988, com o estabelecimento do Estado Democrático de Direito em que os direitos sociais foram alçados à categoria prioritária dos deveres do Estado, principalmente, da União, houve uma crescente necessidade de geração de recursos para cobrir essas despesas.

Assim, considerando a necessidade de repartição de receita tributária dos impostos da União com Estados e Municípios, verificou-se um incremento na instituição de contribuições sociais e de intervenção no domínio econômico, previstas no art. 149 da CR/1988, muitas vezes sem o devido cuidado com as premissas constitucionais para sua criação.

Por esse motivo, foi selecionado o estudo dos principais pressupostos para a instituição de uma contribuição de intervenção no domínio econômico, levando em consideração o ponto de vista da doutrina e da jurisprudência do Supremo Tribunal Federal (STF).

Com a evolução do estudo, foi possível extrair os principais requisitos de validade de uma Cide considerados pela doutrina e pela jurisprudência do STF: (a) necessidade de intervenção; (b) referibilidade e (c) destinação à sua finalidade. Esses requisitos foram, portanto, verificados nas controvérsias existentes no campo acadêmico e jurisprudencial, como foi demonstrado no decorrer do Capítulo 2. Em alguns estudos, a análise desses pressupostos é feita em conjunto, mas a opção por separá-los neste trabalho ocorreu para facilitar a análise, a fim de identificar a presença dos requisitos na contribuição de intervenção selecionada.

Ficou demonstrado ainda, de acordo com a pesquisa desenvolvida pelo Sindicato das Empresas de Telefonia e de Serviço Móvel Celular e Pessoal (Sinditelebrasil) para apresentação em Audiência Pública na Câmara dos Deputados (SINDITELEBRASIL, 2015), que houve um aumento da carga tributária do setor de telecomunicações após sua privatização, resultando no alto preço deste serviço no Brasil.

Entre os tributos criados especialmente para o setor de telecomunicações, encontram-se as contribuições de intervenção no domínio econômico: a contribuição ao Fundo de Universalização dos Serviços de Telecomunicações (Fust); a contribuição ao Fundo para o Desenvolvimento Tecnológico das Telecomunicações (Funttel) e a Contribuição para o Desenvolvimento da Indústria Cinematográfica Nacional (Condecine-Telecomunicação). Foi selecionada a contribuição ao Fust para a aplicação dos pressupostos de validade extraídos do estudo da doutrina e da jurisprudência, tanto pela importância em relação aos valores arrecadados, mas principalmente pela recorrente e, mais recente, discussão acerca de sua validade nos campos acadêmico, legislativo, judicial e que envolvem as empresas prestadoras de serviços de telecomunicações.

Isso posto, ao aplicar os requisitos de validade, observando sempre o entendimento do STF e da doutrina, foi possível concluir que a contribuição selecionada, apesar de cumprir os requisitos da necessidade de intervenção e referibilidade, não cumpre, nem nunca cumpriu, o requisito da destinação à sua finalidade.

Neste sentido, neste capítulo serão apresentadas as conclusões deste trabalho em forma de proposta para essa Contribuição de Intervenção no Domínio Econômico (Cide), a fim de analisar sua real importância no cenário nacional, bem como oferecer sugestões de melhor aproveitamento do fundo a que é destinada. A ideia não é encontrar pontos frágeis da legislação ou de sua aplicação para buscar a inconstitucionalidade dessa contribuição, pois isso já vem sendo feito pelas próprias prestadoras de serviço de telecomunicação, e até mesmo pela Ordem dos Advogados do Brasil (OAB), nos Tribunais, como já demonstrado.

O objetivo final desta obra é propor soluções práticas para que o setor de telecomunicações possa conviver de forma harmônica e eficiente com a tributação dessa contribuição e para que seja possível que esta cumpra todos os requisitos de validade para uma Cide e, assim, atingir os princípios da Ordem Econômica e Social da Constituição de 1988.

4.1. A Alteração da Essencialidade dos Serviços de Telecomunicações e a Importância dos Recursos do Fust para Investimentos em Expansão e Universalização de Novas Tecnologias

Conforme ficou delineado, a contribuição ao Fust cumpre os requisitos de validade de uma contribuição de intervenção no domínio econômico referentes à necessidade de intervenção e referibilidade.

A necessidade de intervenção, qual seja, a finalidade para a qual foi criada a contribuição ao Fust, é identificada como o incentivo ao setor de telecomunicações, na forma do art. 174 da CR/1988, para universalização dos serviços de interesse coletivo, essenciais para o cumprimento dos princípios constitucionais da Ordem Econômica do art. 170 da CR/1988, como a busca da justiça social pelo desenvolvimento econômico regional e social do país.

O requisito da referibilidade é cumprido, pois os contribuintes dessa Cide são as prestadoras dos serviços de telecomunicações, nos regimes público e privado, que fazem parte do grupo que possui relação com a motivação da intervenção.

Todavia, essa contribuição não cumpre, e podemos afirmar que nunca cumpriu, o importante requisito de validade referente à destinação de suas receitas para atender sua finalidade, tanto no plano normativo da norma orçamentária, quanto no plano fático, sendo que as limitações no plano normativo da norma de instituição da Cide têm dificultado a utilização eficiente de seus recursos em sua finalidade.

Podemos até inferir que, ao descumprir a destinação de forma tão reiterada, a contribuição ao Fust acaba por afetar até mesmo o próprio requisito da necessidade de intervenção. Tanto que, além de ações judiciais questionando a sua inconstitucionalidade pela tredestinação, como a mais recente

Ação Direta de Inconstitucionalidade por Omissão (ADO) n. 37, proposta pela OAB, há inúmeros projetos de lei com a finalidade de alterar a Lei do Fust e a Lei Geral das Telecomunicações (LGT), para que o fundo possa ser utilizado em serviços de telecomunicações realmente essenciais para a sociedade atual, como a banda larga móvel e fixa (SMP e SCM), que estão submetidas ao regime privado.

Com efeito, apesar dos comentários apontados acerca da ADO da OAB, a questão, no âmbito judicial, já está posta e será julgada pelo STF. Desse modo, o objetivo dessas conclusões não é buscar as inconstitucionalidades, mas apresentar soluções para o imbróglio legal a que está submetida hoje a contribuição ao Fust e propor alternativas para que essa exação cumpra todos os requisitos de validade de uma Cide analisados ao longo desta obra, principalmente o da destinação à sua finalidade. Para isso, será necessário rever a destinação legal dessa contribuição e isso passa pela análise da essencialidade dos serviços de telecomunicações.

É essencial recordar que a intervenção no setor de telecomunicações, que justifica a criação e cobrança dessa Cide, envolve o conceito de universalização do serviço que compreende o fornecimento do mínimo do serviço para os usuários de forma isonômica, ou seja, com preço justo e em todas as localidades. Entretanto, mais do que isso, o acesso universal ao serviço de telecomunicação, mesmo que único, isto é, mínimo, em todos as áreas do país, tem a ver também com a tecnologia fornecida, pois uma tecnologia obsoleta pode não mais atender as necessidades de desenvolvimento social e regional do país, objetivo final da própria universalização. Por isso, o conceito de serviço essencial também se altera na medida da evolução tecnológica.

Já vimos, não só pela inovação tecnológica, mas também pela menor regulação que reduz o custo do serviço, que a telefonia fixa (regime público) há muito tempo perdeu espaço para a telefonia móvel e, mais recentemente, para a banda larga, fixa e móvel, serviços prestados sob o regime privado. Para o Conselheiro da Agência Nacional de Telecomunicações (Anatel), Igor Freitas,[103] em documento no qual defendeu um novo modelo de marco regulatório, essa conclusão é clara:

[103] O resumo da proposta do Conselheiro Igor de Freitas, bem como de outros colaboradores com a Consulta Pública do Ministério das Comunicações para o novo Marco Regulatório do serviço de telecomunicação, está no levantamento efetuado no Acórdão TCU n. 3076/2016

4.2.15. Passados 15 anos daquele marco histórico surpreende ainda haver insegurança em se afirmar que o telefone móvel substituiu plenamente o fixo, seja por uma abordagem reversa do problema, que coloca a lei — e não a realidade — como origem da análise, seja pela recusa em perceber que as tecnologias móveis, mais compatíveis com as necessidades humanas atuais e futuras, oferecem mais qualidade e comodidade aos usuários. (BRASIL. TRIBUNAL DE CONTAS DA UNIÃO, 2016b, p. 21)

Destarte, com o cumprimento do Plano Geral de Metas de Universalização (PGMU) pelas concessionárias, bem como com o avanço tecnológico e a obsolescência da telefonia fixa (STFC),[104] podemos inferir que a universalização tal qual prevista na LGT, voltada para a prestação do serviço no regime público, já foi cumprida praticamente sem a utilização do Fust e não demanda mais esforços. Com essa afirmação, poderíamos concluir pela desnecessidade do fundo público que muito pouco foi utilizado para sua finalidade e, por consequência, da necessidade de extinção da contribuição de intervenção cobrada das prestadoras de serviços de telecomunicação.[105]

Todavia, alguns aspectos necessitam ser considerados antes de se concluir apenas pela inconstitucionalidade da cobrança da contribuição por exaurimento de sua finalidade, até mesmo porque essa questão já está sendo questionada perante o STF na ADO n. 37.

O primeiro aspecto é o interesse do poder público na manutenção da cobrança dessa contribuição e de seu respectivo fundo, mas com altera-

– Processo n. 015.409/2016-3 (BRASIL, Tribunal de Contas da União, 2016b). A transcrição feita acima refere-se ao voto do Conselheiro Igor Freitas. Disponível em: https://contas.tcu.gov.br/pesquisaJurisprudencia/#/pesquisa/acordao-completo. Acesso em: 15 abr. 2019.

[104] Conforme informado pela Anatel nas Informações apresentadas na ADO n. 37. Disponível em: http://portal.stf.jus.br/processos/detalhe.asp?incidente=5092096. Acesso em: 15 abr. 2019.

[105] Em seu voto no Acórdão n. 749/2017 (BRASIL. TRIBUNAL DE CONTAS DA UNIÃO, 2017, item 12 do voto), o Ministro do Tribunal de Contas da União (TCU), Bruno Dantas, alerta que a reiterada desvinculação legal dos recursos dos fundos setoriais como o Fust, com a verificação de que a sua arrecadação supera, e muito, sua destinação, pode levar tanto à exigência de maiores investimentos no setor de telecomunicações, com benefício aos usuários do serviço, quanto à solicitação de redução da cobrança dos valores, o que poderia ter impacto na redução do preço do serviço para o consumidor, mas que, diretamente, beneficiaria as prestadoras do serviço.

ções de sua legislação e da própria LGT, como demonstram os inúmeros projetos de lei que tramitam no Congresso Nacional que serão mencionados adiante.[106]

Outro aspecto é a própria alteração da essencialidade das modalidades de serviços de telecomunicações, como a substituição da importância da telefonia fixa especialmente pela banda larga, necessária para o desenvolvimento do Brasil em todos os setores e como forma de promover os princípios constitucionais da Ordem Econômica, como a redução das desigualdades regionais e sociais e o direito fundamental à comunicação.

Ou seja, a percepção da essencialidade de uma modalidade de serviço de telecomunicação se altera com o tempo e com o desenvolvimento tecnológico. O governo federal já vem há algum tempo intensificando o investimento nesta direção com a promoção de programas que visam aumentar a prestação do serviço de banda larga, como o Plano Nacional de Banda Larga (PNBL),[107] criado pelo governo federal por meio do Decreto n. 7.175/2010, ou o "Programa Brasil Inteligente", instituído pelo Decreto n. 8.776/2016.

O PNBL tinha como objetivo fomentar o uso e o fornecimento de bens e serviços de tecnologias de informação e comunicação visando a massificação do acesso à banda larga e a inclusão digital de forma a atingir o desenvolvimento econômico e social e a redução das desigualdades regionais.

O art. 4º do Decreto previa a adoção de políticas públicas para expansão da rede de conexão à internet em alta velocidade em instituições de ensino e de saúde, bem como a oferta do serviço em localidades onde inexista sua prestação adequada. Veja que esses objetivos se aproximam muito dos objetivos de universalização dos serviços de telecomunicações previstos na LGT e na própria Lei do Fust.[108]

[106] De acordo com o Acórdão n. 749/2017 do TCU (2017, item 16 do voto do Min. Relator), verifica-se que a solicitação do Congresso Nacional pela auditoria do Tribunal de Contas tem como finalidade o embasamento de proposta de alteração legislativa dos fundos setoriais.

[107] Neste caso, foram alteradas as metas do PGMU de instalação de Postos de Serviços de Telecomunicações (PST) por infraestrutura de banda larga do STFC, com inúmeros debates, inclusive, judiciais.

[108] Vale mencionar novamente que o Fundo para o Desenvolvimento Tecnológico das Telecomunicações (Funttel), criado pela Lei n. 10.052/2000, conforme já explicitado, tem como objetivo principal prover recursos para a pesquisa e o desenvolvimento tecnológico do setor de telecomunicações. Assim, juntamente com o Fust, esse Fundo tem a missão de fomentar a inovação tecnológica voltada para a massificação do acesso ao serviço de telecomunicação de forma a promover o desenvolvimento econômico, social e regional do país.

No âmbito desse programa foram fechados termos de compromisso com as prestadoras de serviço de telecomunicação, na modalidade STFC, para oferta do serviço de banda larga popular, em condições especiais, tanto no atacado, quanto no varejo e por satélite.

Em paralelo a esse programa, o governo federal promoveu incentivos fiscais para a infraestrutura do serviço de banda larga, como a desoneração de smartphones, promovida pela "Lei do Bem"[109] e o Regime Especial de Tributação do Programa Nacional de Banda Larga (REPNBL),[110] com previsão de desoneração de Imposto sobre Produtos Industrializados (IPI), Programa Integração Social (PIS) e Contribuição para o Financiamento da Seguridade Social (Cofins) sobre máquinas, equipamentos e mão de obra, para os projetos aprovados até 2015, desde que finalizados até 2016, em linha com os objetivos do programa.

Já o "Programa Brasil Inteligente" foi criado por meio do Decreto n. 8.776, de 11 de maio de 2016, como uma nova etapa do PNBL, e teve como objetivo a universalização do acesso à internet banda larga no Brasil. O programa prevê um investimento maciço em tecnologia, principalmente de fibra óptica, a ser implementado para cobertura nas cidades ("Programa Cidade Inteligente"), nas escolas públicas ("Programa Minha Escola Mais Inteligente"), além de investimentos em tecnologia 5G e na "Internet das Coisas".[111]

Veja também que no Plano Plurianual (PPA),[112] que dita as metas para os orçamentos de 2016-2019, percebe-se que há nítida preocupação com os investimentos para a expansão e aumento da velocidade da banda larga no Brasil, na diretriz dos serviços de comunicação: "Promoção do direito à comunicação e à inclusão digital, ampliando o acesso à Internet banda larga e expandindo a oferta de serviços e conteúdos de telecomunicações".[113]

[109] Lei n. 12.715, de 17 de dezembro de 2012, que incluiu os smartphones nos benefícios da Lei n. 11.196, de 21 de novembro de 2005 ("Lei do Bem"). Para usufruir do benefício fiscal de isenção do PIS e da Cofins, os aparelhos smartphones devem ser produzidos no Brasil e ter um preço máximo estipulado pelo governo federal.

[110] Art. 28 e segs. da Lei n. 12.715/2012 que "destina-se a projetos de implantação, ampliação ou modernização de redes de telecomunicações que suportam acesso à internet em banda larga".

[111] Disponível em: https://www.governodigital.gov.br/noticias/brasil-inteligente-vai-levar-fibra-optica-para-70-dos-municipios-ate-2019. Acesso em: 21 fev. 2019.

[112] Disponível em: http://www.planejamento.gov.br/secretarias/upload/arquivo/spi-1/ppa-2016-2019/ppa-2016-2019-ascom-3-1.pdf/view. Acesso em: 15 abr. 2019.

[113] Outros planos para fomento da tecnologia no Brasil foram analisados pelo governo federal como o "Programa Nacional de Conectividade" (PNC), um avanço do Programa Nacional de Banda Larga, com foco na massificação de infraestrutura de internet de qualidade.

Mais recentemente, o governo federal tem concentrado seus esforços no desenvolvimento de novas tecnologias para melhorar o dia a dia e a qualidade de vida das pessoas em diversos setores (agronegócio, cidades inteligentes, saúde, etc.). A partir dessa visão foi editado o Decreto n. 8.234/2014 que, após consulta pública com participação da sociedade civil, culminou em um estudo liderado pelo Banco Nacional de Desenvolvimento Econômico e Social (BNDES) e pelo Ministério da Ciência, Tecnologia, Inovações e Comunicações (MCTIC) esboçado no Relatório final do "Plano de Ação do Estudo de Internet das Coisas" (Plano de Ação da IoT), que possui previsão de implementação até 2022.[114]

Além desse Plano, há também o projeto "Estratégia Brasileira para Transformação Digital" (E-Digital)[115] publicado em 2018 pelo MCTIC em conjunto com representações setoriais e sociedade civil, que visa traçar as estratégias de longo prazo para a economia digital no Brasil. Por meio desse projeto, o governo federal já demonstra sua preocupação com a necessidade de aumento de acesso à infraestrutura de telecomunicação para que possa haver o melhor desempenho no desenvolvimento de novas tecnologias no país, tendo já aventado a necessária alteração legislativa do Fust para que possa ser utilizado para o incremento da banda larga.

Para também comprovar a atual essencialidade dessas novas tecnologias e o impacto positivo de sua universalização no desenvolvimento econômico e social dos países, utilizamos o plano das Organizações das Nações Unidas (ONU), publicado em 2015, chamado "Objetivos de Desenvolvimento Sustentável",[116] onde são traçados os 17 objetivos dos países para cumprir uma agenda de metas de desenvolvimento até 2030.

Em função dessa agenda da ONU, a União Internacional de Telecomunicações (UIT) encomendou um estudo que culminou em um Relatório (2015)[117] que demonstra a importância do desenvolvimento da Tecnologia da Comunicação e Informação (TIC) para o alcance dessas metas glo-

[114] Disponível em: https://www.bndes.gov.br/wps/wcm/connect/site/d22e7598-55f5-4ed5-b9e5-543d1e5c6dec/produto-9A-relatorio-final-estudo-de-iot.pdf?MOD=AJPERES&CVID=m5WVIld. Acesso em: 15 abr. 2019.

[115] Disponível em: http://www.mctic.gov.br/mctic/export/sites/institucional/estrategiadigital.pdf. Acesso em 10 jun. 2019.

[116] Disponível em: https://nacoesunidas.org/pos2015/. Acesso em: 15 abr. 2019.

[117] Disponível em: http://systemtransformation-sdg.gesi.org/160608_GeSI_SystemTransformation.pdf. Acesso em: 15 abr. 2019.

bais da ONU. Neste relatório ficou clara a relação entre desenvolvimento humano e social e as tecnologias, principalmente digitais, para melhorar a qualidade de vida das pessoas, os serviços de saúde e educação com acesso rápido ao conhecimento (*e-learning* e *e-health*), bem como para proteger o meio ambiente.

Contudo, conforme explicou o documento da UIT, a excessiva regulamentação do setor acaba por reduzir investimentos, a competitividade e o próprio desenvolvimento das tecnologias que ficam mais caras.[118]

Considerando que no Brasil, como demonstrado, há uma preocupação nítida do poder público na necessidade de expansão dessas novas tecnologias, principalmente digitais como a banda larga, para o desenvolvimento social e econômico do país, é preciso encontrar esse equilíbrio entre a regulação e a atração de investimentos com competitividade para que o serviço seja acessível a toda a população.

Analisando a atual regulação brasileira, recorda-se que a Lei n. 9.998/2000, com base na LGT, determina que a contribuição ao Fust tem como finalidade a intervenção no setor de telecomunicações para corrigir um desequilíbrio, qual seja, prover recursos a um fundo com o objetivo de equalização dos custos de universalização dos serviços essenciais de telecomunicação de interesse público.

Entretanto, a destinação, no plano normativo de instituição da contribuição, só permite sua utilização para a telefonia fixa (STFC), única prestada sob o regime público, obsoleta e, de acordo com a Anatel, já universalizada.

Isso ocorreu porque, na época da edição da LGT, o serviço de telefonia fixa era considerado essencial e a União definiu que este seria prestado no regime público com garantia de universalização e continuidade. Já os demais serviços de telecomunicação, como telefonia móvel e banda larga, apesar de serem também de interesse coletivo, seguiram sendo prestados no regime privado, com base na competição e, portanto, não sujeitos à universalização e, por consequência, não podem ser financiados com recursos do Fust.

Por isso, é necessário encontrar alternativas para que o Fust possa ser utilizado na universalização ou na expansão de outros serviços de teleco-

118 Esta também é a conclusão do Plano de Ação do IoT do governo federal, já acima mencionado.

municações, como banda larga fixa e móvel que, apesar de serem prestados em regime privado, são de interesse público e, atualmente, essenciais para o desenvolvimento regional e social do país, conforme demonstram, inclusive, os programas do governo federal para a massificação da banda larga.

Veja que a finalidade que justifica a intervenção do Estado, via contribuição, continuaria a ser a universalização dos serviços de telecomunicação de interesse público que sejam essenciais para o país. Todavia, a própria criação, pelo governo federal, de programas de massificação da internet banda larga sem a utilização dos recursos do Fust pode levar à conclusão de sua dispensabilidade e, portanto, pela necessidade de sua extinção.

No entanto, a utilização do fundo setorial para bancar os investimentos e despesas em serviços essenciais, como de telecomunicações, é de grande importância em um país com tamanha extensão territorial e desigualdades sociais e regionais.

Contudo, o problema crônico da desvinculação das receitas do Fust, conforme demonstrado, bem como a rigidez legislativa para sua utilização, sem um projeto claro de curto, médio e longo prazos, apresentado pela Anatel e, principalmente pelo MCTIC, conforme levantamento do TCU (BRASIL. TRIBUNAL DE CONTAS DA UNIÃO, 2017), têm criado expectativas de interrupção da cobrança da contribuição pelas empresas de telecomunicações, conforme mencionado pelo Min. Bruno Dantas em seu voto (BRASIL. TRIBUNAL DE CONTAS DA UNIÃO, 2017, item 12), bem como pelas ações judiciais já mencionadas.

Considerando, portanto, o interesse do poder público e da sociedade na massificação do serviço de banda larga, ligada aos objetivos de universalização dos serviços essenciais de telecomunicação, de forma a promover a inclusão digital com vistas ao desenvolvimento social, econômico e regional do país, redução das desigualdades sociais, intensificação tecnológica, entre outros, entendemos de vital importância a manutenção e utilização do fundo público setorial para esses objetivos, de forma mais flexível e realmente voltada aos interesses da sociedade atual.

Esse entendimento é também baseado em exemplos estrangeiros. No relatório do Grupo de Trabalho[119] do Ministério das Comunicações e Anatel (MCTIC; ANATEL, 2016, p. 129 e ss.), há um capítulo dedicado ao *Benchmark* internacional. Neste capítulo, observa-se que é comum a utilização

[119] Criado para analisar as propostas para o novo marco regulatório das telecomunicações.

pelos países de um fundo público para custear investimentos para universalização dos serviços de telecomunicações em áreas não rentáveis, sendo selecionado para exemplificar neste trabalho, o caso dos Estados Unidos.

Nos Estados Unidos, de acordo com o relatório do MCTIC e Anatel (2016, p. 139-141), há um órgão regulador federal, a Federal Communications Commission (FCC), responsável pela regulação dos serviços de telecomunicações interestaduais.[120] Para a FCC, o serviço universal tem como pressuposto que todos os cidadãos americanos têm direito ao acesso ao serviço de telecomunicação.

Para isso, há um fundo de universalização do serviço, o Universal Service Fund (USF) parecido com o nosso Fust, todavia, administrado por uma entidade privada, sem fins lucrativos, a Universal Service Administrative Company (USAC):

> Um fundo federal (USF) suporta a prestação de serviços de telecomunicações (incluindo telefonia fixa e serviços de banda larga) em áreas de alto custo, para os grupos de consumidores de baixa renda, instalações de saúde, escolas e bibliotecas nas zonas rurais. [O] USF é administrad[o] por uma organização independente não lucrativa, a *Universal Service Administrative Company* (USAC). [O] USF é financiad[o] através da taxação de todos os prestadores de serviços, incluindo fornecedores de VoIP com envio e recebimento de chamadas através da PSTN. Mas o acesso à Internet e a serviços baseados na Internet não estão sujeitos a essa taxação. (BRASIL. MCTIC. ANATEL, 2016, p. 139)

O fundo estadunidense é custeado pelas prestadoras do serviço de telecomunicação interestadual e internacional. Sobre as receitas desses serviços, as prestadoras devem pagar uma contribuição ao USF, cujo valor é alterado trimestralmente dependendo dos programas subsidiados pelo fundo.

Os programas do fundo têm quatro objetivos centrais que contemplam investimentos em serviços de telecomunicação de internet de alta velocidade para a área de saúde, para a área de educação, subsídio para telefonia fixa e móvel para cidadãos de baixa renda e serviços de telefonia móvel e banda larga para áreas rurais e remotas. E qualquer prestadora de serviço de telecomunicação pode pleitear para a USAC os recursos do fundo, caso

[120] Há ainda outros órgãos reguladores no âmbito dos Estados, as *Public Utilities Commissions* (PCCs).

seu programa esteja em linha com seus objetivos centrais, mas em contraprestação deve assumir compromissos de qualidade da prestação do serviço. Neste caso, a USAC fornece os valores e tem a responsabilidade de acompanhar e auditar a prestadora do serviço no que tange à utilização desses recursos.

Em 2010, a FCC criou o Plano Nacional de Banda Larga com a utilização dos recursos do USF em um novo Fundo, o Connect America Fund (CAF).[121] O objetivo desse programa é o investimento de recursos em projetos de infraestrutura das prestadoras de serviços de telecomunicações que visam a preservação do serviço de voz e a massificação da internet de velocidade rápida para todos cidadãos americanos, com alta qualidade e preços acessíveis, já tendo bons resultados.[122]

Esse é um exemplo que demonstra a importância da utilização do fundo público para o financiamento da massificação da internet banda larga em áreas e setores não competitivos de forma eficiente. Para o Brasil, certamente, a utilização dos recursos do Fust para a massificação dos serviços de banda larga traria, além de maiores recursos, maior interesse das prestadoras de serviços de telecomunicações no atingimento das metas dos programas.

Vale mencionar um outro ponto que denota a importância da utilização dos recursos do Fust para os programas de desenvolvimento tecnológico e da banda larga no Brasil. Trata-se do julgamento, pela Organização Mundial do Comércio (OMC),[123] dos questionamentos do Japão e da União Europeia quanto aos incentivos fiscais brasileiros para a produção nacional de, entre outros, equipamentos para a prestação de serviços de telecomunicação, como a Lei de Informática.

De acordo com a OMC, o Brasil teria violado o princípio de tratamento nacional ao dar subsídios fiscais apenas a produtos produzidos nacionalmente não estendidos aos produtos importados. Mesmo com o julgamento

[121] Maiores informações disponíveis em: https://www.fcc.gov/general/connect-america-fund-caf. Acesso em: 15 abr. 2019.

[122] Disponível em: https://www.fcc.gov/consumers/guides/connect-america-fund-phase-ii-faqs. Para acesso aos resultados do programa: https://www.fcc.gov/general/connect-america-fund-progress-portal. Acessos em: 15 abr. 2019.

[123] Disponível em: http://www.itamaraty.gov.br/pt-BR/notas-a-imprensa/19834-decisao-do-orgao-de-apelacao-da-omc-nos-contenciosos-envolvendo-brasil-uniao-europeia-e-japao-sobre-medidas-tributarias-brasileiras. Acesso em: 15 abr. 2019.

parcialmente favorável da Apelação do Brasil, verifica-se que haverá uma maior dificuldade na concessão de novos incentivos fiscais em um momento de tanta necessidade de investimento em novas tecnologias e em banda larga no país.

Dessa maneira, para que o Brasil tenha o mesmo sucesso que os Estados Unidos em relação aos recursos do fundo público, é necessária uma flexibilização no plano normativo no que tange à destinação da contribuição ao Fust, e do próprio fundo, para que passe a abarcar também a correção do desequilíbrio no setor de telecomunicações para cobrir despesas para a expansão de novos serviços essenciais em áreas e setores não competitivos.

Assim, será possível passar para a exigência do cumprimento da norma orçamentária e do plano fático da destinação da contribuição de forma a atingir os princípios constitucionais que visam a justiça social e o desenvolvimento econômico, social e regional do país. No próximo item, será sugerida a melhor alternativa, em nosso entendimento, para a alteração normativa com essa finalidade.

4.2. A Contribuição ao Fust: Proposta de Alteração Legislativa

Como já demonstrado no capítulo anterior, como o Brasil optou pelo modelo regulatório mais flexível, a forma aparentemente mais simples de solucionar o problema da destinação normativa do Fust seria a União aplicar os arts. 18, I e 65, §1º da LGT e definir que a banda larga e a telefonia móvel, por serem atualmente consideradas como essenciais, devem se sujeitar à universalização e, por isso, devem ser prestadas no regime público. Assim, os recursos do Fust, como a Cide, poderiam ser destinados para a universalização desses serviços. Essa, inclusive, foi uma das soluções propostas pela OAB na ADO n. 37.

No entanto essa certamente não é a melhor solução. Isso, porque a modalidade de regime público do serviço de telecomunicação é efetuada mediante concessão ou permissão que possuem obrigações regulatórias muito mais rígidas do que a autorização, pelo regime privado, a que atualmente esses serviços estão submetidos, conforme determina a LGT. E a maior regulação, conforme demonstrado pelos documentos da ONU e da UIT, bem como, no Brasil, no Plano de Ação da IoT, tem como consequência menor investimento e desenvolvimento.

Veja que a LGT dispõe que a prestação do serviço sob o regime público está submetida às regras de universalização e continuidade, com determinação, pela Anatel, da estrutura tarifária dessas empresas e a obrigatoriedade da reversibilidade dos bens ao final da concessão.

Já a prestação do serviço no regime privado é baseada na livre iniciativa e na competição, com regulamentação bem mais flexível. Portanto, outra solução precisa ser encontrada para atualizar a destinação da contribuição (e do fundo) para financiar os serviços atualmente essenciais em áreas e setores sem retorno financeiro e viabilizar a sua utilização eficiente.

Uma das questões que vem sendo debatida pelo poder público é a alteração da legislação regulatória que tem consequências na análise da destinação do Fust. Com o objetivo de oferecer maior acesso aos serviços essenciais para a população, conjugado com a necessidade de maiores investimentos privados no setor, o poder público entendeu que há uma urgência na alteração da legislação regulatória do setor de telecomunicações.

Enquanto isso, considerando a necessidade premente de investimentos em banda larga, conforme acima explicitado, o governo federal já lançou mão de programas de expansão de sua universalização, como o PNBL e o "Programa Brasil Inteligente". Nesse segundo programa, instituído pelo Decreto n. 8.776/2016, além de dispor sobre os objetivos para a concretização da universalização do acesso à internet no país, em seu art. 4º, já previu que a Anatel deveria propor ao MCTIC mecanismos que possibilitassem a migração das concessões de telefonia fixa (STFC) para o regime privado, com a condição de atendimento de metas relativas ao investimento na universalização da banda larga.

Isso também ocorreu no projeto "Estratégia Brasileira para Transformação Digital" (E-Digital). Essa também é uma forma de garantir recursos para o atingimento das metas do governo federal de massificação da banda larga.

Também focados na necessidade de alteração regulatória, o Ministério das Comunicações e a Anatel criaram um Grupo de Trabalho (GT), já mencionado (MCTIC; ANATEL, 2016), para analisar as propostas para o novo marco regulatório das telecomunicações. Este GT partiu da premissa da necessidade de expansão da infraestrutura de banda larga no país, que é a base para o desenvolvimento da economia digital.

O GT entendeu, ao final,[124] que deveria haver uma segmentação do mercado com base no grau de competição para determinar o nível de regu-

[124] Conclusão do Relatório do Grupo de Trabalho do Ministério das Comunicações e Anatel (GT – criado pela Portaria MC n. 4.420/2015) para propor mudanças no marco regulatório dos serviços de telecomunicação. Disponível em: http://www.anatel.gov.br/institucional/ultimas-

lação necessário. Assim, resumidamente, o GT apresentou três modelos para as alterações regulatórias e propôs que deveria haver menor regulação em áreas mais competitivas, e maior regulação em áreas sem competição.

No entanto, mesmo após diversas discussões em torno da consulta pública do Ministério das Comunicações,[125] bem como de inúmeros projetos de lei em tramitação, o projeto de lei recentemente aprovado no Congresso Nacional, considerado como o novo marco regulatório do setor, foi o PLC n. 79/2016 (antigo Projeto de Lei n. 3.453/2015).[126]

O PLC n. 79/2016 tem como objetivo reduzir a regulamentação do setor de telecomunicações, possibilitando que as concessões de telefonia fixa submetidas ao regime público possam, opcionalmente, ser transformadas em autorizações sob o regime privado, tal qual determinado pelo art. 4º do Decreto do "Programa Brasil Inteligente".

Vale esclarecer que o art. 21, XI da CR/1988, suporta essa alteração legal, pois determina que a União deve prestar o serviço de telecomunicação ou delegá-lo ao particular, opcionalmente por autorização, concessão ou permissão. Ou seja, não há obrigatoriedade de o serviço ser prestado por concessão. Tanto é verdade que o art. 18, I da LGT, prevê que, por Decreto, o Poder Executivo pode instituir ou eliminar o serviço de telecomunicação prestado sob o regime público

Desse modo, como o art. 135 da LGT permite que as autorizações sejam vinculadas a "compromissos de interesse da coletividade", de acordo com o PLC n. 79, em contrapartida, a Anatel fará um cálculo do valor econômico da indenização,[127] que deverá ser revertido pelas novas autorizatárias em

noticiass/1074-apresentado-relatorio-com-subsidios-para-mudancas-no-marco-regulatorio e http://www.participa.br/articles/public/0039/1769/relatorio-gt-revisao-do-modelo-web-2.pdf. Acessos em: 15 abr. 2019.

[125] Para um resumo das propostas apresentadas para alteração do Marco Regulatório dos serviços de telecomunicações apresentadas a partir da consulta pública do Ministério das Comunicações, ver Acórdão TCU n. 3076/2016 (Processo n. 015.409/2016-3), Min. Rel. Bruno Dantas, j. 30/11/2016 (BRASIL. TRIBUNAL DE CONTAS DA UNIÃO. 2016b).

[126] Esse projeto de lei ficou *sub judice* no STF em Mandado de Segurança impetrado por alguns Senadores em função da discussão sobre a tramitação de seu processo legislativo no Senado Federal. O processo já transitou em julgado após decisão do Min. Alexandre de Moraes que concedeu a segurança. Mandado de Segurança n. 34.562, Relator Min. Alexandre de Moraes. Disponível em: www.stf.jus.br. Acesso em: 15 abr. 2019.

[127] Como são discussões regulatórias, não iremos nos aprofundar, mas vale pontuar que esse cálculo da diferença entre o valor do serviço adaptado prestado em autorização e o valor do

investimentos no setor de banda larga, mormente em infraestrutura de rede de dados em áreas sem competição para redução das desigualdades.

Ou seja, o modelo escolhido no PLC n. 79 foi o de transformação das concessões em autorizações com compromissos de investimentos dessas empresas em banda larga, o que demonstra, mais uma vez, a atual essencialidade desse serviço para o desenvolvimento do país, bem como a necessidade de recursos para esses investimentos.[128]

Vale esclarecer que o projeto se encontra atualmente na Comissão de Ciência, Tecnologia, Inovação, Comunicação e Informática (CCTCI), com designação de relatora para a emissão de parecer com a análise de 16 emendas apresentadas. Após o término da tramitação nessa Comissão, irá para votação no Plenário do Senado.

Assim, independentemente das possíveis modificações no texto do PLC n. 79, podemos concluir que a opção do governo foi de flexibilizar as regras regulatórias de forma a assegurar a competitividade e o investimento necessários ao setor de banda larga, bem como criar obrigações para as operadoras de expansão desse serviço nas áreas sem competição. Em nosso entendimento, qualquer flexibilização da regulação deve realmente vir acompanhada de metas de investimentos em setores essenciais, como a banda larga para sua ampliação e velocidade.

Contudo, sendo sancionado o PLC n. 79/2016, a crítica em relação ao Fust é no sentido de que, ao se esvaziar o regime público dos serviços de telecomunicação, sem alterar a Lei do Fust, a finalidade do fundo, de universalização do serviço prestado no regime público, poderia deixar de existir, sendo mais um argumento para as prestadoras do serviço de telecomunicação deixarem de arrecadar a contribuição de intervenção correlata.

serviço prestado em concessão, que leva em consideração o valor dos bens reversíveis das concessões, é que tem gerado discussões na sociedade civil, entre entidades de defesa do consumidor, empresas de telefonia e órgãos públicos. Outro ponto de discussão é o fim da obrigatoriedade de universalização e continuidade, pois pode haver redução significativa do serviço de telecomunicação prestado sob o regime público – *vide* Acórdão TCU n. 3076/2016 (Processo n. 015.409/2016-3), Min. Rel. Bruno Dantas, j. 30/11/2016 (BRASIL. TRIBUNAL DE CONTAS DA UNIÃO. 2016b). No entanto, essa obrigatoriedade legal será substituída pelos compromissos firmados no ato da autorização para a universalização da internet banda larga no país, nos termos do art. 135 da LGT.

[128] Esse projeto de lei, no que tange à alteração do marco regulatório dos serviços de telecomunicações, se aproxima do modelo proposto pelo Conselheiro da Anatel Igor de Freitas e da proposta I do Grupo de Trabalho do Ministério das Comunicações/Anatel.

No entanto, entendemos que as metas de investimentos em banda larga que forem determinadas pela Anatel em contrapartida à flexibilização regulatória devem levar em consideração também a possibilidade de utilização de recursos públicos do Fust. Esse será, também, um incentivo para as prestadoras do serviço de telecomunicação investirem em áreas em que não há competição.

Outra forma de flexibilização da utilização do Fundo é permitir que seus recursos sejam utilizados em programas de massificação e desenvolvimento de tecnologias para a banda larga em áreas e setores não competitivos, como o "Programa Brasil Inteligente", o "Plano de Ação da Internet das Coisas", o projeto "Estratégia Brasileira para Transformação Digital" (E-Digital), entre outros que forem criados com esses objetivos.

Assim, nossa proposta para solucionar o impasse da destinação eficiente dos valores arrecadados com a contribuição ao Fust, para que o fundo possa ser utilizado para investimentos na universalização dos novos serviços essenciais, como a internet banda larga prestada no regime privado, estando em linha com o PLC n. 79/2016, é uma flexibilização da Lei n. 9.998/2000 e da LGT em um mesmo projeto de lei.

Neste ponto, corroborando com a sugestão desse trabalho de apresentar uma proposta de flexibilização da norma de destinação do Fust, vale mencionar que o TCU, no Relatório de Auditoria relacionado aos fundos setoriais, Acórdão n. 749/2017 (BRASIL. TRIBUNAL DE CONTAS DA UNIÃO, 2017, itens 210 a 214), estabeleceu que há necessidade de se propor soluções para a utilização correta dos fundos analisados, como o Fust, sendo oportuna a apresentação de alteração legislativa de forma a flexibilizar sua utilização, aproveitando a tramitação do PLC n. 79/2016.

Ao final, este Acórdão do TCU determinou ao MCTIC que apresente, em 120 dias, um estudo sobre a arrecadação e destinação do Fust com avaliação de impactos de eventual "alteração na composição atualmente observada entre arrecadação, aplicação e desvinculação do fundo".

Essa flexibilização normativa, que será adiante sugerida, terá como finalidade possibilitar que os recursos do Fust sejam aplicados em projetos que tenham como objetivo a universalização e a expansão dos serviços de telecomunicações de interesse coletivo, prestados nos regimes público e privado, considerados essenciais pelo poder público.

Dessa maneira, em relação à contribuição cobrada das prestadoras de serviços de telecomunicações, deve ser alterada (e flexibilizada) a sua destinação de forma a proporcionar a efetiva utilização dos recursos à sua finalidade e, portanto, o atendimento aos requisitos de validade da Cide.

Ou seja, flexibilizar a destinação significa alterar a norma de competência de instituição da contribuição ao Fust para que a norma orçamentária e o plano fático da destinação possam ser efetiva e eficientemente cumpridos. Ou mesmo para que possa ser possível cobrar do MCTIC e da Anatel o cumprimento dessa destinação por meio das políticas públicas a serem programadas.

Todavia, lembramos que Marcio Iório Aranha (2015a, p. 199) explicou que a LGT elegeu o critério da *essencialidade* para que o Poder Executivo (art. 18, I da LGT) pudesse definir quais atividades seriam submetidas ao regime público e, portanto, ficariam sujeitas às regras de universalização e continuidade, garantidas pela própria União.

Além disso, o § 1º do art. 65 da LGT determinou que os serviços de interesse coletivo que sejam essenciais e, por isso, sujeitos à universalização, não podem ser deixados à exploração apenas no regime privado. Considerando essa lógica da LGT, se o poder público definir que determinado serviço é essencial, deve sujeitá-lo às regras de universalização e, portanto, deve ficar no regime público. Isso impossibilitaria que serviços como de banda larga, pudessem ser considerados essenciais e continuassem a ser prestados apenas no regime privado.

No entanto, o PLC n. 79/2016 resolveu essa questão ao propor a alteração da redação do § 1º do art. 65 da LGT para: "§ 1º Poderão ser deixadas à exploração apenas em regime privado as modalidades de serviço de interesse coletivo que, mesmo sendo essenciais, não estejam sujeitas a deveres de universalização". Assim, com essa flexibilização normativa, abre-se a possibilidade de um serviço, mesmo sendo considerado essencial pelo poder público, não estar sujeito à universalização, e estar submetido ao regime privado, como o caso da banda larga (SCM e SMP).

Lembramos que Márcio Iório Aranha (2015b, p. 50-55), conforme já descrito alhures, nos alertou que a busca da eficiência da normatização regulatória passa pela sua flexibilidade, com a necessidade de maior autonomia para as agências reguladoras, tendo em vista que o conceito de essencialidade se altera muito rápido com a evolução tecnológica que ocorre, por exemplo, com os serviços de telecomunicações.

Nesse sentido, essa alteração proposta no PLC n. 79/2016 facilita a flexibilização da legislação para a utilização do Fust nos serviços sujeitos ao regime privado, com apenas a condição de que seja considerado um serviço essencial pelo poder público. E esse conceito deve ficar aberto na legislação, visto que se altera com o tempo e com o avanço tecnológico. A intenção é que a flexibilização da legislação permita a utilização do fundo na expansão dos serviços essenciais de telecomunicações, sem a necessidade de alterações legislativas futuras em vista do desenvolvimento tecnológico. Considerando essas premissas que sugerimos a alteração do texto normativo da LGT e da Lei n. 9.998/2000.

Vale mencionar que já estão em tramitação no Congresso Nacional inúmeros projetos de lei para alteração da Lei do Fust. Contudo, para que a destinação do fundo tenha a eficácia desejada, é necessário, portanto, que a alteração legislativa seja compatível com as alterações do marco regulatório proposto pelo PLC n. 79/2016.[129]

Assim, foram analisados para esta obra mais de 200 projetos de lei, requerimentos, emendas e substitutivos em trâmite ou já arquivados, no Congresso Nacional, que tratam do Fust.[130]

De todos esses documentos, destacamos alguns projetos de lei em tramitação que podem ser utilizados para essa alteração legislativa necessária com vistas à utilização efetiva e eficiente do Fust, quais sejam: PL n. 7.406/2014,[131] PL n. 3.787/2012 (apensado ao PL n. 1481/2007), PL n. 3.828/2012 (apensado ao PL n. 1.466/2007) e PL n. 6.789/2013 (apensado ao PL n. 7.406/2014), PL n. 10.900/2018 e PL n. 24/2019 em trâmite na Câmara dos Deputados.[132]

[129] Apesar do PLC ainda não ter sido aprovado no Congresso Nacional, dado o avanço de sua tramitação, bem como o entendimento de que esse é o modelo que deverá ser considerado para a mudança do marco regulatório, qualquer projeto que pretenda alterar o Fust deve levá-lo em consideração.

[130] Essa pesquisa no site da Câmara dos Deputados e do Senado Federal buscou todos os documentos relacionados à palavra-chave: "Fust" e foram analisados todos documentos encontrados que tratam de alterações fundamentais do Fust. Análise final efetuada em 21 fev. 2019.

[131] Este projeto de lei possui mais de 26 projetos apensados, tendo a previsão de alteração do marco regulatório como o PLC n. 79, estando pronto para votação em plenário. Disponível em: https://www.camara.leg.br/proposicoesWeb/fichadetramitacao?idProposicao=612507. Acesso em: 15 abr. 2019.

[132] Vale apontar o Projeto de Lei apresentado pelo Deputado Paulo Henrique Lustosa, PL n. 7.249/2017, que visa a revogação total do Fust em função de nunca ter sido aplicado em sua finalidade e na obsolência do STFC que atualmente é sua única possibilidade de destinação.

Esses projetos foram selecionados em função do seu texto ou de sua tramitação, que podem facilitar a sua aprovação. No entanto, entendemos que a melhor opção é a apresentação de novo projeto de lei que já considere as alterações pretendidas pelo PLC n. 79/2016, mas com proposição de alteração da Lei n. 9.472/1997 e da Lei n. 9.998/2000. Nossa proposta:

PROJETO DE LEI n. [NÚMERO DO PROJETO DE LEI],
de [ANO DO PROJETO DE LEI]

Altera a Lei n. 9.472, de 16 de julho de 1997, e a Lei n. 9.998, de 17 de agosto de 2000, para permitir uma flexibilização na utilização do "Fundo de Universalização dos Serviços de Telecomunicações".

O Congresso Nacional decreta:

Art. 1º – Esta Lei altera a Lei n. 9.998, de 17 de agosto de 2000, e a Lei n. 9.472, de 16 de julho de 1997, a fim de possibilitar que os recursos do Fundo público sejam aplicados em projetos e programas que tenham como finalidade a universalização, massificação e expansão dos serviços de telecomunicações de interesse coletivo, considerados essenciais pelo poder público, nos regimes público ou privado.

Art. 2º – A Lei n. 9.472, de 16 de julho de 1997, passa a vigorar acrescida do art. 77-A:

> "Art. 77-A – Deverá ser criado o Fundo de Universalização dos Serviços de Telecomunicações com a finalidade de proporcionar recursos destinados a promover a universalização, massificação e expansão dos serviços essenciais de telecomunicações de interesse coletivo, prestados no regime público ou privado, em áreas e setores não competitivos, nos termos de sua lei de instituição".

Art. 3º – Os artigos 80, §2º, 81 e parágrafo único do art. 135 da Lei n. 9.472, de 16 de julho de 1997, passam a vigorar com a seguinte redação:

> "Art. 80. ....
> § 1º ....

§ 2º Os recursos do fundo de universalização de que trata o art. 77-A não poderão ser destinados à cobertura de custos com a universalização dos serviços que, nos termos do contrato de concessão, a própria prestadora deva suportar.

Art. 81. ....

I – ....

II – fundo previsto no art. 77-A.

Parágrafo único. Poderão ser adotadas também as seguintes fontes:

I – ....

II – ....

Art. 135. ....

Parágrafo único. Os compromissos a que se refere o *caput* serão objeto de regulamentação, pela Agência, observados os princípios da razoabilidade, proporcionalidade e igualdade, podendo ser levado em consideração para a sua determinação, a utilização dos recursos do fundo previsto no art. 77-A, nos termos de sua lei de instituição.

Art. 4º – Os artigos 1º, 2º, 4º, inciso II e 5º da Lei n. 9.998, de 17 de agosto de 2000, passam a vigorar com a seguinte redação:

"Art. 1º Fica instituído o Fundo de Universalização dos Serviços de Telecomunicações – FUST, com a finalidade de proporcionar recursos destinados a promover a universalização, massificação e expansão dos serviços essenciais de telecomunicações de interesse coletivo, prestados nos regimes público e privado, em áreas e setores não competitivos.

Art. 2º Caberá ao Ministério da Ciência, Tecnologia, Inovações e Comunicações formular as políticas, as diretrizes gerais e as prioridades que orientarão as aplicações do FUST com o objetivo de promover a universalização, massificação e expansão dos serviços de telecomunicações essenciais e de interesse coletivo, na forma do art. 5º desta lei.

§1º – Para fins de utilização dos recursos do FUST, serão entendidos como serviços de telecomunicações essenciais de interesse coletivo os serviços prestados nos regimes público e privado que o Ministério da Ciência, Tecnologia, Inovações e Comunicações, por meio de edição de Portaria, definir como sendo necessários para o objetivo de redução das desigualdades sociais e regionais e o desenvolvimento econômico do país, mesmo que não sujeitos à obrigatoriedade de universalização.

§ 2º – Caberá ao Ministério da Ciência, Tecnologia, Inovações e Comunicações definir, em Portaria, as áreas e setores não competitivos que deverão receber os recursos do FUST para investimento nos serviços de telecomunicações essenciais de interesse coletivo.

§ 3º – A Anatel será responsável pela definição dos programas, projetos e atividades que serão financiados com recursos do FUST, em linha com as políticas, diretrizes gerais e prioridades definidas pelo Ministério da Ciência, Tecnologia, Inovações e Comunicações, podendo contar com contribuições dos setores interessados, através de consulta pública.

§ 4º – Os recursos do FUST poderão ser utilizados, desde que aprovados por Portaria do Ministério da Ciência, Tecnologia, Inovações e Comunicações, em programas já existentes e que venham a ser criados pelo governo federal que visem a massificação e o desenvolvimento de infraestrutura de novas tecnologias, como a banda larga, nos termos de suas regulamentações, respeitados os objetivos do Fundo previstos nessa Lei.

§ 5º – A Portaria mencionada nos parágrafos 1º e 2º deverá ser editada em linha com o plano plurianual do governo federal relacionado ao investimento em universalização, massificação e expansão dos serviços de telecomunicações, e acompanhada de estudo técnico efetuado pelo próprio Ministério da Ciência, Tecnologia, Inovações e Comunicações, podendo contar com o auxílio da Anatel, com a justificativa da seleção das áreas e setores não competitivos, bem como dos serviços de interesse coletivo essenciais que serão financiados com recursos do FUST.

§ 6º – As prestadoras de serviços de telecomunicações poderão submeter à apreciação da Anatel os projetos que estiverem em linha com as políticas e diretrizes gerais do Ministério da Ciência, Tecnologia, Inovações e Comunicações para financiamento pelo FUST, inclusive para a utilização do fundo para cumprimento das obrigações estipuladas no documento de autorização do serviço.

§ 7º – Os financiamentos a serem efetuados pelo FUST em projetos aprovados pela Anatel, em conformidade com o art. 4º desta Lei, serão mantidos, mesmo que haja alteração posterior da Portaria do Ministério da Ciência, Tecnologia, Inovações e Comunicações na conformidade do §2º deste artigo.

Art. 4º ....

I – Propor, implementar, acompanhar, fiscalizar e auditar, periodicamente, os programas, projetos e atividades que aplicarem recursos do FUST, nos termos da regulamentação;

II – Elaborar e submeter, anualmente, ao Ministério da Ciência, Tecnologia, Inovações e Comunicações a proposta orçamentária do FUST, para inclusão no projeto de lei orçamentária anual a que se refere o § 5º do art. 165 da Constituição, levando em consideração o atendimento do interesse coletivo, o desenvolvimento econômico e a redução das desigualdades regionais e sociais do país.

III – ....

IV – Analisar e aprovar os projetos apresentados pelas prestadoras de serviços de telecomunicações interessadas na utilização dos recursos do fundo em projetos que estejam em linha com as diretrizes formuladas nesta Lei e na Portaria do Ministério da Ciência, Tecnologia, Inovações e Comunicações prevista no art. 2º.

Art. 5º – Os recursos do FUST serão aplicados em programas, projetos e atividades que estejam em consonância com a universalização, massificação e expansão dos serviços de telecomunicações essenciais de interesse coletivo, nos termos do art. 2º dessa lei, que poderão contemplar, dentre outros, os seguintes objetivos:

I – ....

XV – programas de universalização, massificação e expansão de serviço de telecomunicação móvel e de acesso à internet fixa e móvel em localidades e setores de interesse coletivo, conforme definido pelo Ministério da Ciência, Tecnologia, Inovações e Comunicações, nos termos do art. 2º.

§ 1º REVOGADO".

Art. 5º – A Lei n.9.998, de 17 de agosto de 2000, passa a vigorar acrescida do art. 11-A:

Art. 11-A – O saldo positivo existente no FUST poderá ser utilizado para quaisquer novas finalidades instituídas posteriormente à data de sua constituição.

Art. 6º – Esta Lei entra em vigor na data de sua publicação".

"Justificação

A Lei n. 9.472, de 15 de julho de 1997 (LGT), ao determinar a criação de um Fundo para cobrir as despesas complementares de universalização do serviço de telecomunicação sob o regime público, limitou a sua utilização apenas para os serviços prestados pelas concessionárias, atualmente, o serviço de telefonia fixa (STFC). Apesar de a Lei n. 9.998, de 17 de agosto de 2000, já ter previsto a possibilidade de utilização de seus recursos para a implantação da internet em instituições de ensino e saúde, as limitações impostas pela LGT não permitem que os recursos do fundo sejam utilizados para outros serviços que não os prestados no regime público, que possuem as obrigações de universalização e continuidade.

Com a evolução tecnológica, verifica-se uma alteração do conceito de serviço essencial de telecomunicações, sendo de consenso geral e de vários estudos, inclusive diversas auditorias do Tribunal de Contas da União (TCU), a obsolescência do serviço de telecomunicação na modalidade fixa (STFC), já universalizado pelas concessionárias sob regime público, e a urgência de investimentos nos novos serviços essenciais de banda larga e telefonia móvel, prestados sob regime privado, para o desenvolvimento do país. Ademais, a economia digital necessita da banda larga para se desenvolver de forma isonômica no Brasil.

O governo federal já vem demonstrando essa preocupação com a implantação do PNBL – "Plano Nacional de Banda Larga", "Programa Brasil Inteligente", "Estratégia Brasileira para Transformação Digital" (E-Digital) e "Plano de Ação da Internet das Coisas" que têm como objetivo, ou que necessitam, da universalização e massificação do acesso à internet no país. Além disso, a experiência internacional aponta para a necessidade de utilização de recursos públicos para a universalização e expansão dos serviços de telecomunicação essenciais de interesse coletivo nas áreas em que não há competição do mercado.

Com a tendência de flexibilização regulatória e alteração das concessões para autorizações na conformidade do PLC 79/2016, é necessário e urgente, portanto, que a LGT e a Lei do Fust sejam flexibilizadas para permitirem a utilização dos recursos do Fundo para a expansão de serviços essenciais de telecomunicação de interesse coletivo, independentemente do regime em que são prestados, se público ou privado, ou mesmo da existência de obrigação de universalização, sem necessidade de alteração legislativa posterior em função do desenvolvimento tecnológico.

Todavia, essa flexibilização precisa ser acompanhada de uma normatização da definição das políticas e diretrizes gerais para utilização do fundo, bem como da possibilidade de maior abertura aos programas e projetos alinhados aos objetivos centrais desses financiamentos. Para isso, sugerimos que o Ministério da Ciência, Tecnologia, Inovações e Comunicações defina as linhas gerais de políticas públicas e a Anatel aprove e acompanhe os projetos, que podem ser apresentados pelas próprias prestadoras dos serviços de telecomunicação interessadas em utilizar os recursos do fundo, de forma a alcançar a finalidade final de desenvolvimento econômico e redução das desigualdades sociais e regionais baseados na aplicação do princípio da isonomia.

Outro ponto a ser considerado é o crescente aumento dos questionamentos judiciais a respeito da inconstitucionalidade da contribuição cobrada das prestadoras de serviço de telecomunicação para custear o fundo por não cumprir requisito essencial de validade, qual seja, a destinação à sua finalidade.

Assim, as alterações propostas irão proporcionar a flexibilização da destinação do fundo para que tanto os recursos já arrecadados e não utilizados, quanto os valores a serem arrecadados no futuro, principalmente da Cide cobrada das prestadoras do serviço de telecomunicação, sejam eficientemente aplicados em serviços realmente essenciais e de interesse coletivo, bem como auxiliar a continuidade de sua existência, tendo em vista as inúmeras ações judiciais e projetos de lei que visam sua extinção".

Vale ressaltar que o TCU tem importante papel de controle da gestão e aplicação desses recursos nos limites legais. Sem um efetivo controle externo que não passe apenas por fiscalizações, mas também por sanções, o contingenciamento ou o desvio dos recursos poderá continuar a ocorrer, sem que se atinja os objetivos do Fust, tendo como consequência o esgotamento, novamente, da necessidade de intervenção ou finalidade da contribuição correlata.

Outra sugestão para evitar o contingenciamento recorrente dos valores destinados ao Fust é a inclusão de um inciso ao Projeto de Lei do Senado

n. 594/2015, que pretende alterar a redação do §2º do art. 9º da Lei Complementar n. 101/2000 (LRF).

O novo inciso III a ser adicionado ao PLS seria para propor que, assim como a previsão de impedimento de limitação de despesas para as ações de ciência, tecnologia e inovação já existente no projeto, que também não fossem limitadas as despesas destinadas à universalização e expansão de serviços essenciais de telecomunicações, evitando assim o contingenciamento de suas receitas. O projeto prevê a seguinte redação do § 2º do art. 9º da LC n. 101/2000:

> "Art. 9º ....
>
> § 2º Não serão objeto de limitação as despesas que:
>
> I – correspondam a obrigações constitucionais e legais do ente da Federação, inclusive aquelas destinadas ao pagamento do serviço da dívida, e as ressalvadas pela lei de diretrizes orçamentárias;
>
> II – sejam destinadas às ações de ciência, tecnologia e inovação". (NR)

Propomos a inclusão do inciso III, com a seguinte redação:

> "III – sejam destinadas às ações de universalização e massificação dos serviços de telecomunicações essenciais e de interesse coletivo".

Concluindo, consideramos que é relevante a manutenção de um fundo público para a aplicação dos recursos na universalização e massificação dos serviços essenciais de telecomunicações que sejam realmente de interesse coletivo, com o objetivo de cumprir o direito fundamental à comunicação e os ditames da Ordem Social e Econômica constitucional de desenvolvimento econômico e redução das desigualdades sociais e regionais.

E esse fundo público, o Fust, já existe e tem como uma de suas receitas, uma contribuição de intervenção no domínio econômico, que para ser válida a sua cobrança das prestadoras de serviços de telecomunicações, precisa cumprir requisitos elementares de validade, como os que foram apresentados ao longo desta obra: (i) necessidade de intervenção; (ii) referibilidade; e (iii) destinação para sua finalidade.

Comprovamos que a contribuição ao Fust cumpre os dois primeiros requisitos, mas podemos dizer que nunca cumpriu o requisito da destinação à sua finalidade, ao menos no que tange à norma de competência orçamentária e ao plano fático da destinação.

Além disso, as limitações da destinação previstas na norma de instituição da contribuição têm impedido a eficiente utilização dos recursos da contribuição para cumprimento de sua finalidade. Por esse motivo, a contribuição ao Fust vem sendo questionada judicialmente pela OAB e por prestadoras de serviços de telecomunicações.

Desse modo, para que a contribuição possa ter validade, com o cumprimento de todos os requisitos eleitos para esta obra, sugerimos uma alteração no plano normativo de sua norma de instituição para que sua destinação seja flexibilizada, de forma que o fundo a que se destina, o Fust, possa ser utilizado de forma eficiente, para arcar com os custos de universalização e expansão dos serviços de telecomunicação essenciais de interesse público, como os serviços de banda larga fixa e móvel.

Essa alteração de sua norma de instituição vai permitir, por consequência, a maior possibilidade de cumprimento de sua destinação na norma orçamentária e no plano fático, pois efetivamente o conceito de essencialidade no interesse coletivo poderá acompanhar a evolução tecnológica e a real necessidade da sociedade para alcançar o desenvolvimento econômico e a redução das desigualdades regionais e sociais almejados pela Ordem Econômica e Social da Constituição de 1988.

REFERÊNCIAS

AMARO, Luciano. *Direito Tributário brasileiro*. 2. ed. São Paulo: Saraiva, 1998.

ARANHA, Márcio Iório. *Direito das Telecomunicações*: histórico normativo e conceitos fundamentais. 3. ed. rev. e atual. London: Laccademia, 2015a.

ARANHA, Márcio Iório. *Manual de Direito Regulatório*. 3. ed. rev. ampl. London: Laccademia, 2015b.

ATALIBA, Geraldo. *Hipótese de incidência tributária*. São Paulo: Revista dos Tribunais, 1973.

ATALIBA, Geraldo. *Hipótese de incidência tributária*. 15. ed. São Paulo: Malheiros, 2014.

ÁVILA, Humberto. Contribuições na Constituição da República de 1988. *In*: MACHADO, Hugo de Brito (org.). *As contribuições no sistema tributário brasileiro*. São Paulo: Dialética, 2003.

BALEEIRO, Aliomar. *Limitações constitucionais ao poder de tributar*. 8. ed. atual. por Misabel Abreu Machado Derzi. Rio de Janeiro: Forense, 2010.

BARRETO, Paulo Ayres. *Contribuições*: regime jurídico, destinação e controle. São Paulo: Noeses, 2011.

BECKER, Alfredo Augusto. *Teoria geral do Direito Tributário*. São Paulo: Saraiva, 1963.

BITELLI, Marcos Alberto Sant'anna. *O direito da comunicação e da comunicação social*. São Paulo: Editora Revista dos Tribunais, 2004.

BONAVIDES, Paulo. *Curso de Direito Constitucional*. 31. ed. São Paulo: Malheiros, 2016.

BONAVIDES, Paulo. *Teoria do Estado*. São Paulo: Malheiros, 1995.

BOTELHO, Fernando Neto. *As telecomunicações e o Fust*: doutrina e legislação. Belo Horizonte: Del Rey, 2001.

CANOTILHO, J.J. Gomes. *Direito Constitucional*. 5. ed. Coimbra: Almedina, 1991.

CANOTILHO, J.J. Gomes. *Direito Constitucional e Teoria da Constituição*. 7. ed. Coimbra: Almedina, 2003.

CARRAZZA, Roque Antônio. *Curso de Direito Constitucional Tributário*. 30. ed. São Paulo: Malheiros, 2015.

CARVALHO, Paulo de Barros. *Curso de Direito Tributário*. 25. ed. São Paulo: Saraiva, 2013.

CASTELLANI, Fernando Ferreira. *Contribuições especiais e sua destinação*. São Paulo: Noeses, 2009.

COELHO, Sacha Calmon Navarro. *Contribuições no Direito Brasileiro*: seus problemas e soluções. São Paulo: Quartier Latin, 2007.

CORDOVIL, Leonor Augusta Giovine. *A intervenção estatal nas telecomunicações*: a visão do Direito Econômico. Belo Horizonte: Fórum, 2005.

DI PIETRO, Maria Sylvia Zanella. *Parcerias na administração pública*: concessão, permissão, franquia, terceirização, parceria público-privada e outras formas. 10. ed. São Paulo: Atlas, 2015.

ENDRES, Silvana Bussab. As normas de incidência e de isenção da Contribuição para o FUST na Lei n. 9.998/2000. *In*: RABELO FILHO, Antônio Reinaldo; CORREIA, Armênio Lopes (coord.). *Direito das Telecomunicações e Tributação*. São Paulo: Quartier Latin, 2006.

ESCOBAR, João Carlos Mariense. *Serviços de Telecomunicações*: aspectos jurídicos e regulatórios. Porto Alegre: Livraria do Advogado, 2005.

EUROPEAN COMISSION. *Proposta de Diretiva do Parlamento Europeu e do Conselho que Estabelece o Código Europeu das Comunicações Eletrónicas*. Bruxelas, 2016. Disponível em: http://eur-lex.europa.eu/resource.html?uri=cellar:c5ee8d55-7a56-11e6-b076-01aa75ed71a1.0018.02/DOC_1&format=PDF. Acesso em: 15 abr. 2019.

FEDERAL COMMUNICATIONS COMMISSION. *Connect America Fund (CAF)*. Disponível em: https://www.fcc.gov/general/connect-america-fund-caf. Washington, DC, 2017. Acesso em: 15 abr. 2019.

FEDERAL COMMUNICATIONS COMMISSION. *Connect America Fund (CAF) – Phase II – FAQS*. Disponível em: https://www.fcc.gov/consumers/guides/connect-america-fund-phase-ii-faqs. Washington, DC, 2017. Acesso em: 15 abr. 2019.

FEDERAL COMMUNICATIONS COMMISSION. *Connect America Fund (CAF) – Progress Portal*. Disponível em: https://www.fcc.gov/general/connect-america-fund-progress-portal. Washington, DC, 2017. Acesso em: 15 abr. 2019.

FERRAZ, Tercio Sampaio. Notas sobre contribuições sociais e solidariedade no contexto do Estado Democrático de Direito. *In*: GRECO, Marco Aurélio; GODOI, Marciano Seabra de (coord.). *Solidariedade social e tributação*. São Paulo: Dialética, 2005.

FERREIRA FILHO, Manoel Gonçalves. A Constituição "Econômica" de 1988. *In*: MARTINS, Ives Gandra; MEYER-PFLUG, Samantha Ribeiro (coord.). *A intervenção do Estado no domínio econômico:* condições e limites. São Paulo: LTr, 2011.

GAMA, Tácio Lacerda. *Contribuição de Intervenção no Domínio Econômico*. São Paulo: Quartier Latin, 2003.

GIAMBIAGI, Fábio; ALÉM, Ana Cláudia. *Finanças públicas*. 4. ed. Rio de Janeiro: Elsevier, 2011.

GODOI, Marciano Seabra de. Contribuições sociais e de intervenção no domínio econômico: a paulatina desconstrução de sua identidade constitucional. *Revista de Direito Tributário da APET*, São Paulo, n. 15, p. 81-100, 2007.

GODOI, Marciano Seabra de. Tributo e solidariedade social. *In*: GRECO, Marco Aurélio; GODOI, Marciano Seabra de (coord.). *Solidariedade social e tributação*. São Paulo: Dialética, 2005.

GRAU, Eros Roberto. *A ordem econômica na Constituição de 1988*. 17. ed. São Paulo: Malheiros, 2015.

GRECO, Marco Aurélio. Contribuição de Intervenção no Domínio Econômico: parâmetros para sua criação. *In*: GRECO, Marco Aurélio (coord.). *Contribuições de intervenção no domínio econômico e figuras afins*. São Paulo: Dialética, 2001.

GRECO, Marco Aurélio. *Contribuições*: uma figura "sui generis". São Paulo: Dialética, 2000.

GRECO, Marco Aurélio. Em busca do Controle das CIDE's. *In*: MOREIRA, André Mendes; RABELO FILHO, Antônio Reinaldo; CORREIA, Armênio Lopes (coord.). *Direito das Telecomunicações e Tributação*. São Paulo: Quartier Latin, 2006.

GRECO, Marco Aurélio. *Planejamento tributário*. São Paulo: Dialética, 2011.

GRECO, Marco Aurélio. Solidariedade social e tributação. *In*: GRECO, Marco Aurélio; GODOI, Marciano Seabra de (coord.). *Solidariedade social e tributação*. São Paulo: Dialética, 2005.

GRECO, Rodrigo Azevedo; FRANCO, Ticiane Moraes. *Comentários à Lei Geral de Telecomunicações*. Brasília: [s.n.], 2015.

GROTTI, Dinorá. *O serviço público e a Constituição Brasileira de 1988*. São Paulo: Malheiros, 2003.

HORVATH, Estevão. *Contribuições de intervenção no domínio econômico*. São Paulo: Dialética, 2009.

LEOPOLDINO DA FONSECA, João Bosco. *Direito Econômico*. 2. ed. Rio de Janeiro: Forense, 1999.

MACHADO, Hugo de Brito. *Curso de Direito Tributário*. 25. ed. São Paulo: Malheiros, 2004.

MACHADO SEGUNDO, Hugo de Brito. *Contribuições e Federalismo*. São Paulo: Dialética, 2005.

MARQUES NETO, Floriano Azevedo. A regulação e o Direito das Telecomunicações. *In*: SUNDFELD, Carlos Ari (coord.). *Direito Administrativo Econômico*. São Paulo: Malheiros, 2000.

MARQUES NETO, Floriano Azevedo. *Regulação estatal e interesses públicos*. São Paulo: Malheiros, 2002.

MEIRELLES, Hely Lopes. *Direito Administrativo brasileiro*. 42. ed. São Paulo: Malheiros, 2016.

MELLO, Celso Antônio Bandeira de. *Curso de Direito Administrativo*. 33. ed. rev. e atual. até a Emenda Constitucional 92, de 12.7.2016. São Paulo: Malheiros, 2016.

MOREIRA, André Mendes. *A tributação dos serviços de comunicação*. 2. ed. São Paulo: Noeses, 2016.

MOYSÉS, Eliana Alonso; CARDOSO, Daniel Gatschnigg. Contribuição de Intervenção no Domínio Econômico – FUST: um caso de desvio de finalidade. *In*: RABELO FILHO, Antônio Reinaldo; LARA, Daniela Silveira (coord.). *Tributação nas telecomunicações*. São Paulo: MP, 2008.

NABAIS, José Casalta. *O dever fundamental de pagar impostos*. Coimbra: Almedina, 2009.

OLIVEIRA, Ricardo Mariz de. Contribuições de intervenção no domínio econômico: concessionárias, permissionárias e autorizadas de energia elétrica – "aplicação" obrigatória de recursos (Lei n. 9.991). *In*: GRECO, Marco Aurélio (coord.). *Contribuições de intervenção no domínio econômico e figuras afins*. São Paulo: Dialética, 2001.

ORGANIZAÇÃO DAS NAÇÕES UNIDAS. *Objetivos de desenvolvimento sustentável*. Nova York, 2015. Disponível em: https://nacoesunidas.org/pos2015. Acesso em: 15 abr. 2019.

PAULA JUNIOR, Aldo de. *O fundamento fático de validade das Cides e o controle concentrado de sua constitucionalidade*. São Paulo: Noeses, 2014.

PAULSEN, Leandro; VELLOSO, Andrei Pitten. *Contribuições*: teoria geral, contribuições em espécie. 2. ed. rev. e atual. Porto Alegre: Livraria do Advogado, 2013.

PIMENTA, Paulo Roberto Lyrio. *Contribuições de intervenção no domínio econômico*. São Paulo: Dialética, 2002.

PISCITELLI, Tathiane. *Direito Financeiro esquematizado*. 5. ed. rev. e atual. atual. Rio de Janeiro: Forense, 2015.

PISCITELLI, Tathiane; QUEIROZ, Rafael Rabelo Mafei. O CTN na encruzilhada entre o hermetismo tributário e justiça fiscal: história e atualidade do debate sobre o papel do direito tributário. *In*: MACHADO SEGUNDO, Hugo de Brito; MURICI, Gustavo Lanna; RODRIGUES, Raphael Silva (org.). *O cinquentenário do Código Tributário Nacional*. Belo Horizonte: D'Placido, 2017. 2 v.

REALE, Miguel. *O Estado Democrático de Direito e o conflito das ideologias*. São Paulo: Saraiva, 1999.

REZENDE, Fernando; OLIVEIRA, Fabrício; ARAÚJO, Erika. *O dilema fiscal*: remendar ou reformar. Rio de Janeiro: FGV, 2007.

ROLIM, Maria João C. Pereira. *Direito Econômico da energia elétrica*. Rio de Janeiro: Forense, 2002.

RUBINSTEIN, Flávio. *Boa-Fé objetiva no Direito Financeiro e Tributário*. São Paulo: Quartier Latin, 2010. Série Doutrina Tributária, v. III.

SCHOUERI, Luís Eduardo. *Normas tributárias indutoras e intervenção econômica*. Rio de Janeiro: Forense, 2005.

SILVA, José Afonso da. *Comentário contextual à Constituição*. 6. ed. São Paulo: Malheiros, 2009.

SILVA, José Afonso da. *O constitucionalismo brasileiro:* evolução institucional. São Paulo: Malheiros, 2011.

SILVA, José Afonso da. *Curso de Direito Constitucional positivo*. 39. ed. São Paulo: Malheiros, 2016.

SINDITELEBRASIL. *Apresentação na Audiência Pública na Comissão de Fiscalização Financeira e Controle da Câmara dos Deputados*. Brasília: Sinditelebrasil, set. 2015. Disponível em: http://www.telebrasil.org.br/posicionamento-apresentacao/7985-tributacao-no-setor-de-telecomunicacoes-17-09-2015. Acesso em: 15 abr. 2019.

SOUSA, Rubens Gomes de. *Compêndio de legislação tributária*. Rio de Janeiro: Edições Financeiras, 1960.

SOUZA, Ricardo Conceição. *Regime jurídico das contribuições*. São Paulo: Dialética, 2002.

SUNDFELD, Carlos Ari. A regulação das telecomunicações: papel atual e tendências futuras. *In*: FIGUEIREDO, Marcelo (org.). *Direito e regulação no Brasil e nos EUA*. São Paulo: Malheiros, 2004.

TELEBRASIL. *O desempenho do setor de telecomunicações no Brasil*: séries temporais 1S2015. Elaborado em parceria com o Teleco. Rio de Janeiro: Telebrasil, dez. 2018. Disponível em: http://www.telebrasil.org.br/panorama-do-setor/desempenho-do-setor. Acesso em: 15 abr. 2019.

TORRES, Heleno Taveira. *Direito Tributário das Telecomunicações e Satélites*. São Paulo: Quartier Latin, 2007.

UNIÃO INTERNACIONAL DE TELECOMUNICAÇÕES – UIT. *Relatório*. Genebra, 2015. Disponível em: http://systemtransformation-sdg.gesi.org/160608_GeSI_SystemTransformation.pdf. Acesso em: 15 abr. 2019.

VAZ, Isabel. A intervenção do Estado no domínio econômico: condições e limites. *In*: MARTINS, Ives Gandra; MEYER-PFLUG, Samantha Ribeiro (coord.). *A intervenção do Estado no domínio econômico*: condições e limites. São Paulo: LTr, 2011.

VENÂNCIO FILHO, Alberto. *A intervenção do Estado no domínio econômico*. Rio de Janeiro: Renovar, 1998.

WATSON, Christopher; WHEADON, Tom. *Telecommunications. The EU Law*. Bembridge, Isle of Wight: Simmons & Simmons, 1999.

XAVIER, Helena de Araújo Lopes. *O regime especial da concorrência no Direito das Telecomunicações*. Rio de Janeiro: Forense, 2003.

Legislação e publicações oficiais de órgãos estatais

BRASIL. ANATEL. *Arrecadação de Receitas do FUST*. Brasília, DF, 2019. Disponível em: http://www.anatel.gov.br/setorregulado/arrecadacao-fust. Acesso em: 15 abr. 2019.

BRASIL. CÂMARA DOS DEPUTADOS. Projeto de Lei n. 3.787 de 2012; Projeto de Lei n. 3.828 de 2012; Projeto de Lei n. 6.789 de 2013; Projeto de Lei n. 7.406 de 2014; Projeto de Lei n. 3.453 de 2015; Projeto de Lei n. 79 de 2016; Projeto de Lei n. 7.249 de 2017; Projeto de Lei n. 10.900 de 2018; Projeto de Lei n. 24 de 2019. Brasília, DF. Disponível em: http://www.camara.gov.br. Acesso em: 15 abr. 2019.

BRASIL. CÂMARA DOS DEPUTADOS. Mensagem n. 1.262 de 1999; Projeto de Lei n. 3.787 de 2012; Projeto de Lei n. 3.828 de 2012; Projeto de Lei n. 6.789 de 2013; Projeto de Lei n. 7.406 de 2014; Projeto de Lei n. 3.453 de 2015; Projeto de Lei n. 79 de 2016; Projeto de Lei n. 7.249 de 2017; Projeto de Lei n. 10.900 de 2018; Projeto de Lei n. 24 de 2019. Brasília, DF. Disponível em: http://www.camara.gov.br. Acesso em: 22 fev. 2019.

BRASIL. CONGRESSO NACIONAL. Lei n. 4.117 de 27 de agosto de 1962; Lei n. 4.320 de 17 de março de 1964; Lei n. 5.070 de 07 de julho de 1966; Lei n. 7.700 de 21 de dezembro de 1988; Lei n. 8.029 de 12 de abril de 1990; Lei n. 8.630 de 25 de fevereiro de 1993; Lei n. 8.987 de 13 de fevereiro de 1995; Lei n. 9.295 de 19 de julho de 1996; Lei n. 9.472 de 16 de julho de 1997; Lei Complementar n. 101 de 04 de maio de 2000; Lei n. 9.998, de 17 de agosto de 2000; Lei n. 10.052 de 28 de novembro de 2000; Lei n. 10.168 de 29 de dezembro de 2000; Lei n. 10.332 de 19 de dezembro de 2001; Lei n. 10.453 de 13 de maio de 2002; Lei n. 10.640 de 14 de janeiro de 2003; Lei n. 11.196, de 21 de novembro de 2005; Lei n. 12.485, de 12 de setembro de 2011; Lei n. 12.715, de 17 de dezembro de 2012; Lei n. 13.023, de 8 de agosto de 2014; Lei n. 13.115, de 20 de abril de 2015. Brasília, DF. Disponível em: http://www4.planalto.gov.br/legislacao/. Acesso em: 15 abr. 2019.

BRASIL. Constituição (1824). Constituição Política do Império do Brasil; Constituição (1891). Constituição da República dos Estados Unidos do Brasil; Constituição (1934). Constituição da República dos Estados Unidos do Brasil; Constituição (1946). Constituição dos Estados Unidos do Brasil; Constituição (1967). Constituição da República Federativa do Brasil; Emenda Constitucional n° 18 de 01 de dezembro de 1965; Emenda Constitucional n° 01 de 17 de outubro de 1969. Disponível em: http://www4.planalto.gov.br/legislacao/. Acesso em: 15 abr. 2019.

BRASIL. Constituição (1988). Constituição da República Federativa do Brasil de 05 de outubro de 1988. Emenda Constitucional n. 01 de 01 de março de 1994; Emenda Constitucional n. 8 de 15 de agosto de 1995; Emenda Constitucional n. 10 de 4 de março de 1996; Emenda Constitucional n. 17 de 22 de novembro de 1997; Emenda Constitucional n. 27 de 21 de março de 2000; Emenda Constitucional n. 42 de 19 de dezembro de 2003; Emenda Constitucional n. 48, de 10 de agosto de 2005; Emenda Constitucional n. 93 de 08 de setembro de 2016; Emenda Constitucional n. 95 de 15 de dezembro de 2016. Brasília, DF. Disponível em: http://www4.planalto.gov.br/legislacao/. Acesso em: 15 abr. 2019.

BRASIL. Medida Provisória n. 2.228-1, de 6 de setembro de 2001. Brasília, DF, 2001. Disponível em: http://www4.planalto.gov.br/legislacao/. Acesso em: 15 abr. 2019.

BRASIL. MINISTÉRIO DA CIÊNCIA, TECNOLOGIA, INOVAÇÕES E COMUNICAÇÕES. ANATEL. *Alternativas para a revisão do modelo de prestação de serviços e telecomunicações* – Relatório final do Grupo de Trabalho criado entre o Ministério das Comunicações e a Anatel. Brasília, DF, 2016. Disponível em: http://www.anatel.gov.br/institucional/ultimas-noticiass/1074-apresentado-relatorio-com-subsidios-para-mudancas-no-marco-regulatorio e http://www.participa.br/articles/public/0039/1769/relatorio-gt-revisao-do-modelo-web-2.pdf. Acessos em: 15 abr. 2019.

BRASIL. MINISTÉRIO DA ECONOMIA. Orçamento da União. *LOA 2019*. Brasília, DF, 2019. Disponível em: http://www.planejamento.gov.br/assuntos/orcamento-1/orcamentos-anuais/orcamento-anual-de-2019#LOA. Acesso em: 15 abr. 2019.

BRASIL. PRESIDÊNCIA DA REPÚBLICA. Decreto-Lei n. 308 de 28 de fevereiro de 1967; Decreto-Lei n. 1.712 de 14 de novembro de 1979; Decreto-Lei n. 1.952 de 15 de julho de 1982; Decreto n. 2.546 de 14 de abril de 1998; Decreto n. 2.617 de 05 de junho de 1998; Decreto n. 3.624 de 05 de outubro de 2000; Decreto n. 7.175, de 12 de maio de 2010; Decreto n. 8.234 de 02 de maio de 2014; Decreto n. 8.776, de 11 de maio de 2016. Brasília, DF. Disponível em: http://www4.planalto.gov.br/legislacao/. Acesso em: 15 abr. 2019.

BRASIL. RECEITA FEDERAL DO BRASIL. *Carga Tributária 1995*. Brasília, DF, 1996. Disponível em: http://idg.receita.fazenda.gov.br/dados/receitadata/estudos-e-tributarios-e-aduaneiros/estudos-e-estatisticas/carga-tributaria-no-brasil/carga-tributaria-1995/view. Acesso em: 15 abr. 2019.

BRASIL. RECEITA FEDERAL DO BRASIL. *Carga Tributária 2017*. Brasília, DF, 2017. Disponível em: http://receita.economia.gov.br/dados/receitadata/estudos-e-tributarios-e-aduaneiros/estudos-e-estatisticas/carga-tributaria-no-brasil/carga-tributaria-2017.pdf/view. Acesso em: 15 abr. 2019.

BRASIL. SENADO FEDERAL. *Projeto de Lei do Senado n. 594 de 2015*. Brasília, DF, 2015. Disponível em: http://www25.senado.leg.br/web/atividade/materias/-/materia/123083. Acesso em: 15 abr. 2019.

Jurisprudência

BRASIL. SUPREMO TRIBUNAL FEDERAL (STF). Tribunal Pleno. *Ação Direta de Inconstitucionalidade n. 319*. Relator: Ministro Moreira Alves. Brasília, DF, 3 mar. 1993. Disponível em: http://stf.jus.br/portal/processo/verProcessoAndamento.asp?incidente=1501599. Acesso em: 15 abr. 2019.

BRASIL. SUPREMO TRIBUNAL FEDERAL (STF). Tribunal Pleno. *Ação*

Direta de Inconstitucionalidade n. 2.925. Relator para o acórdão: Ministro Marco Aurélio. Brasília, DF, 19 dez. 2004. Disponível em: http://redir.stf.jus.br/paginadorpub/paginador.jsp?docTP=AC&docID=266953. Acesso em: 15 abr. 2019.

BRASIL. SUPREMO TRIBUNAL FEDERAL (STF). Tribunal Pleno. *Ação Direta de Inconstitucionalidade por Omissão n. 37*. Relator: Ministro Ricardo Lewandowski. *DJU*, Brasília, DF, 22 dez. 2016. Disponível em: http://portal.stf.jus.br/processos/detalhe.asp?incidente=5092096. Acesso em: 15 abr. 2019.

BRASIL. SUPREMO TRIBUNAL FEDERAL (STF). Tribunal Pleno. *Recurso Extraordinário n. 75.972*. Relator: Ministro Thompson Flores. Brasília, DF, 17 maio 1974. Disponível em: http://redir.stf.jus.br/paginadorpub/paginador.jsp?docTP=AC&docID=171572. Acesso em: 20 15 abr. 2019.

BRASIL. SUPREMO TRIBUNAL FEDERAL (STF). Tribunal Pleno. *Recurso Extraordinário n. 138.284*. Relator: Ministro Carlos Velloso. Brasília, DF, 1 jul. 1992. Disponível em: http://redir.stf.jus.br/paginadorpub/paginador.jsp?docTP=AC&docID=208091. Acesso em: 15 abr. 2019.

BRASIL. SUPREMO TRIBUNAL FEDERAL (STF). Tribunal Pleno. *Recurso Extraordinário n. 146.733*. Relator Ministro Moreira Alves. Brasília, DF, 29 jun. 1992. Disponível em: http://redir.stf.jus.br/paginadorpub/paginador.jsp?docTP=AC&docID=210152. Acesso em: 15 abr. 2019.

BRASIL. SUPREMO TRIBUNAL FEDERAL (STF). Tribunal Pleno. *Recurso Extraordinário n. 158.208*. Relator: Ministro Marco Aurélio. Brasília, DF, 27 nov. 1996. Disponível em: http://redir.stf.jus.br/paginadorpub/paginador.jsp?docTP=AC&docID=212589. Acesso em: 15 abr. 2019.

BRASIL. SUPREMO TRIBUNAL FEDERAL (STF). Tribunal Pleno. *Recurso Extraordinário n. 165.939*. Relator: Ministro Carlos Velloso. Brasília, DF, 24 maio 1995. Disponível em: http://redir.stf.jus.br/paginadorpub/paginador.jsp?docTP=AC&docID=215862. Acesso em: 15 abr. 2019.

BRASIL. SUPREMO TRIBUNAL FEDERAL (STF). Tribunal Pleno. *Recurso Extraordinário n. 177.137*. Relator: Ministro Carlos Velloso. Brasília, DF, 24 maio 1995. Disponível em: http://redir.stf.jus.br/paginadorpub/paginador.jsp?docTP=AC&docID=222893. Acesso em: 15 abr. 2019.

BRASIL. SUPREMO TRIBUNAL FEDERAL (STF). Tribunal Pleno. *Recurso Extraordinário n. 178.144*. Relator: Ministro Marco Aurélio. Brasília, DF, 27 nov. 1996. Disponível em: http://redir.stf.jus.br/paginadorpub/paginador.jsp?docTP=AC&docID=223559. Acesso em: 15 abr. 2019.

BRASIL. SUPREMO TRIBUNAL FEDERAL (STF). Tribunal Pleno. *Recurso Extraordinário n. 209.365*. Relator: Ministro Carlos Velloso. Brasília, DF, 4 mar. 1999. Disponível em: http://redir.stf.jus.br/paginadorpub/paginador.jsp?docTP=AC&docID=24223>. Acesso em: 15 abr. 2019.

BRASIL. SUPREMO TRIBUNAL FEDERAL (STF). Tribunal Pleno. *Recurso Extraordinário n. 218.061*. Relator: Ministro Carlos Velloso. Brasília, DF, 4 mar. 1999. Disponível em: http://redir.stf.jus.br/paginadorpub/paginador.jsp?docTP=AC&docID=247684. Acesso em: 15 abr. 2019.

BRASIL. SUPREMO TRIBUNAL FEDERAL (STF). Tribunal Pleno. *Recurso Extraordinário n. 396.266*. Relator: Ministro Carlos Velloso. Brasília, DF, 26 nov. 2003. Disponível em: http://redir.stf.jus.br/paginadorpub/paginador.jsp?docTP=AC&docID=261730. Acesso em: 15 abr. 2019.

BRASIL. SUPREMO TRIBUNAL FEDERAL (STF). Tribunal Pleno. *Recurso Extraordinário n. 635.682*. Relator: Ministro Gilmar Mendes. Brasília, DF, 25 abr. 2013. Disponível em: http://redir.stf.jus.br/paginadorpub/paginador.jsp?docTP=TP&docID=3848865. Acesso em: 15 abr. 2019.

BRASIL. SUPREMO TRIBUNAL FEDERAL (STF). Tribunal Pleno. *Recurso Extraordinário n. 928.943*. Relator: Ministro Luiz Fux. Brasília, DF, 2 set. 2016. Disponível em: http://redir.stf.jus.br/paginadorpub/paginador.jsp?docTP=TP&docID=11644530. Acesso em: 15 abr. 2019.

BRASIL. SUPREMO TRIBUNAL FEDERAL (STF). Tribunal Pleno. *Recurso Extraordinário n. 566.007*. Relator: Ministra Carmén Lúcia. Brasília, DF, 13 de novembro de 2014. Disponível em: http://redir.stf.jus.br/paginadorpub/paginador.jsp?docTP=TP&docID=7719221. Acesso em: 15 abr. 2019.

BRASIL. SUPREMO TRIBUNAL FEDERAL (STF). Primeira Turma. *Agravo Regimental no Recurso Extraordinário n. 449.233*. Relator: Ministro Ricardo Lewandowski. Brasília, DF, 8 fev. 2011. Disponível em: http://redir.stf.jus.br/paginadorpub/paginador.jsp?docTP=AC&docID=620197. Acesso em: 15 abr. 2019.

BRASIL. SUPREMO TRIBUNAL FEDERAL (STF). Primeira Turma. *Agravo Regimental no Recurso Extraordinário n. 595.670*. Relator: Ministro Roberto Barroso. Brasília, DF, 27 maio 2014. Disponível em: http://redir.stf.jus.br/paginadorpub/paginador.jsp?docTP=TP&docID=6210240. Acesso em: 15 abr. 2019.

BRASIL. SUPREMO TRIBUNAL FEDERAL (STF). Primeira Turma. *Agravo Regimental no Recurso Extraordinário n. 648.622*. Relator: Ministro Luiz Fux. Brasília, DF, 22 fev. 2013. Disponível em: http://stf.jus.br. Acesso em: 15 abr. 2019.

BRASIL. SUPREMO TRIBUNAL FEDERAL (STF). Primeira Turma. *Recurso Extraordinário n. 640.385*. Relator: Ministro Ricardo Lewandowski. Brasília, DF, 26 ago. 2014. Disponível em: http://portal.stf.jus.br/processos/downloadPeca.asp?id=255858201&ext=.pdf. Acesso em: 10 jun. 2019.

BRASIL. SUPREMO TRIBUNAL FEDERAL (STF). Segunda Turma. *Agravo Regimental no Recurso Extraordinário n. 646.966*. Relator: Ministra Carmén Lúcia. Brasília, DF, 30 out. 2012. Disponível em: http://redir.stf.jus.br/paginadorpub/paginador.jsp?docTP=TP&docID=3116412. Acesso em: 15 abr. 2019.

BRASIL. SUPREMO TRIBUNAL FEDERAL (STF). Segunda Turma. *Agravo Regimental no Recurso Extraordinário n. 451.915*. Relator: Ministro Gilmar Mendes. Brasília, DF, 17 out. 2006. Disponível em: http://redir.stf.jus.br/paginadorpub/paginador.jsp?docTP=AC&docID=393130. Acesso em: 20 fev. 2019.

BRASIL. SUPREMO TRIBUNAL FEDERAL (STF). Segunda Turma. *Agravo Regimental no Recurso Extraordinário n. 597.165*. Relator: Ministro Celso de

Mello. Brasília, DF, 9 dez. 2014. Disponível em: http://stf.jus.br. Acesso em: 15 abr. 2019.

BRASIL. SUPREMO TRIBUNAL FEDERAL (STF). Segunda Turma. *Agravo Regimental no Recurso Extraordinário n. 700.160*. Relatora: Ministra Rosa Weber. Brasília, DF, 30 abr. 2014. Disponível em: http://stf.jus.br. Acesso em: 15 abr. 2019.

BRASIL. SUPREMO TRIBUNAL FEDERAL (STF). Agravo Regimental no Recurso Extraordinário com Agravo n. 826.634. Relator: Ministro Marco Aurélio. Brasília, DF, fev. 2018. Disponível em: http://portal.stf.jus.br/processos/detalhe.asp?incidente=4605629. Acesso em: 20 fev. 2019.

BRASIL. SUPREMO TRIBUNAL FEDERAL (STF). Segunda Turma. *Recurso Extraordinário n. 537.610*. Relator: Ministro Cezar Peluso. Brasília, DF, 1 dez. 2009. Disponível em: http://redir.stf.jus.br/paginadorpub/paginador.jsp?docTP=AC&docID=606995. Acesso em: 15 abr. 2019.

BRASIL. SUPREMO TRIBUNAL FEDERAL (STF). *Mandado de Segurança n. 34.562*. Relator: Ministro Alexandre de Moraes. Brasília, DF, 20 dez. 2016. Disponível em: http://stf.jus.br/portal/processo/verProcessoAndamento.asp?incidente=5113841. Acesso em: 15 abr. 2019.

BRASIL. SUPREMO TRIBUNAL FEDERAL (STF). *Repercussão Geral no Recurso Extraordinário com Agravo n. 884.325*. Relator p/ Acórdão: Ministro Edson Fachin. Brasília, DF, 2 set. 2015. Disponível em: http://stf.jus.br. Acesso em: 15 abr. 2019.

BRASIL. TRIBUNAL DE CONTAS DA UNIÃO (TCU). *Plenário. Acórdão TCU n. 2615/2018 (Processo n. TC 008.584/2016-8)*. Data da Sessão, 14 nov. 2018. Brasília, DF, 2018a. Disponível em: https://contas.tcu.gov.br/pesquisaJurisprudencia/#/pesquisa/acordao-completo. Acesso em: 15 abr. 2019.

BRASIL. TRIBUNAL DE CONTAS DA UNIÃO (TCU). *Plenário. Acórdão TCU n. 2737/2018 (Processo n. TC 008.530/2018-1*. Data da Sessão, 28 nov. 2018. Brasília, DF, 2018b. Disponível em: https://contas.tcu.gov.br/pesquisaJurisprudencia/#/pesquisa/acordao-completo. Acesso em: 15 abr. 2019.

BRASIL. TRIBUNAL DE CONTAS DA UNIÃO (TCU). *Plenário. Acórdão TCU n. 749/2017 (Processo n. TC 003.793/2015-8)*. DOU, 20 abr. 2017. Brasília, DF, 2017. Disponível em: https://contas.tcu.gov.br/pesquisaJurisprudencia/#/pesquisa/acordao-completo. Acesso em: 15 abr. 2019.

BRASIL. TRIBUNAL DE CONTAS DA UNIÃO (TCU). Plenário. *Acórdão TCU n. 28/2016 (Relatório de Levantamento n. TC 008.293/2015-5)*. DOU, 20 jan. 2016. Brasília, DF, 2016a. Disponível em: https://contas.tcu.gov.br/pesquisaJurisprudencia/#/pesquisa/acordao-completo. Acesso em: 15 abr. 2019.

BRASIL. TRIBUNAL DE CONTAS DA UNIÃO (TCU). Plenário. *Relatório de Levantamento. Acórdão TCU n. 3076/2016. (Processo n. 015.409/2016-3)*. Brasília, DF, 2016b. Disponível em: https://contas.tcu.gov.br/pesquisaJurisprudencia/#/pesquisa/acordao-completo. Acesso em: 15 abr. 2019.

BRASIL. TRIBUNAL DE CONTAS DA UNIÃO (TCU). Plenário. *Acórdão TCU n. 2.148/2005 (Relatório de Auditoria. TC – 010.889/2005-5)*. Julgado em: 7 dez. 2005. Brasília, DF, 2005. Disponível em: https://contas.tcu.gov.br/pesquisaJurisprudencia/#/pesquisa/acordao-completo. Acesso em: 15 abr. 2019.

BRASIL. TRIBUNAL REGIONAL FEDERAL. 1ª REGIÃO. 7ª Turma. *Mandado de Segurança n. 2006.34.00.000369-4*. Relator Desembargador Hercules Fajoses. Brasília, DF, 20 maio 2016. Disponível em: www.trf1.jus.br. Acesso em: 15 abr. 2019.

BRASIL. TRIBUNAL REGIONAL FEDERAL. 7ª Turma. *Mandado de Segurança n. 2007.34.00.027328-8*. Relatora: Juíza Convocada Mônica Neves Aguiar da Silva. Brasília, DF, 3 fev. 2012. Disponível em: www.trf1.jus.br. Acesso em: 15 abr. 2019.